刑事司法
ソーシャルワークの
実務

本人の更生支援に向けた
福祉と司法の協働

千葉県社会福祉士会
千葉県弁護士会 編

日本加除出版株式会社

は じ め に

　刑事司法ソーシャルワークの取り組みは始まったばかりです。刑務所など
に収容されている高齢又は障害のある方への福祉的な支援の必要性が唱えら
れ，釈放後に必要な福祉サービスを調整する地域生活定着支援センターが全
国で設置されたのは2009年です。刑務所に社会福祉士や精神保健福祉士が配
置され，検察庁に「社会復帰アドバイザー」等の名称で社会福祉士が配置さ
れるようにもなってきたのは，この10年程の事です。

　私がソーシャルワーカーとして初めて刑事弁護に関わったのは，障害を
持った青年が殺人事件の被疑者とされた事件でした。10年ほど前の裁判員制
度が始まる直前の頃でした。事件が起こってから裁判に至るまで1年以上の
年月を要しました。この間，しばしば開催された弁護団の会議に参加させて
いただきました。加害者家族の生活の支援とメンタルケアを行いました。生
まれて初めて裁判所の証言台に立ちました。この時期に刑事司法への関心を
持っていた県内外の福祉支援者と意見交換もしました。「犯罪加害者やその
家族の支援をする必要があるのか？」との批判を受けることもありました。
誰もが経験が乏しく方法論を持っていませんでした。刑事司法ソーシャル
ワークの黎明期でした。

　現在の私は，子どもからお年寄りまで，障害の有無にかかわらず全ての方
を対象に24時間365日対応する，福祉の総合相談事業所に籍を置いて地域で
起こった諸問題に関わっています。そんなソーシャルワーカーの立場で刑事
司法の領域でのお付き合いをさせていただくことがあります。

　ご家族から相談をいただいて刑務所等に一緒に面会に行くことがあります。
逮捕や保護をされた後に警察から相談の連絡をいただいたら警察に出向きま
す。起訴猶予になった方の支援を検察から依頼されることもあります。出所
後の支援を刑務官，ご家族，他の支援者と一緒に考えることもあります。そ
して弁護士と一緒にお付き合いさせていただくことも多くあります。

　目の前にいる方の背景がどうであろうと，私たちソーシャルワーカーが行

i

はじめに

うべきことは，現在の困りごとに当事者と一緒にお付き合いすること。それを社会化していくことに違いはありません。一方で，刑事司法に関わる時に固有の困難性もあるように思います。アセスメントをする時間や場所が限られること，起訴や判決の如何によって支援の必要な時期が大きく変わって来ること，社会的に排除されることがままあること，等々です。

　NPO法人Panda-Jは2013年頃から「障害者-高齢者の孤立や触法を防ぐTS（トラブル・シューター）」養成研修を行っています。千葉県社会福祉士会では数年前から「マッチング支援」として，千葉県弁護士会との協働を始めました。ソーシャルワーカーが行う刑事司法との関わりを体系化しようとする取り組みが各所で行われるようになりました。それらが交わりあって議論をする機会は殆どないように思います。

　私たちソーシャルワーカーが刑事司法の中で果たすべき役割は何なのか，実践的な限界と目指す姿は何なのか。本著がそんな議論の端緒になればと期待しています。

平成30年11月

一般社団法人千葉県社会福祉士会

会長　渋　沢　　　茂

目 次

目 次

第1編 総 論〜刑事司法・更生支援と福祉の関わり〜

第1章 「刑事司法ソーシャルワーク実践」総論 ———————— 2

第1 刑事司法ソーシャルワークの定義と意義 ················· 2
1 刑事司法ソーシャルワークの定義 ····················· 2
2 刑事司法ソーシャルワーカーとしての専門性とその担保 ········· 4
3 刑事司法ソーシャルワークの実践における社会的意義 ·········· 6
4 刑事司法ソーシャルワーカーの機能 ··················· 7
(1) 生き抜くための「その人らしさ」への支援：仲介機能とケ
アマネジメント機能 ··························· 8
(2) 権利擁護と倫理的ジレンマ：代弁機能と調停機能 ········· 9
第2 事後から事前の対応へ（地域の福祉関係者の活躍）········· 10
〜事後：刑務所出所後の支援（出口支援）から事前：被疑者・被
告人の段階での支援（入口支援）へ〜 ··············· 10

第2章 刑事司法の流れ／刑法・刑事訴訟法の基礎知識 ———— 14

第1 はじめに ································· 14
第2 裁判前の段階（捜査・公判）····················· 14
1 はじめに ································· 14
2 刑事裁判の意義とルール ························· 15
3 刑事弁護の役割 ····························· 16
4 被疑者・被告人に保障されている権利 ················· 17
5 刑事事件の手続 ····························· 18
(1) 刑事手続の概要 ··························· 18
(2) 捜査手続 ····························· 21
(3) 公判手続 ····························· 23
(4) 保 釈 ····························· 25

iii

目　次

　　　　(5)　判　　決……………………………………………………………………… 26
　　　　(6)　上　　訴……………………………………………………………………… 27
　　6　刑事手続での留意点………………………………………………………………… 27
　　　　(1)　刑事手続の特殊性…………………………………………………………… 27
　　　　(2)　本人と面会する際の留意点………………………………………………… 28
　　　　(3)　本人の釈放のタイミング…………………………………………………… 28
　　7　責任能力……………………………………………………………………………… 29
　　　　(1)　責任能力とは何か…………………………………………………………… 29
　　　　(2)　責任能力判断の基準………………………………………………………… 30
　　　　(3)　精神鑑定との関係…………………………………………………………… 30
　　　　(4)　精神鑑定について…………………………………………………………… 30
　　8　刑事裁判に関連するその他の手続………………………………………………… 32
　　　　(1)　少年審判……………………………………………………………………… 32
　　　　(2)　医療観察法手続……………………………………………………………… 33
第 3　裁判後の段階（矯正・更生保護）…………………………………………………… 37
　　1　はじめに……………………………………………………………………………… 37
　　2　矯　　正……………………………………………………………………………… 38
　　　　(1)　はじめに……………………………………………………………………… 38
　　　　(2)　成人矯正……………………………………………………………………… 39
　　　　　ア　成人矯正の意義…………………………………………………………… 39
　　　　　イ　刑務所等における処遇…………………………………………………… 40
　　　　　ウ　釈　　放…………………………………………………………………… 43
　　　　(3)　矯正での新たな動き………………………………………………………… 43
　　　　　ア　コレワーク（矯正就労支援情報センター）（就労支援関係）………… 44
　　　　　イ　福祉専門職の増員（福祉的支援）……………………………………… 44
　　3　更生保護……………………………………………………………………………… 45
　　　　(1)　更生保護の意義・役割……………………………………………………… 45
　　　　　ア　更生保護とは何か………………………………………………………… 45
　　　　　イ　更生保護の担い手………………………………………………………… 45
　　　　(2)　生活環境調整と仮釈放……………………………………………………… 48
　　　　　ア　生活環境調整……………………………………………………………… 48
　　　　　イ　仮釈放等…………………………………………………………………… 51
　　　　　ウ　裁判前における支援者との接点………………………………………… 52

目　次

　　　　（3）　保護観察 ………………………………………………… 53
　　　　　　ア　総　論 ………………………………………………… 53
　　　　　　イ　種　類 ………………………………………………… 55
　　　　　　ウ　実施態勢 ………………………………………………… 56
　　　　　　エ　遵守事項と良好措置・不良措置 ………………… 60
　　　　　　オ　段階別処遇 ………………………………………… 60
　　　　　　カ　他の支援者との関係 ……………………………… 60
　　　　（4）　更生緊急保護 ……………………………………………… 61
　　　　　　ア　更生緊急保護の意義 ……………………………… 61
　　　　　　イ　更生緊急保護活用のポイント …………………… 61
　　　　　　ウ　更生緊急保護の実情 ……………………………… 63
　　　4　更生保護での新たな動き ……………………………………… 65
　　　　（1）　特別調整 …………………………………………………… 65
　　　　（2）　更生緊急保護事前調整 ………………………………… 67

第3章　再犯防止をめぐる新たな動き ———————— 68

第1　弁護士の視点から ……………………………………………… 68
　　　1　はじめに …………………………………………………………… 68
　　　2　弁護人とは何者か ……………………………………………… 69
　　　3　なぜ連携が必要か（弁護人と福祉専門職が連携する意義） …… 71
　　　　（1）　福祉的支援という視点がないとどうなるか ………… 71
　　　　　　ア　捜査段階 ………………………………………………… 71
　　　　　　イ　公判段階 ………………………………………………… 72
　　　　　　ウ　その他 ………………………………………………… 72
　　　　　　エ　小　括 ………………………………………………… 72
　　　　（2）　福祉的支援の視点をもつ弁護人の苦悩 ……………… 73
　　　　（3）　まとめ …………………………………………………… 75
　　　4　連携する際の留意点（弁護人と福祉専門職との違い） …… 75
　　　5　制度の現状と課題 ……………………………………………… 80
　　　　（1）　はじめに ………………………………………………… 80
　　　　（2）　弁護士（会）の取組み ………………………………… 80
　　　　　　ア　障害者弁護名簿 ……………………………………… 80

v

目　次

　　　　イ　障害者弁護マニュアル……………………………………………… 80
　　　(3)　弁護士（会）と福祉専門職との連携……………………………… 81
　　　(4)　課　題…………………………………………………………………… 84
　　　　ア　報酬の問題………………………………………………………… 84
　　　　イ　刑事司法内連携の問題…………………………………………… 86
　　6　今後の連携に向けて………………………………………………………… 86
第2　社会福祉士の視点から………………………………………………………… 88
　　1　法的に未整備な入口支援………………………………………………… 88
　　　(1)　法律事務所内にNPO法人事務所を置く社会福祉士……………… 89
　　　(2)　神奈川県社会福祉士会の取組………………………………………… 89
　　　(3)　千葉県社会福祉士会での取組・マッチング支援事業…………… 90
　　2　事案に見る福祉的課題とその解決へ向けて………………………… 94
　　　(1)　対象者の傾向：高齢者（認知症）が抱える問題，障害者（知
　　　　的，精神）が抱える問題，女性が抱える問題…………………… 94
　　　(2)　対象者の生活課題と社会福祉制度：その人らしい自立への
　　　　道…………………………………………………………………………… 98
　　3　社会福祉士の支援領域…………………………………………………… 103
　　　(1)　独立型社会福祉士の地域福祉ネットワーク……………………… 103
　　　(2)　自発的社会福祉としての入口支援―岡村重夫の『社会福祉
　　　　原論』からの一考察…………………………………………………… 105
第3　検察の視点から……………………………………………………………… 108
　　1　検察と再犯防止…………………………………………………………… 108
　　　(1)　検察の職務と組織……………………………………………………… 108
　　　(2)　従来の枠組み（矯正・保護との連携）…………………………… 111
　　2　「検察インテーク型」の入口支援…………………………………… 115
　　　(1)　福祉との連携の模索…………………………………………………… 115
　　　(2)　起訴裁量権の活用……………………………………………………… 118
　　　(3)　被害者支援と再犯防止………………………………………………… 126
　　3　福祉専門職と検察が「つながる」ことの意義……………………… 128
　　　(1)　福祉の理念と再犯防止の理念………………………………………… 128
　　　(2)　より「生きやすい社会」へ向けて………………………………… 131

目　次

第4章　各種障害の知識／症状と特性，対応方法 —————— 133

第1　障害者の日常生活及び社会生活を総合的に支援するための法律（障害者総合支援法）の概要 ················133
1　法律の目的（第1条）················133
2　障害者の定義（第4条）················133
3　市町村が提供する障害福祉サービス················134
　⑴　自立支援給付················134
　　ア　介護給付の主なサービス················134
　　イ　訓練等給付の主なサービス················135
　⑵　地域生活支援事業················136
　⑶　障害児を対象とした主なサービス················136
4　サービスの利用················137
　⑴　介護給付，訓練等給付の申請（本人，保護者，代理人が申請）······137
　⑵　障害支援区分の認定················137
　⑶　支給決定からサービスの利用まで················137
　⑷　利用者負担の上限額················138

第2　障害者手帳················139
第3　障害等の概要················140
1　発達障害················140
　⑴　概　要················140
　⑵　生活上の困難················141
　⑶　対　応················142
2　知的障害················143
　⑴　概　要················143
　⑵　生活上の困難················143
　⑶　対　応················144
3　認知症················145
　⑴　概　要················145
　⑵　生活上の困難················145
　⑶　対　応················146
4　高次脳機能障害················146
　⑴　概　要················146

vii

目　次

　　　(2)　生活上の困難 ……………………………………………………… 146
　　　(3)　対　応 …………………………………………………………… 148
　　5　統合失調症 …………………………………………………………… 149
　　　(1)　概　要 …………………………………………………………… 149
　　　(2)　生活上の困難 ……………………………………………………… 149
　　　(3)　対　応 …………………………………………………………… 150
　　6　アルコール依存症 …………………………………………………… 150
　　　(1)　概　要 …………………………………………………………… 150
　　　(2)　生活上の困難 ……………………………………………………… 151
　　　(3)　対　応 …………………………………………………………… 151
　　7　薬物依存症 …………………………………………………………… 152
　　　(1)　概　要 …………………………………………………………… 152
　　　(2)　生活上の困難 ……………………………………………………… 152
　　　(3)　対　応 …………………………………………………………… 153
　　8　うつ病 ………………………………………………………………… 153
　　　(1)　概　要 …………………………………………………………… 153
　　　(2)　生活上の困難 ……………………………………………………… 154
　　　(3)　対　応 …………………………………………………………… 155
　　9　双極性障害（躁うつ病） …………………………………………… 155
　　　(1)　概　要 …………………………………………………………… 155
　　　(2)　生活上の困難 ……………………………………………………… 156
　　　(3)　対　応 …………………………………………………………… 156

第2編　ケーススタディ〜項目別・事例別に学ぶ実務のポイント〜

第1章　入口支援における刑事司法ソーシャルワークの支援プロセス————160

第1　生活課題を抱えた対象者 ………………………………………… 160
第2　罪名と前科前歴 …………………………………………………… 161
第3　支援のプロセス …………………………………………………… 161
　　1　弁護人からの依頼 ……………………………………………… 162
　　2　情報収集・情報共有（心身の状態・生育歴・家族関係等） ……… 163

viii

3	接見・傍聴	163
4	アセスメント・見立て	164
5	支援会議の招集	165
6	行政機関との連携・調整（生活保護・年金・手帳取得等）	166
7	更生支援計画書の作成	166
8	情状証人として出廷	167
9	釈放後に福祉・医療等につなぐ	168

第2章　項目編 —————————————————— 169

1　情報の収集「統合失調症患者による殺人未遂事件（結果　医療観察法に基づく入院）」 169

第1　事案の概要 169
第2　ポイント解説（弁護士編） 170
1　被疑者からの聴取 170
2　家族からの聴取 171
3　福祉関係諸機関からの聴取 171
4　医療機関からの情報取得 172
第3　ポイント解説（福祉士編） 173
1　弁護人からの依頼内容の確認と被疑者に関する情報の確認 173
2　被疑者からの聴取 174
　⑴　勾留中の生活について 175
　⑵　自宅にいた時の暮らしについて 175
　⑶　心配なことや希望 175
3　本人を取り巻く関係者からの情報の収集 176
第4　事件後の流れ 177

2　更生支援計画書の作成と証人出廷「知的障害者による窃盗事件（判決　実刑）」 178

第1　事案の概要 178
第2　ポイント解説（福祉士編） 179
1　更生支援計画書の構成 179
2　作成期限 180

ix

目　次

```
  3　情報収集……………………………………………………………181
 （1）逮捕時の情報……………………………………………………181
 （2）面談や関係者からの情報収集…………………………………182
　　ア　本人との面談……………………………………………182
　　イ　関係者……………………………………………………184
 （3）公的機関への問合せや訪問……………………………………184
 （4）公判資料…………………………………………………………185
  4　証人出廷……………………………………………………………186
 （1）弁護士との打合せ………………………………………………186
 （2）法廷に臨んで……………………………………………………186
 （3）判決について……………………………………………………187
第3　事件後の流れ……………………………………………………188
```

3 刑事記録の確認と計画書の見直し「知的障害者による未成年者
わいせつ略取事件（判決　実刑）」………………………………194

```
第1　事案の概要…………………………………………………………194
第2　ポイント解説（弁護士編）………………………………………196
  1　資料収集について…………………………………………………196
 （1）積極的な資料収集が必要………………………………………196
 （2）資料収集の準備…………………………………………………196
 （3）資料収集の具体的方法…………………………………………197
　　ア　捜査機関が保有している資料の収集…………………197
　　イ　被告人本人からの聴き取り……………………………197
　　ウ　その他の資料の収集……………………………………198
  2　資料の検討について………………………………………………199
 （1）客観資料の重要性………………………………………………199
 （2）更生支援計画との兼ね合い……………………………………200
  3　更生支援計画の見直し……………………………………………200
  4　支援者との記録の共有と守秘義務の関係………………………200
第3　ポイント解説（福祉士編）………………………………………201
  1　刑事記録の確認……………………………………………………201
 （1）記録の入手方法…………………………………………………201
 （2）記録の種類・内容………………………………………………201
```

x

目　次

　　（3）　記録確認のポイント（障害特性，犯行の背景，今後の必要な支援
　　　　等）……………………………………………………………………………201
　　　　ア　障害特性や犯行動機への気付き……………………………………201
　　　　イ　今後の支援を考えるために…………………………………………202
　　2　情報の再収集……………………………………………………………………203
　　（1）　本人からの承諾を得る…………………………………………………203
　　（2）　福祉の視点で行う情報収集……………………………………………203
　　　　ア　再収集の意義…………………………………………………………203
　　　　イ　再収集での注意点……………………………………………………205
　　3　計画の見直し……………………………………………………………………205
第4　事件後の流れ……………………………………………………………………206
　　（1）　弁護士との初回打合せ，親族からの委任……………………………206
　　（2）　更生支援会議の構成メンバー・活動内容……………………………206
第5　もしものケース想定……………………………………………………………207
　　【医療機関等への受診があれば（保釈による受診可能性を含めて）】………207
　　【国選弁護人複数選任があれば】…………………………………………………208

4　証人尋問「知的障害者による傷害致死事件（判決　実刑）」………213
第1　事案の概要………………………………………………………………………213
第2　ポイント解説（弁護士編）……………………………………………………215
　　1　刑事裁判の中で福祉職の関わりが期待される領域……………………215
　　2　司法は福祉職にどのようなことを期待しているか……………………215
　　3　証人尋問における心得………………………………………………………216
第3　実際に証人として出廷した社会福祉士Ａさんに対するインタ
　　ビュー………………………………………………………………………………217
第4　事件後の流れ……………………………………………………………………220

**5　入所後の関わり・退所後を見据えた地域との連絡調整「自閉症
　　スペクトラム障害の未成年者による窃盗事件（結果　少年院送
　　致）」**………………………………………………………………………………232
第1　事案の概要………………………………………………………………………232

xi

目　次

| 第2 | ポイント解説（弁護士編）································· | 234 |

1	矯正施設収容中の元被告人，少年との関わり···················	234
2	処遇や帰住先調整に関する情報の共有・会議への参加·········	235
3	矯正施設退所に向けた弁護士の役割···························	236

| 第3 | ポイント解説（福祉士編）································· | 237 |

1	矯正施設収容中の刑事司法SWとしての関わり···············	237
2	帰住先調整困難ケースにおけるSWの役割と留意点···········	238
3	矯正施設退所以降のSWの関わり·····························	239
4	社会復帰後の展開···	240

| 第4 | もしものケース想定····································· | 242 |

【成人ケースの場合の留意点～支援困難事例を想定して～】············· 242

第3章　事例編 ———————————— 245

1 支援体制の構築・関係機関との連携／アセスメント「知的障害者による強姦事件（判決　実刑）」································· 245

第1　事案の概要·· 245

第2　ポイント解説（弁護士編）··· 247

1	ゼロから支援体制を作る難しさ···························	247
2	支援体制の構築を進めるとして，誰がそれを進めるのか，どのように進めるのか···	248
3	支援体制の構築に当たって，弁護士が担う役割は何か·········	249

第3　ポイント解説（福祉士編）··· 250

1	弁護士との連携の開始···································	250
⑴	弁護士からの協力依頼···································	250
⑵	弁護士との顔合わせ·····································	251
2	アセスメント···	251
⑴	アセスメントとは·······································	251
⑵	本人との面会による聴き取り·····························	252
⑶	家族との面会による聴き取り·····························	253
⑷	臨床心理士の本人の障害特性に関する専門的意見·············	253
⑸	当該事案のアセスメント·································	254
3	支援体制の構築···	254

xii

目　次

$$\qquad$$ (1)　支援体制の作り方 ………………………………………… 254
$$\qquad$$ (2)　当該事案における支援体制 …………………………… 255

第4　事件後の流れ ……………………………………………… 256

2　面談・聴取と支援の限界「医療保護入院後の窃盗事件（判決実刑）」………………………………………………………… 260

第1　事案の概要 ……………………………………………………… 260

第2　ポイント解説（弁護士編）………………………………… 262

　1　はじめに ………………………………………………………… 262

　2　初回接見時の留意点 ………………………………………… 262

$$\qquad$$ (1)　味方であることを伝え，信頼関係を構築する …………… 262

$$\qquad$$ (2)　基本的な手続の枠組みを具体的かつ簡潔に説明する ……… 262

$$\qquad$$ (3)　事件直後の初期供述を記録化する ……………………… 263

　3　被疑者に障害がある場合の留意点 ……………………… 263

$$\qquad$$ (1)　難しい言葉遣いや専門用語の使用を避け，平易な言葉を使う …………………………………………………………… 263

$$\qquad$$ (2)　福祉職や福祉機関などに協力を求める ………………… 263

$$\qquad$$ (3)　事件直後の精神状態を保全する ………………………… 264

$$\qquad$$ (4)　取調べに対する防御方法を簡潔かつ明確に助言・指示する … 265

　4　捜査機関や留置施設への対応 …………………………… 265

$$\qquad$$ (1)　捜査機関に対する申入れ ………………………………… 265

$$\qquad$$ (2)　留置施設に対する申入れ ………………………………… 266

第3　ポイント解説（福祉士編）………………………………… 266

　1　現在困っていること，心配なことを聞き，必要な支援を行う … 266

$$\qquad$$ (1)　刑事司法ソーシャルワークの入口 ……………………… 266

$$\qquad$$ (2)　面会の実際 ………………………………………………… 266

$$\qquad$$ (3)　現在困っていること，心配なことを聞き，必要な支援を行う …………………………………………………………… 267

$$\qquad$$ (4)　本人の権利擁護の点から考えたこと …………………… 268

　2　ライフサイクルを見据えた支援を行う ……………… 268

$$\qquad$$ (1)　その後の関わり …………………………………………… 268

$$\qquad$$ (2)　福祉職が誰が弁護人であるかを知る術が乏しいこと …… 270

$$\qquad$$ (3)　ライフサイクルを見据えた支援を行う ………………… 270

xiii

目　次

　　　⑷　その後のこと ……………………………………………… 271
第4　事件後の流れ …………………………………………………… 272

3 原因と対策について考えたことを公判に反映させる「高齢者による実子への連続脅迫事件（判決　実刑）」……………………… 273
第1　事案の概要 ……………………………………………………… 273
第2　ポイント解説（弁護士編）…………………………………… 274
　1　接見したときに違和感や引っかかりを感じないか ………… 274
　2　公判に向けて事件の原因と対策を考える ………………… 275
　3　原因と対策について考えたことを証拠を通じて公判に反映させる …………………………………………………………… 275
　　⑴　本件における公判弁護の目標 ……………………………… 275
　　⑵　福祉機関作成の書証の証拠調べ請求 …………………… 276
　　⑶　社会福祉士の証人尋問の証拠調べ請求 ………………… 276
第3　ポイント解説（福祉士編）…………………………………… 277
　1　本人から情報収集するときの視点 ………………………… 277
　2　本人以外からの情報収集の進め方 ………………………… 279
　3　情報収集に基づくアセスメントとプランニング ………… 280
第4　事件後の流れ …………………………………………………… 281
第5　もしものケース想定…………………………………………… 282
　　【被疑者段階で受任していた場合】…………………………… 282

4 否認事件における弁護活動「知的障害者による恐喝未遂事案（判決　保護観察付執行猶予）」…………………………………… 284
第1　事案の概要 ……………………………………………………… 284
第2　ポイント解説（弁護士編）…………………………………… 286
　1　刑事弁護人としてなすべきことは変わらない……………… 286
　2　本人の言い分を否定しない ………………………………… 286
　3　責任能力を争うことを検討する …………………………… 286
第3　ポイント解説（福祉士編）…………………………………… 287
　1　本件における面会・情報収集 ……………………………… 287
　2　本件のアセスメント ………………………………………… 288
　3　チームアプローチの実際………………………………………… 289

xiv

目　次

| 第4 | 事件後の流れ | 290 |

1　受任時 290

2　弁護方針 291

3　社会資源との連携 291

4　執行猶予，保護観察 292

5　判決後の活動 293

 (1)　支援方法，支援体制の構築 293

 (2)　離婚の問題 293

 (3)　財産管理の問題 294

6　対応の難しさ 294

第5　もしものケース想定 294

【犯罪事実を認めている事件であった場合】 294

5 弁護戦略と支援計画「発達障害者による傷害事件（判決　実刑)」 296

第1　事案の概要 296

第2　ポイント解説（弁護士編） 298

1　意思確認の困難な本人の情報やニーズの把握，支援方針の決定 298

 (1)　本人からの情報収集が困難な場合の初期対応 298

 (2)　本件での情報収集 298

 (3)　本人の支援方針の検討 299

 (4)　関係者間での役割分担や情報共有 300

2　精神鑑定への対応 300

 (1)　精神鑑定とは 300

 (2)　精神鑑定で検討すべき事項 301

 (3)　批判的な視点での検討 301

 (4)　本件での鑑定の経緯・着眼点 302

 (5)　本人の抱える障害や背景をいかにして裁判立証に活かすか 302

3　福祉的支援をいかにして弁論に反映させるか 303

第3　ポイント解説（福祉士編） 304

1　成育歴等から本人の強み弱みを見立て 304

2　本人，弁護士それぞれの裁判後の生活に対する希望・不安 305

xv

目　次

　　3　1，2を踏まえ，支援者として強制的でなく自主的な関係を
　　本人といかに構築するか……………………………………………306
　第4　事件後の流れ………………………………………………………307

6 更生支援計画書の実践・計画内容の変更「妄想性障害者による
　　殺人未遂事件（結果　医療観察法に基づく不処遇）」……………310
　第1　事案の概要…………………………………………………………310
　第2　ポイント解説（弁護士編）………………………………………312
　　1　弁護士が更生支援計画の実践に関わる意義………………………312
　　2　本件における刑事手続後の弁護士の活動…………………………313
　第3　ポイント解説（福祉士編）………………………………………314
　　1　更生支援計画作成の経過……………………………………………314
　　⑴　本件における情報収集…………………………………………314
　　⑵　更生支援計画の検討・作成……………………………………315
　　⑶　更生支援計画の実践……………………………………………315
　　2　社会福祉士のジレンマ……………………………………………316
　第4　事件後の流れ………………………………………………………317

7 ケア会議における再犯防止策と本人の権利擁護「成年被後見人
　　による累犯窃盗事件（結果　医療保護入院を経由し老人ホーム
　　へ）」………………………………………………………………………321
　第1　事案の概要…………………………………………………………321
　第2　ポイント解説（弁護士編）………………………………………323
　　1　捜査段階での活動期間と活動の工夫………………………………323
　　2　関係者の情報共有と役割分担………………………………………324
　　3　弁護人の事件後の協力………………………………………………325
　第3　ポイント解説（福祉士編）………………………………………326
　　1　トラブルを繰り返す本人に対する身上監護………………………326
　　2　後見人のトラブル防止に向けた視点………………………………328
　　3　トラブル発生時の後見人の対応……………………………………329
　第4　事件後の流れ………………………………………………………330

目　次

第3編　更生支援の現場から〜当事者・関係者の声〜

ガンバの会と自立準備ホーム ———————————— 334

- 1　はじめに……………………………………………………………334
- 2「自立準備ホーム」の実際…………………………………………335
- 3　利用者について……………………………………………………335
- 4　自立に向かっての支援……………………………………………337
- 5　Nさんのこと………………………………………………………339
- 6　おわりに……………………………………………………………341

矯正施設社会福祉士の活動 ———————————— 343

- 1　特別調整について…………………………………………………344
- 2　独自調整について…………………………………………………346
- 3　矯正施設入所中に利用できる福祉手続について………………347
  - (1)　住民登録の届出（住民票の復活）……………………………348
  - (2)　障害者手帳の発行………………………………………………348
  - (3)　障害支援区分認定………………………………………………348
  - (4)　介護度認定………………………………………………………348
  - (5)　公的年金…………………………………………………………349
- 4　その他………………………………………………………………349

罪を犯した障害者の相談支援 ———————————— 351

- 1　はじめに……………………………………………………………351
- 2　事　例………………………………………………………………352
- 3　最後に………………………………………………………………356

NPO法人　館山DARCの活動 ———————————— 358

- 1　はじめに……………………………………………………………358

xvii

目 次

2 ダルク入所の経緯 ………………………………………………… 358
3 保護観察所との連携 ……………………………………………… 360
4 実施プログラムの概要 …………………………………………… 360
5 さいごに …………………………………………………………… 362

執筆・協力者紹介 ……………………………………………… 365

※本書に掲載の事例は，各執筆者が担当した事件をモデルに，個人の特定を避ける
ため，論旨に影響しない範囲で仮名・改変を行ったものとなっています。

第 **1** 編

総　論
～刑事司法・更生支援と福祉の関わり～

第1編 総論 〜刑事司法・更生支援と福祉の関わり〜

第1章 「刑事司法ソーシャルワーク実践」総論

第1 刑事司法ソーシャルワークの定義と意義

　刑事司法領域では，矯正施設等における処遇の終了段階で対象者を福祉サービスにつなげる社会復帰支援を出口支援と称しています。これと対比し，刑事司法制度の開始段階での，被疑者や被告人の高齢者，障害者等を福祉サービスにつなぐ支援は，入口支援と言われています。本書では，まず，刑事司法ソーシャルワークの定義を示し，入口支援における弁護士と協働する社会福祉士の刑事司法ソーシャルワークの実務について述べていきます。

1 刑事司法ソーシャルワークの定義

　日本社会福祉士会では，刑事司法の場での社会福祉士による活動を「リーガルソーシャルワーク」と称し，その取組について検討してきました。具体的な内容を見ると，2008年の検討実施内容では，矯正施設・少年院・更生施設等に配置されている社会福祉士等の現状と課題の整理をしています。また2010年には，地域生活定着支援センターの事例を通じて，司法と福祉の連携の実態を把握し検討しました。

　さらに，これらの検討結果から，逮捕後の被疑者・被告人への社会福祉士の関与の必要性を認識し，2011年以降の研究は，入口支援の在り方を模索していく方向に転換しています。その研究では2011〜2012年にかけて「被疑者・被告人の福祉的支援についてのヒアリング調査」を行い，被疑者・被告人となった高齢者・障害者等の支援に関する地域の実情を把握しています。そして2013年には，「被疑者・被告人への福祉的支援に関する弁護士・社会福祉士の連携モデル推進事業」（社会福祉事業）として，都市部における「被疑者・被告人段階の福祉的支援に関する弁護士・社会福祉士の連携モデル事業のスキーム」を検討し，その成果を報告書にまとめ発表しています。

　このような調査研究と社会福祉士の実践を踏まえ，千葉県社会福祉士会司

法福祉委員会では，「刑事司法ソーシャルワーク」を刑事司法の場における福祉的支援とし，本会会員で当該研修を修了して本会の刑事司法ソーシャルワーカー名簿に登録した者を「刑事司法ソーシャルワーカー」と称しています（一般社団法人千葉県社会福祉士会刑事司法ソーシャルワーカー名簿登録要領を参照）。

　地域生活定着支援センター等の福祉機関として支援等を行う場合，あるいは地方検察庁の入口支援の取組等は，刑事司法ソーシャルワーカーとしての単独の動きというよりは組織としての動きであり，多少なりとも何らかの組織としての縛りがあるでしょうし，社会福祉士の資格を有しない職員も活動しています。そして，現状では刑事司法ソーシャルワーク実践はその手法が確立されているとは言い切れず，これから全国的に広がり，より専門的領域として制度を含めて整備されていく段階です。したがって，現在は，様々な取組の中で実践と理論を積み重ね，制度を構築していく萌芽期と捉えることができます。

　刑事司法ソーシャルワークもソーシャルワークという限り，根本的にはソーシャルワークです。そこで，刑事司法ソーシャルワークの定義を述べる前に，ソーシャルワーク専門職のグローバル定義について確認します。ここでは，国際ソーシャルワーカー連盟の定義から，それを受けて日本ソーシャルワーカー連盟が提示した定義と注釈の実践を以下に記します（中核となる任務，原則，知については省略）。もちろん，社会福祉士はこの倫理，価値，理論，実践の定義に基づいて活動していることとなります。

【ソーシャルワーク専門職のグローバル定義】

　ソーシャルワークは，社会変革と社会開発，社会的結束，及び人々のエンパワメントと解放を促進する，実践に基づいた専門職であり学問である。社会正義，人権，集団的責任，および多様性尊重の諸原理は，ソーシャルワークの中核をなす。ソーシャルワークの理論，社会科学，人文学，及び地域・民族固有の知を基盤として，ソーシャルワークは，生活課題に取り組みウェルビーイングを高めるよう，人々やさまざまな構造に働きかける。
この定義は，各国および世界の各地域で展開してもよい。

第1編　総論　～刑事司法・更生支援と福祉の関わり～

注釈
実践

　ソーシャルワークの正統性と任務は，人々がその環境と相互作用する接点への介入にある。環境は，人々の生活に深い影響を及ぼすものであり，人々がその中にある様々な社会システムおよび自然的・地理的環境を含んでいる。ソーシャルワークの参加重視の方法論は，「生活課題に取り組みウェルビーイングを高めるよう，人々やさまざまな構造に働きかける」という部分に表現されている。ソーシャルワークは，できる限り，「人々のために」ではなく，「人々とともに」働くという考え方をとる。社会開発パラダイムにしたがって，ソーシャルワーカーは，システムの維持あるいは変革に向けて，さまざまなシステムレベルで一連のスキル・テクニック・戦略・原則・活動を活用する。ソーシャルワークの実践は，さまざまな形のセラピーやカウンセリング・グループワーク・コミュニティワーク，政策立案や分析，アドボカシーや政治的介入など，広範囲に及ぶ。この定義が支持する解放促進的視角からして，ソーシャルワークの戦略は，抑圧的な権力や不正義の構造的原因と対決しそれに挑戦するために，人々の希望・自尊心・創造的力を増大させることをめざすものであり，それゆえ，介入のミクロ―マクロ的，個人的―政治的次元を一貫性のある全体に統合することができる。ソーシャルワークが全体性を指向する性質は普遍的である。しかしその一方で，ソーシャルワークの実践が実際上何を優先するかは，国や時代により，歴史的・文化的・政治的・社会経済的条件により，多様である。

　この定義を前提に，刑事司法ソーシャルワークとは，刑事司法の場における福祉的支援です。入口支援においては，刑事司法ソーシャルワークは更生支援計画に基づき，罪を犯した高齢者・障害者等の被疑者・被告人を，釈放後に福祉機関等につなげる支援を行うことになります。出口支援では，矯正施設を出所する高齢者や障害者等に対して，帰住先の調整や就労等の調整を，主に地域生活定着支援センターが担っています。また，地方検察庁や矯正施設，更生施設等に勤務している社会福祉士もソーシャルワークを実践しています。

　今後，この領域の更なる社会的な認知度が高まることを期待しています。

2　刑事司法ソーシャルワーカーとしての専門性とその担保

　実際，刑事司法の場において福祉的支援を行うとなれば，その領域つまり刑事司法に関する知識がなければなりません。これについては，第1編第2

章「刑事司法の流れ」で詳細に述べています。

それでは刑事司法ソーシャルワークの知識としてはどうでしょうか。まず，社会福祉の専門的知識（社会福祉六法，関係他法，社会福祉援助技術等）は当然であり，刑事司法関連他領域等の知識（犯罪心理学，犯罪社会学司法面接学，司法福祉学，コミュニケーション論，ケア学等）も必要となります。また実践理論（人の情緒・認知・行動への視点，人と環境との相互作用あるいは交互作用への視点，適切な介入戦略等），その他（多様な社会資源から得た知識の再構築等）が考えられます。さらに他領域については視野を広げるという視点が必要となり，実際には，実践とともに他領域に触れて知識を獲得していくこととなります。

このような知識はクライエント（被疑者・被告人等）に直接的・間接的に介入する上でソーシャルワークの理論的裏付けにもなります。これらの知識は刑事司法ソーシャルワーカーの専門性の一つであり，社会福祉援助を行っていく上で，次第に身につく知の領域もあり，実践上の自己研鑽の域でもあります。

さて，刑事司法ソーシャルワーカーとしての実質的な専門性を，どのように身につけていくのでしょうか。ここでは，刑事司法に関する知識習得の出発点として，千葉県社会福祉士会で開催している研修「刑事司法ソーシャルワーカー養成講座（基礎編・応用編）」を例に挙げます。基礎編では，時系列的に刑事司法における各機関の役割等に触れ，最後に実践事例を示しています。応用編では，入口支援に関する知識，見立てのポイント，更生支援計画作成の習得と弁護士スタッフを交えた事例演習を行っています。その研修項目は今後一層の充実が図られるべきであり，研修内容の変更も考えられます。これらの研修は，認定社会福祉士制度の分野別専門研修1単位に認証されています。

補足すると，後述（第1編第3章2「社会福祉士の視点から」）する千葉県社会福祉士会司法福祉委員会のマッチング支援事業では，この養成講座（基礎編・応用編）を修了し，刑事司法ソーシャルワーカーとして登録することによって，弁護士と協働した被疑者・被告人の支援に関わっていくことになっています。現在，千葉県社会福祉士会の研修を修了し刑事司法ソーシャルワー

第1編 総論 ～刑事司法・更生支援と福祉の関わり～

カーとして登録できるのは当会の会員のみとしています。登録会員には、実践の依頼、学習会や事例検討会への積極的な参加を呼びかけ、他機関の開催する講習会等の情報提供等にも努めています。このように当会では、研修受講・登録・実践・学習会参加等のシステムによって登録員の専門性を担保しています（一般社団法人千葉県社会福祉士会刑事司法ソーシャルワーカー登録員の刑事司法への関与に関する事業（マッチング支援）実施要綱）。

また、研修については、現在、個々の都道府県社会福祉士会において、「リーガルソーシャルワーク研修（日本社会福祉士会が移管した認定研修）」を実施しているところもあり、全国的に刑事司法ソーシャルワークの認知度が高まっています。

3 刑事司法ソーシャルワークの実践における社会的意義

入口支援での刑事司法ソーシャルワークは、弁護士との協働、福祉関係機関との打合せ等でのコミュニケーション行為により、罪を犯した被疑者・被告人である高齢者や障害者等を福祉につなげていく支援の実践です。これについては、上記1「刑事司法ソーシャルワークの定義」のなかで定義づけています。

その高齢者には、認知症の進行、生活困窮、ホームレス、住民票が職権消除されている、あるいは地域で孤立している等の問題を抱えた居場所のない人が多く含まれる傾向にあります。また障害者等では、服薬を怠っている、就労先を転々としている、これまで福祉サービスを受けたことがない等の自己の障害を認識できないゆえの生き辛さを抱え、社会参加を損なっている人も見られます。

このような刑事司法ソーシャルワークの対象者が、地域の福祉支援に結びつき、地域での安定した生活や就労等によって生き辛さが少しでも解消でき、社会的包摂の枠組みに定着していくならば、当事者である弱者（高齢者・障害者等）への救済という一面では、刑事司法ソーシャルワークの社会的意義は大きいと言えるでしょう。そして、その結果として、住民の身近な生活における犯罪が減少し、かつ再犯を防止できれば、地域の安心安全を築くことにつながると捉えられます。

6

また，重要な視点は，ソーシャルワーク専門職である社会福祉士が，刑事司法ソーシャルワークを実践していることにあります。以下では，この実践について説明していきます。上述の「ソーシャルワークの定義」注釈でソーシャルワーク専門職の実践に示されているように，「ソーシャルワークの正統性と任務は，人々がその環境と相互作用する接点に介入にある。」とし，その実践は「さまざまな形のセラピーやカウンセリング・グループワーク・コミュニティワーク，政策立案や分析，アドボカシーや政治的介入など広範囲に及ぶ。」と定義しています。刑事司法ソーシャルワークにおいても，福祉につなぐ介入方法は同様です。高齢者や障害者等の社会的弱者の権利擁護を主体に，社会資源の創出，社会環境の改善，社会参加の促進等に向けての社会福祉活動は，ミクロ（個人）及びローカル（主に地方の福祉ネットワーク）な範囲で行われています。

ソーシャルワークの理念や原則は，所属する機関が検察庁，刑務所，少年院，保護観察所等の場合，あるいは協働する相手が弁護士の場合等，その組織や他専門職の論理と矛盾し対立することもあります。それは司法文化と福祉文化の違いによるものと考えられ，協働する前提として，互いにその違いを理解し許容することが重要と思われます。

そして，ソーシャルワークの実践の一部である政策立案や分析，アドボカシーや政治的介入を，刑事司法ソーシャルワーカーが実際に行うことはほとんどありませんが，少なくとも可能性はあり，その点を視野に入れた姿勢自体がソーシャルワークの果たす社会的意義を深めていると言えるでしょう。

4　刑事司法ソーシャルワーカーの機能

ところで，ソーシャルワークの取り組む目標は，大きく四つに分けられています（社団法人日本社会福祉士会「新 社会福祉の共通基盤第2版（上）」のソーシャルワーカーの機能を参照）。その中で，刑事司法ソーシャルワークに特に関係すると思われる二つの目標を挙げ，刑事司法ソーシャルワークの機能について述べていきます。

一つ目は，クライエントとの問題解決能力や環境への対処能力を強化するため，側面的援助機能，代弁機能，直接処遇機能，教育機能，保護機能が求

められます。二つ目には，クライエントと必要な社会資源との関係構築・調整のため，仲介機能，調停機能，ケアマネジメント機能がソーシャルワーカーには求められています。

その中で刑事司法ソーシャルワーカーの機能として，主に代弁機能，仲介機能，調停機能，ケアマネジメント機能を取り上げて説明します。もちろん，上記3の支援プロセスでは，刑事司法ソーシャルワーカーの機能が発揮されていると捉えられます。

以上に記したことは，ある意味でソーシャルワーカーから見れば，自明のことでもあり，取り立てて述べるまでもないことのようでもあります。しかし，いま確認したことを起点にして，そこから，刑事司法ソーシャルワーカーの目標，機能に沿って論理的に支援していく視点も必要と考えて，ここに二つの項において実践での機能について述べていきます。

⑴ 生き抜くための「その人らしさ」への支援：仲介機能とケアマネジメント機能

刑事司法ソーシャルワーカーは本人との接見，弁護士や家族等からの話し，本人の障害の程度や診断，生育歴，生活環境，犯罪時の状況等の情報を把握し，本人の「その人らしさ」をイメージしてから更生支援の検討に入っていきます。ここでは，対象者である被疑者・被告人の高齢者や障害者が釈放された時に，福祉関係機関と結びつける仲介機能を果たしています。そして，釈放後，地域等で包括的なサービス利用により安定した生活が継続され，本人が社会で生き抜くことができるように，必要な社会資源を利用可能にするケアマネジメント機能が求められます。

例えば，丁寧な言葉使いではありますが，協調性がなく施設等での生活ではトラブルが発生する，一人暮らしをしていたが金銭管理はできない等の事例です。このような本人の状態を「その人らしさ」と捉えれば，刑事司法ソーシャルワークの仲介機能として，金銭管理は社会福祉協議会の自立生活支援事業を利用すること等が考えられます。それは，多様な問題を抱えている「その人らしさ」による生き辛い環境を，なるべく取り除くことへの支援と言えます。そのため，福祉サービス等の社会資源を包括的に

第1章 「刑事司法ソーシャルワーク実践」総論

利用できるようケアマネジメントすることも考えられます。

　この刑事司法ソーシャルワーカーの「その人らしさ」への支援は，被疑者・被告人である本人の自分らしさの保持の反転といえるでしょう。

　本来持っている自分らしさを保持するためには，日常生活上の意識として自己決定と他者依存とのバランスが重要ですし，親族や福祉関係とのつながりとしてのセルフケアも必要となっていきます。また，支援を受ける者の「その人らしさ」を維持するためには，本人の自分らしさを主張できる場や日常生活の安定が欠かせないことは言うまでもありません。自分らしさが変容し，その人らしさという他人の評価も一時的にも変わることも考えられますが，支援者は，本人の自分らしさの在り様を統合して「その人らしさ」と捉え，支援を継続していきます。

(2)　権利擁護と倫理的ジレンマ：代弁機能と調停機能

　それでは，「その人らしさ」への支援を権利擁護の視点から捉えて考えてみましょう。ソーシャルワークの定義にも明文化されているところですが，刑事司法ソーシャルワークにおいても権利擁護は中核的概念です。

　実際，被疑者・被告人の中には，逮捕される以前の生活において，権利が侵害されていた者も少なくありません。そのまま釈放となれば，本人の自覚のないままに，あるいはその生活を上手に言語化できず，再び権利を侵害された環境に戻りかねません。それを自分らしさとするならば，刑事司法ソーシャルワーカーは，その実態を目の当たりにして権利侵害を見過ごさず，本人の訴えを代弁し，釈放後の権利を擁護する機能を果たさなければなりません。そこから，本人の自分らしさの良い面（ストレングス）が見えてくるのではないでしょうか。

　それから，例えば，家族が障害者年金を管理していることを知らされていない本人は，ホームレス状態で，食べ物を買う金銭もなく，空腹のためスーパーでパンを窃取し現行犯逮捕された事案があります。この場合，刑事司法ソーシャルワーカーは，調停機能として，家族との関係調整を行いました。釈放後，本人はグループホームに入所しました。成年後見制度を利用し，成年後見人等によって財産管理と身上監護が行われ，本人は年金

9

第1編 総論 ～刑事司法・更生支援と福祉の関わり～

を受給し，金銭的生活が安定したため，窃盗をしなくなりました。

　ここでは，少し時間を要しましたが，刑事司法ソーシャルワーカーが立案した更生支援計画に沿って，成年後見制度の利用申立てにより本人の権利擁護がなされていったと捉えられます。それは権利擁護に関わるミクロレベルのソーシャルワーク実践です。

　権利擁護は，基本的には支援に向けての本人の自己決定が必要です。特に，本人の福祉的支援を受けることへの同意です。同意して福祉的支援を受けて生活していくことも自己決定です。また，不同意により，釈放後もホームレスを続けることも自己決定となりますが，ここでは本人保護の立場も出てきます。刑事司法ソーシャルワークでは，本人に福祉的支援は必要と考えても，本人の同意なしに福祉につなぐわけにはいきませんし，支援先と個人情報を共有することもできません。このような本人の自己決定により本人の権利を擁護することが不可能となった場合，刑事司法ソーシャルワーカーは倫理的ジレンマを感じることがあります。その場合，再度，本人の判断能力を確認し，信頼関係を損なわないようにしながら，本人の不同意の理由を聞きます。そして，支援内容の再検討も視野に入れながら，本人への具体的支援内容を説明し，福祉的支援を受けることに同意するよう丁寧に説得を試みることが重要となります。

　実際の刑事司法ソーシャルワークの実務では，弁護士が本人から同意を得た上で，支援に着手します。それでもまれに，弁護士から「本人は福祉の支援を受けたくないと言っている。このまま釈放となれば，再犯に及んでしまう可能性が高いので，福祉について説明して支援してほしい。」等の要請を受けることがあります。そのようなとき，ソーシャルワーカーは権利擁護を意識し，かつ倫理的ジレンマを感じながら専門職として活動する場合もあると思われます。

第2 事後から事前の対応へ（地域の福祉関係者の活躍）

～事後：刑務所出所後の支援（出口支援）から事前：被疑者・被告人の段階

での支援（入口支援）へ～

　我が国では，2002年に設置された犯罪対策閣僚会議によって，「犯罪に強い社会の実現のための行動計画─『世界一安全な国，日本』の復活を目指して─」が策定されました。平穏な暮らしを脅かす身近な犯罪の抑止等の重点課題を設定する等，治安回復のための基本方針を示し，犯罪防止に向けた取組は官民一体となって取り組まれてきました。

　その頃，福祉を無縁として生きてきた一定数の高齢者や障害者が刑務所内に収容されている事実については，山本譲司が著書『獄窓記』（新潮社，2003）によって明らかにしました。これにより，刑事司法について，人々の関心が示されるようになりました。

　これらを背景に，2006年，長崎県の社会福祉法人愛隣会の田島良昭理事長を代表とする厚生労働科学研究「罪を犯した障害者の地域生活支援に関する研究」により，『獄窓記』で指摘されたような刑務所出所後の問題等が詳細に調査されています。この問題解決のため，厚生労働省は地域生活定着支援促進事業（第1編第3章2「福祉の視点から」で詳細を述べる。）を導入することとしました。そして2009年，厚生労働科学研究「触法・被疑者となった高齢者・障害者への支援の研究」の調査結果により，逮捕勾留時からの支援が必要と認識されるようになりました。

　このように，刑務所出所の事後支援（出口支援と継続的支援）は重要であるとしながらも，一方で，再び矯正施設に入所しないように，あるいは再犯に及ばないように，被疑者・被告人の段階で福祉につなぐという事前（入口支援と包摂的支援）の対応が強く求められ，多くの実践事例でその成果が見えてきたところです。

　そして2014年に犯罪対策閣僚会議は「宣言：犯罪に戻らない・戻さない～立ち直りをみんなで支える明るい社会へ」を決定し，刑務所出所者の仕事と居場所の確保等に向けて取り組んでいます。

　その出所者の福祉的支援機関において中核的役割を担っている地域生活定着支援センターの業務として，特別調整においてはコーディネート業務・フォローアップ業務・相談支援業務を行っています。つまり，出所直後の環

第1編　総論　～刑事司法・更生支援と福祉の関わり～

境調整はコーディネート業務で，その後の生活について関係機関との会議にはフォローアップ業務として参加しています。そして，特別調整期間が過ぎた後は相談支援業務として本人に関わっています。言うまでもなく，これらの業務は一連の継続的支援の流れとなっています。ここで重要なのは，本人の長期的更生支援を担い，本人と一貫した長い付き合いを行うことにあります。

　しかも，その地域生活定着支援センターの職員には社会福祉士等の資格を有している者が勤務しています。もちろん，この出口支援に関わる多機関（矯正施設，保護観察所，更生保護施設，対象者受け入れ施設，高齢者施設，障害者施設等）の各施設内においても社会福祉士等が職員として支援に関わっています。こうして見ていくと，随所で社会福祉士が関わっており，司法における福祉領域としてソーシャルワークの専門職を必要とする時代となっていることを再認識させられます。

　既に繰り返し述べてきたように，入口支援において刑事司法ソーシャルワーカーが弁護士と協働し対象者を福祉につなぐ実践は，少なからず蓄積されてきています。とはいえ，第1の1で定義している刑事司法ソーシャルワーカー（千葉県社会福祉士会司法福祉委員会登録者）でなくとも，弁護士と協働して，中核的役割を担い福祉的支援を行っている様々な立場の福祉関係機関の職員の関わりもあります。

　例えば対象者が高齢者であれば，地域包括支援センターの社会福祉士，居宅介護支援事業所のケアマネジャー，養護老人ホーム等の生活相談員，成年後見人等も考えられます。障害者の場合は，障害者支援員，障害者相談支援センター職員からの支援もあり得ますし，この場合，対象者は自宅や施設等の帰る場所がある人が多いのかも知れません。また，地域生活定着支援センターでも相談支援業務の範疇として入口支援を行っているところもあります。

　これらの福祉機関等は，本人に接見し本人の状況を把握し，更生支援計画等を作成し情状証人として出廷する等を相談業務等として行っています。これらの機関は業務として行っているため，弁護士が福祉的支援への報酬費用を負担することはありません。

　しかし，刑事司法ソーシャルワーカーの場合は，その費用については出金

元が定まっておらず，現状においては県弁護士会あるいは依頼した弁護士，対象者やその家族が費用を負担しています。そのようなこともあって，刑事司法ソーシャルワーカーは報酬費用を請求しづらいという思料も浮上します。刑事司法ソーシャルワーカーが実践による正当な対価を得ているのかは弁護士側からも疑問視されています。

　そのような最中，2017年8月，日本弁護士連合会では，「罪に問われた障害者等に対する司法と福祉の連携費用に関する意見書」を，法務大臣及び日本司法支援センター理事長に提出しています。その意見の趣旨は，「罪に問われた障がい者・高齢者の国選弁護活動の中で，更生支援計画の作成等環境整備のために弁護人が支弁した適正な経費については，国選弁護に伴う費用として支払われるよう求めることです。具体的には，日本司法支援センターの国選弁護人の事務に関する契約や約款本則と別紙報酬及び費用の算定基準を改正し，福祉専門職等の接見同行費用および更生支援計画作成費用の項目を新設するなど関連機関を整備されたい。」とのことでした。

　この意見書から，いわゆる費用対効果の問題を解決することを含めて，これに関する制度が早急に施行されることが望まれます。

【参考文献】
法務省「平成28年度版犯罪白書〜再犯の現状と対策のいま〜」

公益社団法人日本社会福祉士会「司法分野における社会福祉士の関与の在り方に関する連携スチーム検討事業」

大浦明美「ケアとしての身上監護—地域における『その人らしさ』を維持するための支援—」千葉大学大学院平成25年度博士論文2014

社団法人日本社会福祉士会「新 社会福祉の共通基盤第2版（上）」（中央法規出版，2009）214〜223頁

内田扶喜子，谷村慎介，原田和明，水藤昌彦『罪を犯した知的障がいのある人の弁護と支援 司法と福祉の協働実践』（現代人文社，2012）

長崎ケアマネ協議会『国への提言ケアマネジメント所要時間 アンケート調査より』（シルバー産業新聞，2012）1〜4頁

第1編　総論　〜刑事司法・更生支援と福祉の関わり〜

第2章　刑事司法の流れ／刑法・刑事訴訟法の基礎知識

第1　はじめに

　本章では，刑事司法の流れについて説明します。刑事司法の流れを大きく二つに分けると，裁判前の段階（捜査・公判）と裁判後の段階（矯正・更生保護）になります。前者は，被疑者・被告人の処分が決まるまでの国家作用を指し，後者は，刑罰が決まってからの国家作用を指します。

　以下では，第2で裁判前の段階（捜査・公判）を，第3で裁判後の段階（矯正・更生保護）を，それぞれ解説していきます。

第2　裁判前の段階（捜査・公判）

1　はじめに

　ある日，社会福祉士のところに，「弁護士」を名乗る男性から電話が架かってきました。

　「少し前に，貴方が関わったことのあるＡさんのことなんですが，今回，スーパーで食料品を万引きしたということで逮捕されて，いま○×警察署にいます。私は，その弁護人を務めている弁護士です。

　Ａさんですが，家族の方から『認知症を患っていて，前に病院に行ったことがあって，そのときに貴方に面倒を見てもらったことがあった』と伺ったので，調べてお電話させていただきました。

　これも家族の方に伺ったのですが，Ａさんは，窃盗で逮捕されるのは今回が初めてということではないらしく，去年にも裁判を受けて，執行猶予付きの判決をもらったということです。その後，家族の方と一緒に生活していたのですが，またスーパーでの万引きで捕まってしまったのです。Ａさん本人

第2章　刑事司法の流れ／刑法・刑事訴訟法の基礎知識

も，スーパーで万引きしたことを認めています。

　Aさんの今後のことについて，刑事裁判にご協力いただけませんでしょうか。」

　この弁護士の申し出に対して，社会福祉士はどう対応すべきでしょうか。そもそも，このあとAさんはどういった手続を経て，どういった処遇がなされるのでしょうか。この弁護士はいったいどのような立場にある人なのでしょうか。

　実際に，社会福祉士のもとに弁護士から上記のような連絡が来ることは少なくありません。ここでは，犯罪で捕まった人に対する支援に関わっていく上で必要となる，刑事裁判の概要や刑法・刑事訴訟法の基礎知識を説明していきます。

２　刑事裁判の意義とルール

　刑事裁判とは，検察官が国家を代表して犯人に対して刑事罰を科すべきかどうかを判断する国家作用です。刑事裁判の目的は，犯人とされた人が間違いなく罪を犯したのかどうかを明らかにすることと，有罪の場合にどのような刑罰を科すべきかを決定することにあります。これに対して，民事裁判は，個人と個人との間の紛争を解決するための手続です。ある事件が起きたときに刑事裁判と民事裁判が同時並行して進行することもあり得ます。

　刑事裁判の重大なルールは，無罪推定の原則です。裁判で有罪が確定するまで，人は無罪として扱われなければなりません。犯罪の疑いがあるというだけで，その人を犯罪者であるとすることはできません。

　そこで，刑事裁判では，訴追された人（被告人）が起訴状に書かれている犯罪を本当に行ったかどうかを判断するために行われます。その判断を行うためには，裁判に提出された証拠だけで事実を認定することになります（証拠裁判主義）。その犯罪事実を立証する責任は検察官にあります。被告人や弁護人が証拠を提出して無罪を立証する必要はありません。そして，常識に従って犯罪をしたと間違いないと判断できる場合に有罪が立証されたことになります。犯罪を行ったことに対して，合理的な疑いが残るならば，その人

15

第1編　総論　～刑事司法・更生支援と福祉の関わり～

を無罪としなければならないのです（「疑わしきは被告人の利益に」）。

3　刑事弁護の役割

　以上のような刑事裁判では，刑事弁護は主に以下の三つの役割を担っています。

　一つ目は，まず「無実の人を罰してはならない」ということです。誤って無実の人に刑罰を科してしまう「えん罪」は市民の自由を国家が不当に奪うものです。本人のみならず家族や周囲の人々の人生を大きく狂わせてしまうことになります。被害者にしても，間違った人が犯人とされてしまっては，真犯人を取り逃がす結果になってしまいます。この誤判の防止は，刑事弁護の役割において非常に重要なものです。そのため，被疑者が後述する黙秘権や供述調書に対する権利を十全に行使できるように活動を行っていくことになります。

　二つ目は，罪を犯した人も不当に重く罰してはならないということです。刑罰は罪を犯した人の責任に応じて科させるものとされます（責任主義）。罪を犯したからといって全て厳罰に処せばいいというものではありません。というのも，罪を犯した人であっても，いずれは社会に戻ってきて地域で生活することになります。刑務所に長く入れておけば良いではなく，社会生活から離れる期間が長くなるほど，それまでの家族や友人，仕事を失ってしまい，社会復帰が難しくなってしまいます。そうなると，社会に戻っても，再び罪を犯してしまうこととなり，社会と刑務所との間の往復を繰り返すことになりかねません。罪を犯してしまったとはいえ，罪を償った後，社会に戻って普通の生活を過ごすことができるようにすることが重要なのです。そのため，弁護人は，裁判において，その人の責任に応じた刑罰が科されるように，訴追側の検察官とは別の視点を裁判官に提示するように努めます。

　三つ目は，刑事手続において，不適切な手続が行われないように監視することです。憲法31条は，刑事手続が適正な手続で行わなければならないことを保障しています。つまり，正義を実現するためには警察官・検察官や裁判所が刑事手続の中で正しい手続をとらなければならないとされているのです。たとえ，犯罪者を処罰したいあまりに，違法な手続で集められた証拠が裁判

第2章　刑事司法の流れ／刑法・刑事訴訟法の基礎知識

に提出されたとしても，違法な手段を使って収集した証拠は裁判で使用できないのです。また，拷問など強制的な手段を用いて本人を自白させることも禁止されています。適正な手続で裁判が進行するように，弁護人は刑事手続を監視すべき役割を担っています。立場上，刑事裁判でその役割を果たすことができるのは弁護人しかいないのです。

4　被疑者・被告人に保障されている権利

　被疑者・被告人には，主に以下のような権利が保障されています。

　一つ目は，弁護人依頼権（憲法34条前段，37条3項前段）です。既に述べたように，刑事裁判は，市民と国家とが対峙する場面となります。市民と国家権力との間には大きな力の格差があり，専門家の援助を受けることが不可欠なので，弁護士を弁護人として依頼する権利が憲法によって保障されています。特に，高齢者や障害者は，高齢や障害ゆえに自分の身を防衛する能力が低いので，一般の被疑者・被告人よりもさらに権利擁護の必要性が高くなります。

　二つ目は，黙秘権（憲法38条1項，刑事訴訟法198条2項，291条4項）です。被疑者・被告人は，不利益なことだけではなく全ての事情について話さなくてよいとされており，最初から最後まで黙っていることができます。また，黙っていることを刑事裁判で不利益に取り扱われません。このように，国家が個人に対して供述義務を課さないこと，つまり供述するかしないかの自由を本人に認めたことが黙秘権の意義となります。この黙秘権があることによって，過酷な取調べにおいて取調官に追及されたとしても，被疑者は無理に弁解をしなくてもよいのです。黙秘権は，被疑者が虚偽の自白をしないための重要な権利といえます。

　三つ目は，供述調書に対する権利です。被疑者が取調べを受けた結果，捜査機関は，被疑者の言い分をまとめた「供述調書」を作成します。これは，被疑者が取調べで話した内容を取調官が主に一人称の独白形式で書きまとめて，末尾に被疑者が署名押印するものです。被疑者自身が供述調書を記述することを取調官は認めません。この供述調書は，日本の刑事手続では極めて重要な証拠として取り扱われます。基本的に供述調書に書かれた内容を前提に手続が進むことになります。そして，一旦供述調書に書かれてしまった内

17

第１編　総論　〜刑事司法・更生支援と福祉の関わり〜

容をその後の手続で否定することは刑事裁判の現状ではとても難しいことになります。そのため，供述調書の作成がとても重要な場面となります。被疑者には，供述調書の内容の訂正を求める権利及び署名押印を拒絶する権利が認められています（刑事訴訟法198条4項・5項）。

　四つ目は，接見交通権（刑事訴訟法39条1項）です。被疑者・被告人は，逮捕・勾留によって身体拘束されてしまうと，誰とでも自由に会えるわけではありませんし，面会時には警察署や拘置所の職員の立会いが行われます。しかし，被疑者・被告人に弁護人とだけは自由な面会（接見）ができることを保障しています。これを弁護人と被疑者・被告人との接見交通権といいます。弁護人との接見では，立会人も付かず秘密が保障されるために，自由な意思疎通をすることができます。被疑者・被告人は，安心して弁護人に相談することができ，真実を述べたり，不当・違法な捜査機関の取扱いについて訴えたり，家族や会社等への連絡を頼んだりすることができます。弁護人にとっても，被疑者の話を十分に聞くことができ，取調べに対する適切な指示や今後の見通しについての説明などをすることができます。被疑者・被告人の弁護のために，自由で秘密裡の接見は不可欠といえます。

　以上のような被疑者・被告人の権利が刑事手続で十分に保障されるために活動することも，刑事弁護の重要な役割といえます。

5　刑事事件の手続（【資料】刑事事件手続の流れを参照のこと）

⑴　刑事手続の概要

　事件が発生し，警察などの捜査機関が犯罪が発生したと認識した時点から，捜査が開始されます。捜査の端緒は，110番通報，被害届の提出や職務質問などがあります。

　捜査の過程では，捜査機関は犯人を特定し，犯人として被疑者を逮捕することになります。警察官は，被疑者を逮捕すると48時間以内に検察官に事件を通知しなければなりません。これを「検察官送致（送検）」といいます。

　検察官は，送致を受けてすぐに被疑者を釈放することもありますが，さらに身体拘束が必要だと判断すれば，24時間以内に裁判所に対して勾留請

第 2 章　刑事司法の流れ／刑法・刑事訴訟法の基礎知識

【資料】刑事事件手続の流れ

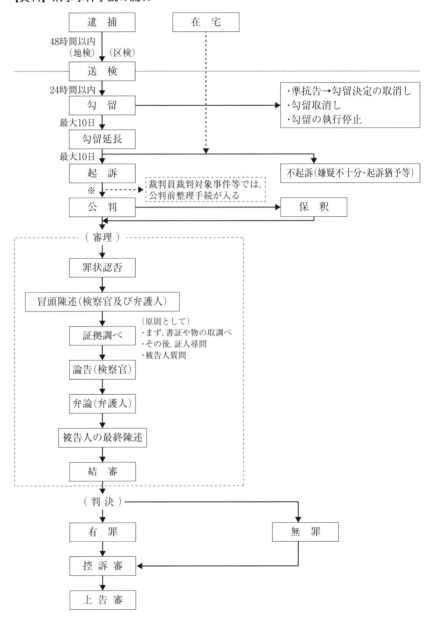

第1編　総論　～刑事司法・更生支援と福祉の関わり～

求をすることになります。

　逮捕は短時間の身体拘束のことを，勾留はさらに長期間身体拘束をすることをいいます。検察官が裁判所に勾留請求をして，裁判所が勾留を認めると，勾留は原則10日，最大さらに10日勾留されることになります。

　この48時間＋24時間＋10日＋10日（合計23日間）が，検察官が起訴するかどうか判断するまで被疑者の身体拘束が認められる期間となります。その間に，検察官は捜査を行い，被疑者を起訴するか釈放するかを判断することになります。

　刑事手続では，被疑者の弁護を担当する人を「弁護人」と呼びます。弁護人は原則として弁護士から選ばれます。被疑者やその家族が弁護士に報酬を払って弁護人を依頼する「私選弁護人」と弁護人に依頼するだけのお金のない被疑者に国が国費で弁護人を選任する「国選弁護人」が存在します。弁護人は，被疑者・被告人を誠実に弁護する義務があります。職責では，私選弁護人・国選弁護人に違いはありません。

　起訴というのは，犯罪をしたと疑われる人に刑罰を科すため，刑事裁判を行うということです。被疑者が事実を認めていて検察官も罰金相当と考えている事件ならば「略式起訴」といって，公開の法廷での審理を経ない手続が行われることが一般的です。検察官が罰金よりも重い刑罰を求めている事件や被疑者が否認している事件では，正式な起訴（公判請求）をすることになります。

　起訴されると，公開法廷で裁判（公判）が開かれます。裁判の中には1回の公判で終了する事案もあれば，事件によっては1年や2年やそれ以上かかる大きな事案もあります。

　裁判の結果，最終的に被告人に判決が言い渡されます。不服があれば，控訴・上告といった不服申立て手続をとることができます。実刑判決が言い渡され，不服申立て（控訴・上告）をしなかった場合や不服申立てが認められなかった場合，判決が確定して，懲役刑であれば刑の執行を受けるため，刑務所に収監されることになるのです。

　このように，刑事手続は，起訴前の捜査手続と起訴後の公判手続に大き

20

第2章　刑事司法の流れ／刑法・刑事訴訟法の基礎知識

く分かれています。たとえば，犯人の呼称は，捜査手続では「被疑者」，公判手続では「被告人」となります。報道では「容疑者」と呼ばれることが多いですが，法律上の用語ではなく，マスコミが使用する用語です。

　また，殺人罪や現住建造物放火罪，強盗致死傷罪などの重大事件は，「裁判員裁判」の対象となります。この裁判員裁判は，一般市民の感覚を刑事裁判に反映させるために2009年から新たに始まった制度で，裁判官3名と一般市民の中から選ばれる裁判員6名が評議によって判決することになります。裁判員裁判の審理は集中して連日的に行われる特徴があります。この審理が行われる前に「公判前整理手続」という準備手続が行われます。これに対して，窃盗罪や傷害罪などの裁判は，裁判官のみが事件を担当します。上訴審（控訴・上告）も裁判官のみが事件を担当します。

(2)　捜査手続

　ア　捜査とは，捜査機関が犯罪事実についての証拠を集め，犯人を探索し特定する活動をいいます。警察などの捜査機関は，犯罪が発生したと認識することによって，捜査を開始します。このように，捜査手続は，捜査機関が被疑者について，事件に関する証拠を収集することになります。その証拠に基づいて，検察官が被疑者を起訴するかどうか判断することになります。

　　捜査手続は，事案によって，被疑者が逮捕されずに捜査が進むことがあります。被疑者は常に逮捕されるわけではありません。警察からの呼び出しを受けて，自宅から警察署に出頭して取調べを受けることもあります。これを「在宅事件」と呼びます。在宅事件では，時効にならない限り捜査のタイムリミットがありません。それに対し，身体拘束を伴う場合を「身柄事件」と呼びますが，身柄事件では，既に述べたように，身体拘束できる期間が法律によって最大23日間となっているので，原則としてその間に検察官が起訴するか釈放するかを判断しなければならないのです。

　イ　捜査手続での弁護人の目標は，まずは1日でも早く被疑者を身体拘束から解放するようにすることです。検察官に勾留請求しないように

21

第1編 総論 ～刑事司法・更生支援と福祉の関わり～

交渉したり，裁判官に対して勾留しないように働きかけることもあります。裁判官の勾留決定に対して，不服申立ての手続をすることができます。この不服申立てを「準抗告」といいます。弁護人の準抗告に対しては，別の3人の裁判官が勾留が妥当かどうかを審査します。

さらに，弁護人は，被疑者に対する不当な取調べがなされていないかを監視します。身体拘束を受けている場合，被疑者は，連日のように取調べを受けることになります。日本の捜査機関は，取調べに弁護人が立ち会うことを認めていません。被疑者は，取調べ室の中で1人で取調べを受けることになります。そのときに，事実とは違うにもかかわらず，取調官から「やっただろう！」と言われてしまえば，「はい，やりました。」と言ってしまいかねません。その結果，虚偽の供述調書が作成され，それが裁判で重要な証拠となってしまいます。これまで，密室での取調べで「虚偽の自白」をしてしまったことでえん罪事件が発生してきました。こうした捜査機関による不当な取調べから被疑者を守るため，弁護人は接見時にアドバイスしたり，警察官・検察官に対して，取調べの様子を録画するよう要求したりすることになるのです。[1]

また，捜査手続の弁護人は，検察官による不起訴処分を目指して活動します。不起訴処分となれば，被疑者に前歴となるだけで前科はつきません。その不起訴処分には，「嫌疑不十分」や「起訴猶予」があります。被疑者が犯罪を否認しているときは嫌疑が不十分であるとして公訴提起しないように検察官に働きかけます。犯罪を犯したことが間違いない場合でも，検察官に起訴猶予にするように交渉することになります。例えば，被害者に対して被害弁償をして示談をしたり，再

---

1) 警察官及び検察官による取調べにおいて，裁判員裁判対象事件や知的障害等の障害を有する被疑者の事件，責任能力の有無が問題となる事件の場合など，取調べの録音録画が行われることがあります。また，2019年6月（予定）からは，裁判員裁判対象事件などの一部事件では，取調べの録音録画が法律上義務付けられることになります。
　この取調べが録音録画された動画は，起訴後の証拠開示によって，弁護人は視聴が可能となります。起訴前の捜査手続の段階では視聴することができません。

第2章　刑事司法の流れ／刑法・刑事訴訟法の基礎知識

犯防止のための環境を整備したりして，その結果を検察官に提示します。起訴させないための交渉材料の一つとして，更生支援計画が活用させることになります。

　　以上のような活動を，弁護人は，起訴かどうか判断されるまでの23日間に，警察署などで被疑者と面会しながら行っていくことになるのです。

ウ　弁護人は，捜査手続では事件について捜査機関が把握している情報を全く持っていません。捜査機関が持っている情報・証拠は，起訴されるまでは弁護人に開示されることはないのです。被害弁償のための被害者の情報など以外，基本的に，警察官や検察官に問い合わせても，捜査情報を教えてはもらえません。弁護人が把握しているのは，被疑者本人から聴取した話や家族から入手した情報だけになります。

　　その意味でも，弁護人にとって本人との接見が非常に重要になってくるのです。

(3)　公判手続

ア　刑事裁判は公開の法廷で行われます。刑事裁判の裁判のことを「公判」と呼びます。

　　起訴されることによって本人の呼称は「被疑者」から「被告人」に変わります。

　　公判請求されるとそれまで勾留されていた人はそのまま勾留が続くことになります。保釈が認められない限り，判決が出るまで基本的に勾留が続くことになります。在宅事件の場合は，身体拘束されないまま，裁判所に出向いて公判に出席して手続を受けることになります。

　　起訴されると，裁判所によって裁判の日時（公判期日）が指定されます。裁判員裁判以外の通常の刑事裁判では，第1回の公判期日は，起訴からおよそ1か月から1か月半以内に開かれることが多いです。

　　公判手続の段階となって，弁護人は，検察官から一定の証拠の開示を受けて，証拠を閲覧・謄写してその内容を検討することになります。開示された証拠で不足を感じた場合，検察官に対してその他の証拠を

23

第1編　総論　〜刑事司法・更生支援と福祉の関わり〜

開示するように請求します。ただ，捜査機関が入手した資料の全てが弁護人に開示されるとは限りません。

イ　公判期日では，裁判官が，公開の法廷で，検察官及び被告人・弁護人から提出された証拠を検討して，被告人が起訴状に記載された犯罪事実を行ったかどうか，行ったとすればいかなる刑に処するべきかを判断します。そのために，弁護人は，更生支援計画書などの書類を提出し，情状証人の証人尋問や被告人質問を行うのです。

　一般的な公判の流れは，最初に人定質問・起訴状朗読などの冒頭手続があり，書類の朗読や証人尋問，被告人質問などの証拠調べが実施されます。全ての証拠調べが終了した後に，検察官による論告・求刑が行われ，弁護人が最終弁論を行い，最後に被告人に最終陳述の機会が与えられて結審します。特に争いのない事件では，この一連の流れが45〜60分ほどで行われるのが一般的です。

　被告人が事実を認めていて，責任能力など大きな争点もなく，殺人のような重罪ではない事件では，審理が1回で終わることがほとんどです。判決は，公判期日の1〜2週間程度後に判決期日が指定されて言い渡させることが多いですが，審理終了後直ちに言い渡されることもあります。裁判員裁判では，公判前整理手続を経てから実際の公判が行われるため，裁判が終わるまで数か月から半年，1年ほどかかります。もっとも，裁判員裁判の公判自体は，連日的に開廷されるので，判決まで短期間で手続が進んでいきます。

ウ　刑事裁判では，裁判官に予断を持たせないために，捜査資料が裁判前に裁判所に提出されることはありません（起訴状一本主義）。あくまで，裁判官は，裁判時に初めて証拠を見ることになります。

　一方，裁判所は，検察官や弁護人が申し出た証拠の全てを見るわけではありません。刑事裁判は人の生命・自由を強制的に奪うことができる強力な権力を持つ手続であることから，裁判官が事実認定を誤って間違った裁判をしないように，刑事裁判で用いられる証拠は法律で厳格に制限されています。また，裁判官が裁判の証拠として採用する

第2章　刑事司法の流れ／刑法・刑事訴訟法の基礎知識

必要がないと判断した場合，裁判の証拠とならないことになります。

たとえば，更生支援計画書などの書面を裁判所に提出しようとしても，直ちに証拠として採用されるわけでなく，法律の定めによって裁判の証拠にならないことがあります。この場合は，書面の作成者が証人として法廷で証言することによって，書面に書かれている情報を裁判所に伝えるになります。

このように，刑事裁判では，一定の情報に基づいて裁判官が判断し，有罪・無罪の決定や刑の量定をすることになります。

(4)　保　釈

保釈とは，一定の条件の下で，勾留されている被告人の身体拘束を解く制度をいいます。保釈が認められれば，住居の制限などの一定の制約がありますが，判決が出るまでの間，自宅に帰ることができ，公判にも自宅から出頭することになります。この間に，病院での治療や各種検査，役所での手続などを行うことができます。

起訴後にはじめて被告人側から保釈請求をすることができ，裁判所が保釈を許可するか審査します。現在の制度では，起訴前には保釈が認められていません。また，保釈請求をすれば必ず認められるわけでもありません。

裁判所が保釈を認める場合，釈放されるためには「保釈保証金」という金銭を裁判所に提出しなければなりません。保釈保証金の金額は，裁判所が事件の内容や被告人の資産などを踏まえて決定します。平均的には200〜300万円程度の保釈保証金が求められることが多くなっています。原則現金で一括して裁判所に納付する必要があります。資産がない被告人のために，保釈保証金の立替や保証する制度もあります[2]　納めた保釈保証金

---

2)　立替制度と保釈保証金発行事業

一般社団法人日本保釈支援協会が行っている保釈保証金立替制度があり，被告人の家族等が一定の手数料を支払うことで，日本保釈支援協会が保釈保証金を立て替えてくれるものです（実質は貸付）。

また，全国弁護士協同組合連合会が保釈保証書発行事業を行っており，保釈保証金の代わりに連合会が発行する保証書を裁判所に差し入れるというものもあります。

いずれも担当弁護人が被告人やその家族と話し合って利用を検討することになります。

25

第1編 総論 ～刑事司法・更生支援と福祉の関わり～

は，無事に判決の言い渡しまで終了すれば，納付者に全額返還されること
になります。

なお，裁判中に，被告人が逃亡して公判に出頭しなかったなど保釈の条
件に違反した場合，身体拘束を受けることになると同時に，保釈が取り消
されて，保釈保証金が没取（没収されること）されることがありますので，
注意が必要です。

(5) 判 決

刑事裁判の判決で有罪が認定された場合，言い渡される刑罰には，死
刑・懲役刑・禁固刑・罰金刑があります。懲役刑・禁固刑・罰金刑には，
一定の条件で執行猶予を付することができます。この執行猶予とは，刑の
執行を一定の期間猶予し，その間に新たな犯罪を行わなければ実際に刑を
受けずに済むというものです。

執行猶予がつかない懲役刑・禁固刑を宣告された場合（いわゆる「実刑」），
被告人は刑務所に収監されて，刑に服することになります。執行猶予付き
の判決の場合には，判決当日に釈放されることになります。

刑罰として具体的にどういった内容を言い渡すかという判断を「量刑」
といいます。この量刑に際して考慮される事情としては，犯罪行為自体に
関する事情（犯情）とそれ以外の事情（一般情状）があります。犯情として
は，犯行の態様（行為の危険性，悪質性，計画性など），犯行の動機（私利私欲の
ためか，酌むべき事情があるかなど），犯行の結果（被害結果の大小など），共犯関
係（主体的に関与したか，付き従っただけかなど）といった点が考慮されます。
一般情状としては，被告人の年齢や性格，被害弁償の有無，被告人の反省
の有無，更生可能性（被告人の更生意欲や家族などの支援，就職先の確保など），
再犯可能性（前科前歴の有無，常習性の有無など）などが考慮されます。更生
支援計画や情状証人として証言した内容は，主に一般情状を判断する証拠
として用いられることになります。

上記の事情を総合的に考慮して，裁判官は具体的な刑罰の種類や期間を
決めて，被告人に法廷で言い渡します。これが判決です。

26

第2章　刑事司法の流れ／刑法・刑事訴訟法の基礎知識

⑹　上　訴

　判決に不服があるときには，上訴（控訴，上告）をして争うことができます。第1審が地方裁判所で行われた場合，高等裁判所で控訴審が行われ，上告すれば最高裁判所で審理されることになります（三審制）。上訴の理由は，無罪を争う場合だけではなく，量刑が重すぎるという理由などでも可能です。被告人側からだけではく，検察官も上訴することができます。

　上訴審での審理は，書面での審理が中心となり，新たな証拠の請求も制限されることになります。もう一度，裁判をゼロからやり直すわけではなく，第1審とは手続がかなり異なるので注意を要します。

　実刑判決で収監されて上訴した場合，上訴審で改めて保釈請求をすることができます。裁判所が保釈を許可すれば，再び保釈保証金を提出して，釈放されます。この場合，保釈保証金は，第1審での保釈時よりも，高額になるケースが多くなります。

6　刑事手続での留意点

⑴　刑事手続の特殊性

　ここまで説明してきたように，刑事手続は，特殊な手続となっています。

　例えば，刑事事件では，逮捕勾留によって，本人の身体が拘束されているため，本人の話を聴くだけでも，物理的・時間的な制限があります。警察署に出向いて，面会室でアクリル板越しに話し合いをする必要があります。

　また，刑事手続上のスケジュールとの関係で，厳格にタイムリミットが存在します。その期限が過ぎてしまえば，その後に何を提出しても刑事手続上で無意味になってしまうことがあります。そのために，一定の日数で更生支援計画書などの資料を用意して，検察官や裁判所に提出する必要があります。刑事手続においては，スピード感が重要になります。

　そして，起訴前に捜査機関の資料を見ることができず，起訴後であっても検察官の手持ち証拠が全て開示されるわけではありません。期間の制約もあるので，情報収集に限界があります。その中で，できる限りのことを行わなければなりません。

第1編　総論　〜刑事司法・更生支援と福祉の関わり〜

(2)　本人と面会する際の留意点

　本人は，起訴される前は警察署の中にある留置施設にいることがほとんどです。起訴後には，しばらく後に拘置所に身柄が移されることになります。

　弁護人以外の面会可能な時間は，原則として平日の日中のみです。夜間や土日は面会できません。しかも，面会は原則として1日1組までで，被告人とアクリル板越しで，面会時間も1回約10〜30分程度です。面会時には，警察署・拘置所の職員が立ち会います。接見禁止が付されている場合はそもそも弁護人以外の面会は不可となります。

　一方，弁護人は，警察署・拘置所の職員の立会いなしで面会できます。また，面会時間や回数が無制限であって，警察署では夜間や土日の面会が可能です（一定の要件のもとでは拘置所でも夜間や土日の面会が可能であります。）。

(3)　本人の釈放のタイミング

　関係者として把握しておくべきなのは，刑事手続において被疑者・被告人が釈放される可能性があるタイミングです。これは主に以下の四つがあります。

　一つ目は，勾留される前です。軽微な事件では，勾留される前に釈放されることも多いです。例えば，送検を受けた検察官が勾留請求をせずに釈放する場合や検察官の勾留請求に対して裁判官が勾留を認めなかった場合，弁護人による不服申立て（準抗告）が認められた場合があります。

　二つ目は，勾留満期日に不起訴ないし処分保留として釈放される場合です。略式裁判によって罰金で処理される場合も同様です。

　三つ目は，起訴後に保釈される場合です。なお，既に述べたように，現在の刑事手続では，起訴前に保釈する制度はありません。

　四つ目は，判決で無罪や執行猶予が付された場合です。

　本人が釈放される場合，具体的な釈放時間や釈放場所を把握して，家族の出迎えや行政・福祉機関への申請手続をサポートすることが重要となります。

28

7 責任能力

被疑者・被告人が障害者や高齢者の場合に、この「責任能力」が問題となることが多いので、責任能力の概念及び刑事裁判での判定手続などについて説明します。

(1) 責任能力とは何か

現在の刑事裁判において、ある人に刑事責任を問えるのは、その人が自分の意思で犯行に及ぶことを決めたことに対して非難することができることにあると理解されています。

そこで、精神の障害の影響により、もともとの人格に基づく判断で罪を犯したと評価できなければ、このような非難を加えることの前提を欠くことになります。つまり、違法行為を行った場合でも、物事の善悪を理解して、それに従って意思決定をする能力がなければ、処罰の対象になりません。そのような能力を「責任能力」という概念で呼びます。

この責任能力については、刑法39条が規定しており、そこでは、「心神喪失者の行為は、罰しない。」（同条1項）、「心神耗弱者の行為は、その刑を減軽する。」（同条2項）とされています。

刑法39条でいう「心神喪失」について、判例（大審院昭和6年12月3日判決刑集10巻682頁）は、精神の障害により①事物の理非善悪を弁識する能力（事理弁識能力）若しくは②その弁識に従って行動を制御する能力（行動制御能力）が全くない状態をいう、としています。また、同判決は、「心神耗弱」については、精神の障害により上記①若しくは②の能力が著しく減退した状態をいう、としています。

そうなると、責任能力を判断するに当たって、まずは、被告人において「精神の障害」があるかどうかが問題となります。「精神の障害」については、あらゆる精神状態を含むと考えられています。統合失調症や双極性障害などの典型的な病名だけでなく、知的障害や発達障害、パーソナリティ障害であっても、「精神の障害」に当たるとされています。

その上で、被告人に「精神の障害」が認められるとして、その精神障害により事理弁識能力若しくは行動制御能力を全く失っていたか、又は著し

第1編　総論　〜刑事司法・更生支援と福祉の関わり〜

く減退させていたかの点についての考察が必要となってきます。

(2)　責任能力判断の基準

　責任能力の喪失・減退についての判断は，最高裁昭和59年 7 月 3 日決定（刑集38巻 8 号2783頁）では，精神の障害が認められるからといって，それだけで心神喪失の状態にあったといえるわけではなく，被告人の犯行当時の病状，犯行前の生活状態，犯行の動機・態様等を総合して判断すべきであるといった判断を示しています。加えて，最高裁平成21年12月 8 日決定（刑集63巻11号2829頁）は，総合的判断を行うに当たって，①病的体験の直接支配性と②本来の人格傾向との異質性を重視すべきであるとしました。

　以上から，責任能力の判断に当たっては，種々の要素が総合的に判断されることを念頭に置きつつ，事案に応じて，病的体験が犯行を直接的に支配しているか，本来の人格傾向との異質性があるか，という点に特に着目することになります。

(3)　精神鑑定との関係

　責任能力が争われる事件では，何らかの形で後述する精神鑑定が実施されることがほとんどです。

　精神鑑定と責任能力判断の関係について，最高裁平成20年 4 月25日判決（刑集62巻 5 号1559頁）は，「生物学的要素である精神障害の有無及び程度並びにこれが心理学的要素に与えた影響の有無及び程度については，その診断が臨床精神医学の本分であることにかんがみれば，専門家たる精神医学者の意見が鑑定等として証拠となっている場合には，鑑定人の公正さや能力に疑いが生じたり，鑑定の前提条件に問題があったりするなど，これを採用し得ない合理的な事情が認められるのでない限り，その意見を十分に尊重して認定すべきものというべきである」としました。この判決により，鑑定意見が尊重されることが明らかとされました。

　したがって，精神鑑定がなされている場合は，鑑定書を十分吟味し，それに対する対応を検討することが重要となります。

(4)　精神鑑定について

　鑑定とは，特別の知識・経験がある者にその専門的知識又はそれに基づ

く判断の報告をさせることをいいます。鑑定書というタイトルの書面にまとめられ，文書で報告されることが一般的です。裁判員裁判では口頭での報告が行われることもあります。その鑑定の一つとして，精神鑑定があります。

　精神鑑定は，実施時期や依頼ルートの違いから，簡易鑑定，起訴前本鑑定，裁判所による本鑑定，当事者鑑定（私的鑑定）に大別できます。

　簡易鑑定とは，捜査手続において，検察官が医師などに依頼して実施するごく簡易な鑑定で，被疑者本人に対する問診（一般的には30分〜1時間程度の問診が1度だけ）やその段階で収集されている捜査資料に基づいて行われます。医師による家族などからの聴取は通常行われず，鑑定書作成のための時間的制約（鑑定実施から2〜3日程度で作成など）があります。

　起訴前本鑑定も，捜査機関の依頼により実施されるのですが，裁判所が発付する令状に基づいて，2〜3か月間程度，被疑者を留置して精神鑑定が実施されます。その間，留置施設にいる被疑者のもとに医師が問診に訪れたり，病院に一時的に入院して検査を実施することが行われます。簡易鑑定に比べれば，判断材料となる鑑定資料，実施される検査の種類などが多くなり，被疑者本人への問診も数度にわたって行われるので，信用性が高くなります。

　裁判所による本鑑定は，起訴後の段階で，裁判所が精神科医などに依頼して実施するものです。裁判所が職権で決定することもありますが，弁護人の鑑定請求に基づいて行うことが一般的です。簡易鑑定・起訴前本鑑定がない場合や，簡易鑑定・起訴前本鑑定が実施されていてもその病状や症状に関する判断に疑問がある場合に，裁判所に精神鑑定をするように請求することを検討します。もっとも，裁判所に，精神鑑定の必要性を理解してもらえなければ，鑑定請求しても採用されずに却下されてしまいます。

　その他の方法として，弁護人が協力医に依頼して実施する当事者鑑定（「私的鑑定」とも呼ばれます）があります。この場合，被告人が保釈などで釈放されていなければ，協力医に留置施設を訪問してもらうなどして検査を実施することになるので，接見時間が十分でないことや実施可能な検査に

第1編　総論　〜刑事司法・更生支援と福祉の関わり〜

制約があることなどの限界があります。また，当事者鑑定に要する費用の負担の問題があります。ただ，鑑定医の人選を弁護人側が行うことができ，信頼できる医師に相談しながら鑑定を進めることができることなどのメリットが存在します。

　いずれにせよ，責任能力の有無を判断するためには，精神鑑定を実施して精神科医などの専門家の意見を聴取することが不可欠なので，事案に応じた適切な手続選択が重要となってきます。

8　刑事裁判に関連するその他の手続

(1)　少年審判

　少年審判は，罪を犯した少年などに過ちを自覚させ，更生させることを目的として，本当に少年に非行があったかどうかを確認の上，非行の内容や少年の抱える問題点に応じた適切な処分を選択するための手続です。

　この少年審判が行われるのは家庭裁判所です。成人ではない二十歳未満の少年が刑事事件を起こしたときは，捜査の結果，全て家庭裁判所で事件が扱われます。留置場所も拘置所ではなく，少年鑑別所となります。少年審判のために少年が収容される期間は，原則最長4週間となります。

　少年法は，少年審判の手続を原則非公開とするとともに，審判の進め方について，「懇切を旨として，和やかに行うとともに，非行のある少年に対し自己の非行について内省を促すものとしなければならない」と定めています（少年法22条1項）。また，家庭裁判所の調査官が，少年の生育歴や家庭環境，学校や仕事先での様子などを調査して報告書にまとめて裁判官に報告します。

　少年審判において，裁判官は，調査や審判の結果に基づいて少年の処分を決定します。処分には，少年を保護観察所の指導，監督に委ねるもの（保護観察）や少年院で指導や訓練を受けさせるもの（少年院送致）などがあります。また，重大事件の場合など少年に刑罰を科すのが相当だと判断すると，事件を検察官に送り，刑事裁判の手続に移す場合もあります（検察官送致（逆送））。家庭裁判所の教育的な働きかけによって再非行のおそれがないと見込まれるときには，上記のような処分をしないこととしたり（不

処分），審判を開始せず，調査のみを行って事件を終わらせたりすること
もあります（審判不開始）。

(2) 医療観察法手続

　心神喪失等の状態で重大な他害行為を行った者の医療及び観察等に関す
る法律（医療観察法）とは，重大な他者加害行為を行った精神障害者に対し
て，入院ないし通院といった医療的処遇を裁判所が決定することで，適切
な医療等を対象者に対して施し，病状改善や再発防止を図ることにより，
当該対象者の社会復帰を促進することを目的としています。心神喪失又は
心神耗弱の状態で重大な他害行為が行われることは，被害者に深刻な被害
を生ずるだけでなく，その病状のために加害者となった対象者にとっても
極めて不幸な事態です。このような人については，必要な医療を確保して
病状の改善を図り，再び不幸な事態が繰り返されないよう社会復帰を促進
することが極めて重要となります。そのため，医療観察法の下で，一般精
神医療よりも手間もお金もかかっている手厚い医療が対象者に対して行わ
れることとされています。多職種チームによる治療や計画的・継続的医療
がその現れです。この医療観察法は，2005年7月に施行された比較的新し
い制度となります。

　医療観察法の対象になる重大他害行為（「対象行為」）とは，殺人・放火・
強盗（強盗致死傷）・強制性交（強制性交致死傷）・強制わいせつ（強制わいせつ
致死傷）・傷害の6罪種に限られています。対象行為を行った人が，捜査・
公判を通じて，心神喪失若しくは心神耗弱と認定されて，不起訴，無罪，
執行猶予付判決となった場合に，医療観察法の手続へと移行することにな
ります。医療観察法の手続は，各地の地方裁判所で行われます。医療観察
法の審判までの身体拘束期間は最長で3か月となっています。

　医療観察法が検察官によって申し立てられた後，対象者は，「鑑定入院」
として精神科病院に入院して，検査を受けることになります。同時に，保
護観察所の社会復帰調整官が，家庭環境や帰住先などを調査し，その報告
書が裁判所に提出されます。裁判所で医療観察法の審判が開かれ，対象行
為を行ったことを確認した上で，対象者の病状や社会復帰のための環境に

第1編　総論　〜刑事司法・更生支援と福祉の関わり〜

応じて，強制的に病院に入院すること（入院決定）や病院に通院すること（通院決定）の決定がなされ，入院や通院まで不要であれば医療観察法による医療はいらない（不処遇決定）といった判断がなされることになります。

　入院決定となった対象者は，医療観察法専用の病棟がある病院に強制的に入院となります。強制入院からの退院には，裁判所の許可が必要です。期間は，法律上，上限が定められていません。厚生労働省が作成したガイドラインでは，1年6か月での退院を目指すとされていますが，実際の入院期間の平均は3年以上になっています。また，通院決定となった場合，社会に戻った上で，対象者は指定された病院に定期的に通院することになります。入院・通院の間，適切な治療と地域生活のための準備が行われ，病状の改善や社会復帰の環境の整備にともなって，入院・退院決定の処分が解除されます。

Column

どうやって弁護人になるの？報酬は？

(1)　弁護士が弁護人となる機会，つまり刑事事件を担当する契機・形態も様々なものがあります。主に，次のようなものがあります。

① 当番弁護から担当する場合

　当番弁護（制度）[3] とは，弁護士が1回無料で逮捕された人に接見[4] に行く制度です。本人が依頼する場合は，警察官，検察官又は裁判官に「当番弁護士を呼んでください」と伝えれば，その場所の弁護士会と連絡がとれ，当番弁護士に会うことができます。家族でも本人でも当番弁護士を無料で頼むことができます。

　接見に赴いた弁護士は，被疑者の権利や刑事手続の流れ等の説明をするとともに，被疑者の意向にもよりますが，多くがそのまま所定の手続を経た上

---

3)　日本弁護士連合会ホームページhttps://www.nichibenren.or.jp/contact/on-duty_lawyer.html

4)　身柄拘束を受けている被告人又は被疑者が，収容されている施設外の者と面会すること。弁護人は，基本的に24時間365日接見することができる。

第2章　刑事司法の流れ／刑法・刑事訴訟法の基礎知識

で，国選又は私選弁護人[5]となります。

②　当初から国選弁護人として担当する場合

　国選弁護（制度）とは，刑事訴訟手続において，被疑者・被告人が貧困などの理由で私選弁護人を選任することができないときに，国がその費用で弁護人を付することによって，被疑者・被告人の権利を守る制度です。

　国選弁護人は，本人や家族が希望すれば全ての場合に選任するわけではなく，以下の要件が満たす必要があります。

【被疑者段階】（刑事訴訟法37条の2）

ⅰ　死刑又は無期若しくは長期3年を超える懲役若しくは禁錮に当たる事件であること

ⅱ　被疑者に対して勾留を請求されているか又は勾留状が発せられていること

ⅲ　被疑者が貧困（現金や預金を合わせて50万円未満）その他の事由により弁護人を選任することができないとき

ⅳ　被疑者以外の者が選任した弁護人がいないこと

ⅴ　被疑者が身柄拘束されていること

【被告人段階】（刑事訴訟法36条）

ⅰ　被告人が貧困その他の事由により弁護人を選任することができないとき

ⅱ　被告人以外の者が選任した弁護人がいないこと

　千葉県の被疑者弁護の場合，「週」単位で，国選弁護人として待機している弁護士が決められています[6]。待機している弁護士は，法テラスからの打診を受け，これを了承すると，裁判所より国選弁護人として選任されることになります。

---

5) 私選弁護にも，純粋私選（被疑者・被告人又は家族等が弁護士費用を支払う場合）と日本弁護士連合会の刑事被疑者弁護援助（日本弁護士連合会が被疑者に代わって弁護士費用を立て替える制度）の2種類があります。

6) 金曜日から木曜日までの一週間毎に担当者が決められています。なお，土日祝日は，「日」毎に担当者が決められています。

　被告人国選弁護は，「日」毎に担当者が決められています。

第1編　総論　〜刑事司法・更生支援と福祉の関わり〜

③　当初から私選弁護人として受任する場合
　被疑者・被告人本人から又は家族等から，直接依頼を受けて，契約を締結することにより私選弁護人として，受任することがあります。
(2)　報　酬
　純粋私選弁護の場合，報酬額は各弁護士と被疑者・被告人の合意によって決められます。報酬の定め方は，各弁護士によって様々ですが，参考までに(旧) 日本弁護士連合会報酬等基準[7] では次のとおりとなっていました。

【刑事事件】
1　起訴前及び起訴後（第一審及び上訴審をいう。以下同じ）の事案簡明な刑事事件
　　着手金　それぞれ20万円から50万円の範囲内の額
　　報酬金　起訴前　不起訴　　　20万円から50万円の範囲内の額
　　　　　　　　　　求略式命令　　上記の額を超えない額
　　　　　　起訴後　刑の執行猶予　20万円から50万円の範囲内の額
　　　　　　　　　　求刑された刑が軽減された場合　上記の額を超えない額
2　起訴前及び起訴後の1以外の事件及び再審事件
　　着手金　20万円から50万円の範囲内の一定額以上
　　報酬金　起訴前　不起訴　　　20万円から50万円の範囲内の一定額以上
　　　　　　　　　　求略式命令　20万円から50万円の範囲内の一定額以上
　　　　　　起訴後　無　罪　50万円を最低額とする一定額以上
　　　　　　　　　　刑の執行猶予　20万円から50万円の範囲内の一定額以上
　　　　　　　　　　求刑された刑が軽減された場合　軽減の程度による相当額
　　　　　　　　　　検察官上訴が棄却された場合　20万円から50万円の範囲内の一定額以上

7）平成16年まで日本弁護士連合会において定められていた弁護士報酬の基準。同年4月以降は報酬の定め方は自由化されましたが，現在もなお，この基準に則り金額を定める弁護士も多いと言われています。

第2章　刑事司法の流れ／刑法・刑事訴訟法の基礎知識

　このように被疑者国選弁護は接見の回数が増えると報酬が増え，被告人国選弁護は公判の時間が長いほど報酬が増える仕組みになっています。

　これを見ていただければお分かりいただけると思いますが，弁護活動として，社会復帰のための何らかの支援をしたり，これにより所定の加算事由以外の成果をもたらしたとしても，報酬面では一切の評価を受けることはない仕組みとなっています。

　もちろん，被疑者・被告人の支援をする弁護士の中に，お金目当てだけでこのような活動をしている者はほとんどいないと思いますが，それにしても，このような活動が全く報酬面で評価されない現制度には違和感があります。

第3　裁判後の段階（矯正・更生保護）

1　はじめに

　ここからは，裁判後における刑事司法の取組について説明します。

　現在，我が国の刑事司法の中で，裁判・審判後に犯罪者や非行少年の社会復帰を中心的に担っているのは，「矯正」と「更生保護」です。

　矯正とは，施設内において身体を拘束された人に対し処遇を行う制度です。刑務所，少年院での処遇がその代表格となります。一方，更生保護とは，社会内で生活する人に対し処遇を行う制度です。保護観察所での処遇がこれに当たります。

　刑事司法ソーシャルワークと聞くと，社会福祉士等の福祉専門家と「弁護士」が連携することが中心的に捉えられがちですが，刑事司法ソーシャルワークの実践に当たり，この「矯正」と「更生保護」は，軽視してはならない存在です。なぜなら，第1に，ここで行われる処遇は，これまでに出会った又は今後出会うことになる対象者が社会に復帰するまでに通り得る道であり，対象者の今後を考え，支援計画等を立てる際の重要な要素となるからです。第2に，これらは国の制度として対象者に対し社会復帰のための支援を提供しているため，当然今後の支援活動とも関係性が出てきますし，支援者間の役割分担を決める際もこれらの制度においてできること・できないこと

37

第1編　総論　～刑事司法・更生支援と福祉の関わり～

やその専門性を理解しておけば，より合理的な支援体制が組めると考えられるからです。

　したがって，ここからは，「矯正」と「更生保護」の基本的な役割と近年の再犯防止に向けた動きについて紹介します。なお，社会福祉士の実務に役立つ情報をわかりやすくお伝えするため，図表等を多く引用し，表現は極力平易に，そして実務的な観点から説明します。なお，紙面の関係上，本書でご紹介するのは一部となりますので，さらに詳しく知りたいという方は，次の文献等をご覧ください。

①　矯正について
　・法務省矯正研究所編『研修教材　成人矯正法（改訂版）』（公益財団法人矯正協会，2014）
　・法務省矯正研究所編『研修教材　少年矯正法』（公益財団法人矯正協会，2016）
②　保護について
　・松本勝編著『更生保護入門（第4版）』（成文堂，2015）
③　矯正・保護に関する統計
　・法務省法務総合研究所編「犯罪白書」

2　矯　正

(1)　はじめに

　矯正とは，身体を拘束された人に対する処遇を行う行政作用です。

　我が国において，矯正のために身体を拘束する施設は，矯正施設と呼ばれています。矯正施設には，刑務所，少年刑務所，拘置所，少年院，少年鑑別所及び婦人補導院があります。

　このうち，刑務所，少年刑務所及び拘置所を総称して，刑事施設[8]と言います。このうち，刑務所及び少年刑務所は，主として受刑者を収容し，処遇[9]を行う施設であり，拘置所は，主として刑事裁判が確定していない

---

8)　我が国の刑事施設の名称，住所，電話番号は，法務省矯正局のホームページで確認できます。少年院及び少年鑑別所も同様です。
9)　成人矯正の分野では，「処遇」は被収容者に対する作用全般を，「矯正処遇」とは作業，

38

未決拘禁者を収容する施設です。これらの刑事施設における処遇は，成人矯正と呼ばれています。

一方，少年院と少年鑑別所で行われる処遇等は，総称して少年矯正と呼ばれています。

同じ施設内処遇でも，成人矯正は刑罰の執行（及び未決勾留の執行）を主たる目的とするのに対し，少年矯正は，少年の健全な育成を目指し少年院における保護処分の執行及び少年鑑別所における鑑別等を行うことを主たる目的としており，両者には処遇の性質が異なります。

本書では，紙面の関係上，成人矯正のみを対象に以下説明をします。

(2) 成人矯正

　ア　成人矯正の意義[10]

成人矯正とは，刑罰の執行を主たる目的とする行政作用です。刑罰の執行といっても，単に刑事施設に収容することだけが目的ではなく，刑事施設への収容を前提とした上で，改善更生のための働きかけを行い，これによって治安の維持・回復を図ることが目的です。

かかる成人矯正の舞台が，刑務所及び少年刑務所（以下併せて「刑務所等」といいます。）です。このうち，少年刑務所は，主に，少年受刑者（裁判時20歳未満の者）及び26歳未満の若年受刑者を収容します[11]。

刑務所等の職員の大部分は，施設の規律及び秩序の維持を主たる役割とする刑務官ですが，改善指導・教科指導に携わる教育専門官，作業や職業訓練に携わる作業専門官，受刑者の資質及び環境の調査に携わる調査専門官，高齢受刑者や障害のある受刑者の社会復帰支援に携わる福祉専門官がいます。

改善指導，教科指導を，「矯正処遇等」は矯正処遇と刑執行開始時及び釈放前の指導を合わせたものと整理されています。

10) 成人矯正には未決拘禁者（裁判前に身柄拘束されている人）に係る処遇も含まれますが，本書の性質上，ここでは受刑者等裁判後の処遇のみを取り上げます。

11) 少年刑務所には，川越，水戸，松本，姫路，奈良，佐賀，盛岡及び函館の計8か所があります。このうち，川越少年刑務所は，少年受刑者及び26歳未満の若年受刑者の他，特に性犯罪者を収容し，性の問題に特化した専門的処遇を行ったりもしています。

第1編　総論　～刑事司法・更生支援と福祉の関わり～

イ　刑務所等における処遇

出典：法制審議会少年法・刑事法（少年年齢・犯罪者処遇関係）部会第3回会議配布資料
「刑事施設における業務の概要」より抜粋

(ア)　処遇調査

　刑が確定すると，はじめに処遇調査が行われます。処遇調査とは，個々の受刑者の資質及び環境に応じて処遇を実施するために行われる受刑者の資質及び環境の調査です。

　この処遇調査により，その結果を踏まえ，各受刑者に処遇指標が指定されます。処遇指標とは，矯正処遇の種類・内容，受刑者の属性及び犯罪傾向の進度から構成される指標です。受刑者は，自らに付された処遇指標に対応する処遇区分の刑事施設に収容されて処遇されます[12]

　また，処遇調査の結果を踏まえ，矯正処遇の目標並びにその基本的な内容（具体的にどのような方法や期間・回数で薬物依存離団指導を行うか等）が処遇要領として定められ，計画的に矯正処遇が行われることになり

---

12) したがって，どこの刑事施設に収容されるかは判決確定の段階及びその直後ではわかりません。対象者の受刑後も面会をはじめとする支援を継続する場合には，①対象者にどこの刑事施設で受刑することになるかわかったら手紙を送るよう伝えておく，②身元引受人・帰住予定地をだれ・どこにするかについて事前に確認しておき，しばらくしてから同人・同所を訪ねることによって収容された刑事施設を確認する等によって，収容先を確認することができます。

40

第2章　刑事司法の流れ／刑法・刑事訴訟法の基礎知識

ます。

(イ)　刑執行開始時の指導

　刑執行開始時には，刑執行開始時の導入的な指導が行われます（刑事収容施設法85条1項1号）。

　①受刑の意義，②矯正処遇の制度及び意義，③処遇要領に定める個別の矯正処遇の目標並びにその達成のために実施する矯正処遇の内容及び方法，④刑事施設における生活上の心得，⑤集団生活上必要な起居動作の方法について指導が行われます。

　期間は原則として2週間とされています。

(ウ)　矯正処遇

①　作　業

　作業は，できる限り，受刑者の勤労意欲を高め，これに職業上有用な知識及び技能を習得させるように実施されます。

　作業内容としては，生産作業，自営作業，職業訓練などがあり，どの作業に就くかは，受刑者の希望を参酌し，刑事施設の長が受刑者ごとに指定します[13]。

　作業報奨金は，従事した作業に応じ，基本的に釈放時に支給されます。その金額は，年度予算により変わりますが，平成27年度には，一人1か月当たり平均で5,317円でした。

②　改善指導

　改善指導とは，受刑者に対し，犯罪の責任を自覚させ，健康な心身を培わせ，社会生活に適応するのに必要な知識及び生活態度を習得させるために行うものです（収容法103条）。改善指導には，一般改善指導と特別改善指導があります。

　一般改善指導は，講話，行事，面接その他の方法により，①被害者及びその遺族等の感情を理解させ，罪の意識を培わせること，②規則

---

13)　作業が義務とされるのは，懲役受刑者ですが，禁錮刑受刑者等も希望をすれば作業することを認められることがあります。

41

正しい生活習慣や健全な考え方を付与し，心身の健康の増進を図ること，③生活設計や社会復帰への心構えを持たせ，社会適応に必要なスキルと身につけさせること等を目的として行うものです。

特別改善指導は，薬物依存や性犯罪などの事情により，改善更生や社会復帰が困難な者に対し，特に行われる指導です。次のものがあります[14]。

種　類	対象者
①　薬物依存離脱指導（R1）	麻薬，覚せい剤その他の薬物に対する依存がある者
②　暴力団離脱指導（R2）	暴力団員である者
③　性犯罪再犯防止指導（R3）	性犯罪の要因となる認知の偏り，自己統制力の不足等がある者
④　被害者の視点を取り入れた教育（R4）	生命を奪い，又は身体に重大な被害をもたらす犯罪を犯し，被害者及びその遺族等に対する謝罪や賠償等について特に考えさせる必要がある者
⑤　交通安全指導（R5）	被害者の生命や身体に重大な影響を与える交通事故を起こした者や重大な交通違反を反復した者
⑥　就労支援指導（R6）	刑事施設において職業訓練を受け，釈放後の就労を予定している者　等

出典：法制審議会少年法・刑事法（少年年齢・犯罪者処遇関係）部会第3回会議配布資料「刑事施設における業務の概要」より抜粋

③　教科指導

教科指導とは，学校教育の内容に準ずる指導です（収容法104条）。

㈎　釈放前指導

受刑者は，釈放前に，原則2週間の期間で，釈放後の社会生活にお

---

14) 各指導の詳細については，http://www.moj.go.jp/kyousei1/kyousei_kyouse03.html。

第2章　刑事司法の流れ／刑法・刑事訴訟法の基礎知識

いて直ちに必要となる知識の付与その他受刑者の帰住及び釈放後の生活に関する指導を受けます（収容法85条）。

　講話や個別面接の方法で，社会復帰の心構え（将来の生活設計や望ましい人生観・社会観），社会生活への適応（社会状況の変化，望ましい人間関係の在り方），社会における各種手続に関する知識（社会保障や法律関係手続）等について指導をしたり，社会見学を実施したりしています。

ウ　釈　放

　受刑者の釈放には，仮釈放と満期釈放があります。基本的に帰住先及び引受人のある，いわば「帰る場所」のある場合に認められる仮釈放と比べ，満期出所者の中には，これがない者が少なからずいます。このような満期出所者は，釈放後保護観察に付されることもなく，矯正及び更生保護のいずれの管轄にも属さない立場に置かれるため，完全な自由を手にする一方で，その支援の網からもこぼれ落ちてしまうことがあります。それが要因の一つか否かはわかりませんが，満期出所者の再入率[15]は仮釈放者のそれと比べ高くなっています。

　満期出所者への支援は再犯防止のために極めて重要な課題となっています。

(3)　矯正での新たな動き

　平成24年7月20日，犯罪対策閣僚会議において，「再犯防止に向けた総合対策」が決定されました。本総合対策は，政府による刑務所出所者等の再犯防止に向けた総合対策であり，策定後10年間の取組における数値目標として，「刑務所出所後2年以内に再び刑務所に入所する者等の割合を今後10年間で20％以上削減する」ことが掲げられました。

　また，平成28年12月14日には，再犯の防止等に関する施策に関し，基本理念を定め，国及び地方公共団体の責務を明らかにするとともに，再犯の防止等に関する施策の基本となる事項を定めることにより，再犯の防止等に関する施策を総合的かつ計画的に推進し，もって国民が犯罪による被害

15）入所受刑者人員に占める再入者の人員の比率。

43

第1編　総論　～刑事司法・更生支援と福祉の関わり～

を受けることを防止し，安全で安心して暮らせる社会の実現に寄与することを目的とする「再犯の防止等の推進に関する法律」が公布，施行されました。

このように，近年矯正・更生保護を中心とする再犯防止をめぐる動きは極めて活発になっており，新たな施策等も次々と実施されています。[16) ここでは，そのうちの一部を紹介します。

ア　コレワーク（矯正就労支援情報センター）（就労支援関係）

平成28年11月，受刑者・在院者の雇用を希望する事業主に対し，以下の三つのサービスを提供し，再犯防止の実現を目指す，コレワーク（矯正就労支援情報センター）が開業しました。

① 　雇用情報提供サービス

・全国の受刑者・在院者の資格，職歴，帰住予定地などの情報を一括管理

・事業主の方の雇用ニーズにマッチする者を収容する矯正施設を素早く紹介

② 　採用手続支援サービス

・事業主の矯正施設での一連の採用手続を幅広くサポート

③ 　就労支援相談窓口サービス

・事業主に対する各種支援制度を案内

・事業主に対する矯正施設見学会，矯正展，職業訓練見学会を案内

イ　福祉専門職の増員（福祉的支援）

平成27年度は，特別調整の実施体制構築のため，常勤の社会福祉士等を配置する刑事施設を12庁から14庁増やし，26庁となりました。また，少年院についても，疾病や障害により，出院後，自立した生活を営むことが困難な在院者に対する社会復帰支援の充実を図るため，非常勤の社会福祉士の配置庁を12庁から16庁に拡大するとともに，常勤の社会福祉

16）詳細は，法務省ホームページhttp://www.moj.go.jp/hisho/seisakuhyouka/hisho04_00038.html

第2章　刑事司法の流れ／刑法・刑事訴訟法の基礎知識

士が2庁に配置されました。

3　更生保護

(1)　更生保護の意義・役割

ア　更生保護とは何か

　更生保護とは，犯罪者及び非行少年に対し，社会内で適切な処遇を行うことにより，再び犯罪することや非行をなくし，これらの者が善良な社会の一員として自立し改善更生することを助けることで社会を保護し，個人及び公共の福祉を増進することを目的とするものです（更生保護法1条参照）。

　矯正とは異なり，「社会内で」という点がポイントとなります。対象者が社会生活を送る中で，社会内の資源を活用しながら地域社会に根差した処遇を実施するというのが更生保護の特徴となります。
その内容としては，保護観察，生活環境調整，仮釈放，更生緊急保護等が主たるものとなります。

イ　更生保護の担い手

　更生保護の担い手は，主に次のとおりです。

(ア)　官　署

①　保護観察所

　保護観察所は，保護観察，生活環境調整，更生緊急保護の実施等，更生保護の所掌事務を行う官署です。基本的に各都道府県ごとに設置されています。

　保護観察所では，保護観察官がその事務の多くを担っています。

　保護観察官は，医学，心理学，教育学，社会学その他の更生保護に関する専門的知識に基づき，保護観察等の犯罪者及び非行少年の更生保護並びに犯罪予防に関する事務に従事する国家公務員です（更生保護法31条2項）。

　保護観察所では，地区担当制を採っており，各保護観察官は，担当の地区の保護観察及び生活環境調整を実施します。例えば，千葉市中央区と千葉県南房総市の担当保護観察官は，同市・区に居住する保護

観察対象者及び同市・区を帰住先とする生活環境調整対象者を担当することとなります。したがって，対象者の支援に関し保護観察官にアクセスしたいときは，当該対象者の居住地又は帰住地を担当する保護観察官に連絡する必要があります。

また，各保護観察官は，それに加え，前記図のとおり，配置された各係の業務を担うことになります（庁によっては，地区を担当せず係の業務である専門的処遇プログラムのみを担う保護観察官を置くところもあります。）。

保護観察所の保護観察官は，全国で約1,200名（平成28年度）おり，近年増員傾向にあります。

② 地方更生保護委員会

地方更生保護委員会は，仮釈放の許可又は取消し，少年院からの仮退院又は退院の許可等を所管する官署です（更生保護法16条ないし28条）。

(イ) 主な民間協力者

① 保護司

保護司とは，保護観察官で十分でないところを補い，地方更生保護委員会又は保護観察所の長の指揮監督を受けて，保護司法の定めるところに従い，それぞれ地方更生保護委員会又は保護観察所の所掌事務に従事する非常勤の国家公務員です（更生保護法32条）。守秘義務も負います（保護司法9条1項）。一方，非常勤の国家公務員といっても，給与は支給されません（職務を行うために要する実費は弁償されます。）。

保護司は，保護観察官と協働して（保護観察官と保護司の官民協働）保護観察や生活環境調整等の事務を担いますが，保護司ならではの特徴は，民間性と地域性です。あえて平易な言い方をすると，保護司は，当該地域に基盤をもつ民間の方です。地元の自治会長，地元企業の社長，消防団の団員，地方議員等そのバックグラウンドは様々です。

保護観察官と保護司がどのように協働しているかという点については，後ほど保護観察や生活環境調整等の項でご説明します。

② 更生保護施設

更生保護施設とは，保護観察対象者や更生緊急保護の対象者に対し，

第2章　刑事司法の流れ／刑法・刑事訴訟法の基礎知識

宿泊場所や食事の提供など対象者が自立の準備に専念できる生活基盤の提供，日常の生活指導など入所者が地域社会の一員として円滑に社会復帰するための指導等を行う施設です（更生保護事業法2条7項参照）。各施設ごとで，定員，受入対象者の種別（性別，年齢，罪名等），薬物離脱指導等の専門的な処遇を行うか否か，施設独自の指導・支援メニュー等が異なりますので，更生保護施設入所による支援を検討する際は，対象の地域の更生保護施設がどのような施設なのかを把握する必要があります。

　更生保護施設では，補導員と呼ばれる人が中心となり，入所中の対象者の社会復帰を支援しています。

　対象者が入所する経緯は様々ですが，①矯正施設に入所している対象者が，帰住先として更生保護施設等を希望し，これが叶い，仮釈放となって入所する場合，②矯正施設を満期出所したり，不起訴処分又は執行猶予付き判決を受けた後，保護観察所による更生緊急保護を受け，入所する場合が，その多くを占めます。

③　自立準備ホーム

　自立準備ホームとは，あらかじめ保護観察所に登録した民間法人・団体等の事業者に対し，保護観察所の長が，宿泊場所の供与及び自立のための生活指導（自立準備支援）のほか，必要に応じて食事の給与を委託する際の宿泊場所です。

　更生保護施設と異なり，必ずしも更生保護専門の施設というわけではなく，形態としては，一軒家，アパートの一室，生活困窮者支援施設や社会福祉施設を間借りしているケース等様々です。また，更生保護施設と異なり，自立準備ホーム登録していることを非公開としているところが多いです。

　入所経緯等については，基本的に更生保護施設と同様です。

④　協力雇用主

　協力雇用主とは，犯罪・非行の前歴のために定職に就くことが容易でない刑務所出所者等を，その事情を理解した上で雇用し，改善更生

に協力する民間の事業主です。

現在，全国で約14,000の協力雇用主が協力しています。協力雇用主は，保護観察所で募集をしています。

(2) 生活環境調整と仮釈放

ア　生活環境調整

(ア)　意　義

生活環境調整とは，矯正施設に収容されている人等の，釈放後の住居や就業先等の帰住環境を調査し，必要に応じて改善更生と社会復帰にふさわしい生活環境を整えることによって，仮釈放の審理の資料にしたり，円滑な社会復帰を目指す保護観察所の役割の一つです（更生保護法82条）。

後述するように，生活環境調整には，①刑務所や少年院に入所している者に対する生活環境調整，②保護観察付執行猶予の判決を受けた者に対する生活環境調整があります。

調整を行う事項は，釈放後の住居・就業先・引受人の確保，公共の衛生福祉に関する機関その他の機関から必要な保護を受けることができるようにすること等とされています（犯罪をした者及び非行のある少年に対する社会内における処遇に関する規則（以下「社会内処遇規則」といいます。）112条）が，実際は，帰住予定地と引受人の引受意思の調査にとどまることが多いと感じられます。もちろん，対象者の資質（例：障害に対する支援体制の構築）や引受人の抱える問題（例：多重債務）に即して，保護観察官又は保護司が釈放前に調整を行っておくというケースもあります。

(イ)　刑務所や少年院に入所している者に対する生活環境調整

①　生活環境調整の着手

保護観察所が生活環境調整に着手するのは，主に矯正施設から「身上調査書」が送られてきてからです。

身上調査書には，当該対象者の氏名，生年月日，経歴，犯罪ないし非行内容・動機，帰住予定地，引受人の状況（住所，氏名，年齢，続柄，連絡先），刑の終期等が記載されており，これが対象者の収容されてい

第2章　刑事司法の流れ／刑法・刑事訴訟法の基礎知識

る矯正施設から，当該対象者が帰住先として希望する地（帰住予定地）を管轄する保護観察所に送付され，当該帰住地を担当する保護観察官に回付されます。

② 生活環境調整の計画策定と保護司への担当依頼

保護観察官は，身上調査書の内容を確認し，対象者の帰住予定地，性別，年齢，罪名等を勘案し，担当地区の保護司から適切な者を選定し，生活環境調整の担当を依頼します（例外的に，保護観察官が自ら調整を行う場合もあります。これを業界用語で「直担（ちょくたん）」といいます。）。その際，保護観察官は，生活環境調整に当たり必要な調整事項，調整の方針，配慮を要する事項等を内容とする生活環境調整の計画が記載された担当通知書を身上調査書と共に担当保護司に送付します。

③ 保護司による生活環境調整の実施

保護司は，保護観察官から送付された書類を確認し，帰住予定地を尋ねます。

保護司は，引受人の意思（対象者を引き受けるか），釈放となる場合の出迎え，住居・生計の状況，家族構成，交友関係，釈放後の就業の見込み等について，引受人等からの聴き取りにより，報告書に落とし込み，保護観察官に送付します。また，何らかの調整を行った場合にはその結果をも報告します。

また，必要に応じて，保護司は，対象者が入所中の矯正施設に出向き，面接を行うこともあります。

④ 保護観察所による矯正施設及び地方委員会への通知

保護司からの報告書を受けた保護観察官は，報告書に書かれている内容等を確認の上，当該帰住予定地に，当該引受人を引受人として帰住することが相当であるか否かについて意見（「帰住可」・「帰住不可」・「調整継続」のいずれか）を付して，保護観察所の長名義で矯正施設及び地方委員会に通知書を送付します。

⑤ その後

保護観察所からの通知書を受け取った矯正施設（調査支援部門が担当）

49

は，「帰住不可」となった場合は，しかるべき方法と時期に対象者にこのことを伝え，他の帰住予定地及び引受人の検討をさせることになります。

地方委員会は，この通知書の内容を仮釈放の審理に活用します。

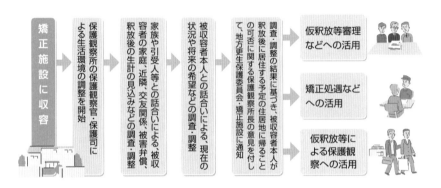

出典：法務省保護局パンフレット『更生保護 ～地域社会とともに歩む～』

(ウ) 保護観察付執行猶予の判決を受けた者に対する生活環境調整

保護観察付執行猶予の判決を受けた者は，それまで身柄を拘束されていたとしても，判決の時点で釈放されることになります。しかし，せっかく釈放されたとしても，住居や就業先のない対象者がいます。

保護観察所では，このような保護観察付執行猶予の判決を受けた者の保護観察を円滑に開始するために必要があると認めるときは，その者の同意を得て，その者の住居，就業先その他の生活環境調整をすることができます（更生保護法83条）。

ここでいうところの「保護観察を円滑に開始するために必要があると認めるとき」としては，①住居不定者等居住関係が不安定である場合，②無職であり就業の見込みがない場合，③家族等更生を支援してくれることが期待できる者との間に良好な関係を築いていない場合，④共犯者，暴力団関係者その他対象者の改善更生の妨げとなる者からの接触が見込まれる場合等が想定されています。

第2章　刑事司法の流れ／刑法・刑事訴訟法の基礎知識

　生活環境調整の方法については，刑務所や少年院に入所している者に対する生活環境調整とおおむね同様です。

イ　仮釈放等

㈠　仮釈放等の意義

　仮釈放等は，刑務所・少年院等の矯正施設に収容中の対象者を収容期間満了前に仮に釈放して更生の機会を与え，円滑な社会復帰を図ることを目的とする制度です。仮に釈放されると，所定の期間，保護観察を受けることになります。満期釈放等と異なり，社会内で指導や支援を受ける期間が設けられることから，ソフトランディングによる社会復帰が可能となり，対象者の改善更生に資するものと位置付けられています。

　成人の懲役又は禁錮の受刑者に対するものを「仮釈放」，少年院在院者に対するものを「仮退院」といいます。

㈡　仮釈放等許可の基準

　仮釈放等は，矯正施設の申出等により，地方委員会が，保護観察所の生活環境調整結果その他の資料をもとに，次の要件を満たすか検証し，これを満たす場合に許可するものです。

【仮釈放の要件（刑法28条・社会内処遇規則28条）】

① 　刑期の３分の１を経過していること（無期刑の場合は10年）

② 　改悛の状があること

　　ⅰ　悔悟の情及び改善更生の意欲があること

　　ⅱ　再び犯罪をするおそれがないこと

　　ⅲ　保護観察に付することが改善更生のために相当であると認められること

　　ⅳ　社会の感情がこれを是認すると認められないといえないこと

【仮退院の要件】

① 　処遇の最高段階[17]に達し，仮に退院させることが改善更生のため

---

17)「処遇の最高段階」とは，１級を指す（少年院法16条，少年院法施行規則８条）。

51

第1編　総論　～刑事司法・更生支援と福祉の関わり～

　　に相当であると認めるとき（更生保護法41条）又は，
②　処遇の最高段階に達していない場合において，その努力により成績が向上し，保護観察に付することが改善更生のために特に必要であると認められるとき（社会内処遇規則30条）

【帰住先と引受人】
　法令上は，上記の点が仮釈放等の要件となっていますが，実際の運用上，重視されているのは，帰住先と引受人の存在です。帰住先と引受人なくして仮釈放等を受けることは皆無に等しいと考えられます。
　ゆえに，上記仮釈放等の恩恵を受けるためには，帰住先と引受人が必要です。

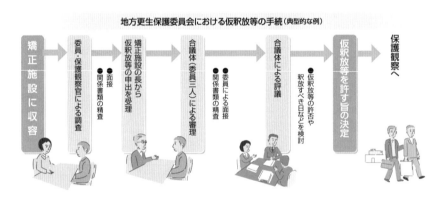

出典：法務省保護局パンフレット『更生保護 ～地域社会とともに歩む～』

　　ウ　裁判前における支援者との接点
　裁判前段階において，弁護人や社会福祉士が被疑者・被告人の支援として，住居の調整や福祉的サービスを受けられるように調整をすることがあると思います。その際，弁護人が書証（支援計画書等紙ベースの証拠）又は人証（社会福祉士の証人）により，その成果を法廷に出すことが多いと思います。
　しかし，こうした裁判前の支援の成果は，必ずしも裁判後に行われる

第2章　刑事司法の流れ／刑法・刑事訴訟法の基礎知識

生活環境調整の際に生かされているとは限りません。というのも，生活環境調整開始の際，上記各証拠は，担当する保護観察官の手元に自動的に届くものではないからです。担当の保護観察官は，裁判前段階において，このような支援が行われていたことや支援者がいること等を知らぬまま，また一から調整を始めることになることが少なからずあるのです。

裁判前段階での支援の成果を生かすには，例えば，

① 受刑することになった対象者に対し受刑開始時点での調査面接の際に，裁判までに「○○という組織の，○○という人が，○○という支援をしてくれていた。受刑後も○○という施設に受け入れてもらうことになっている。」と話してもらうよう伝えておく（そうすれば，身上調査書に記載してもらえる可能性がある。）

② 受刑することになった対象者に対し，生活環境調整の対象とする帰住予定地及び引受人を，裁判前に調整した施設や施設長名で記載することを伝えておく（そうすれば，同施設に対し生活環境調整担当の保護観察官又は保護司がアクセスすることになる。）

③ 対象者の受刑先矯正施設の分類保護部門（調査支援部門）や直接帰住先を管轄する保護観察官に対し，あらかじめ情報を提供しておく

などの方法を採ることが考えられ，そうすることで裁判後段階での円滑な環境調整を図ることができると考えられます。

生活環境調整を，裁判前段階で関わった弁護人や社会福祉士限りで行うことには限界があります。矯正や更生保護との連携を図りながら支援を行っていくことが，対象者の円滑な社会復帰を支えることにつながると考えられます。

(3)　保護観察

ア　総　論

保護観察とは，対象者の改善更生を図ることを目的として，指導監督及び補導援護を行うことにより実施されるものです（更生保護法49条1項）。

指導監督とは，

53

第1編　総論　〜刑事司法・更生支援と福祉の関わり〜

① 面接[18]その他の適当な方法により対象者と接触を保ち，その行状を把握すること
② 対象者が遵守事項を遵守し，並びに生活行動指針[19]に即して生活し，及び行動するよう必要な指示その他の措置を採ること
③ 特定の犯罪的傾向を改善するための専門的処遇を実施すること

により行われる，保護観察の監督的側面です（更生保護法57条1項）。

保護観察所における専門的処遇プログラム

性 犯 罪 者 処 遇 プ ロ グ ラ ム ※表中の数値は特別遵守事項によりプログラムを開始した人員		23年	24年	25年	26年	27年
対象	仮釈放者，保護観察付執行猶予者のうち，○強制わいせつ，強姦等の罪を犯した者○犯罪の原因・動機が性的欲求に基づく者	仮釈放者 552	542	562	582	563
		保護観察付執行猶予者 298	291	340	318	338

薬 物 再 乱 用 防 止 プ ロ グ ラ ム ※表中の数値は特別遵守事項によりプログラムを開始した人員		23年	24年	25年	26年	27年
対象	仮釈放者，保護観察付執行猶予者のうち，指定薬物又は規制薬物等の所持・使用等の罪を犯し，かつ，これら薬物の使用経験がある者	仮釈放者 926	928	977	913	926
		保護観察付執行猶予者 418	403	390	357	462

暴 力 防 止 プ ロ グ ラ ム ※表中の数値は特別遵守事項によりプログラムを開始した人員		23年	24年	25年	26年	27年
対象	仮釈放者，保護観察付執行猶予者のうち，傷害，暴行等の罪を犯し，かつ，同種の罪の前歴を有する者	仮釈放者 150	192	190	159	175
		保護観察付執行猶予者 96	83	98	117	137

飲 酒 運 転 防 止 プ ロ グ ラ ム ※表中の数値は特別遵守事項によりプログラムを開始した人員		23年	24年	25年	26年	27年
対象	仮釈放者，保護観察付執行猶予者のうち，飲酒運転を行った者	仮釈放者 298	272	244	203	203
		保護観察付執行猶予者 121	119	110	111	102

出典：法制審議会少年法・刑事法（少年年齢・犯罪者処遇関係）部会第3回会議資料『統計資料3』

　　補導援護とは，対象者が自立した生活を営むことができるようにする

---

18) 面接には，「往訪」と「来訪」があります。「来訪」は対象者が保護観察官や保護司のもとに来て面接を行うものです。「往訪」は保護観察官や保護司が対象者の自宅などの生活拠点に赴き面接を行うものです。往訪は，対象者の保護者と面接をする場合や対象者の居住の実態等を把握したい場合等に行われることがあります。
19) 保護観察対象者の改善更生に資する生活又は行動の指針です（更生保護法56条1項）。後で詳述する遵守事項と違い，生活行動指針はあくまでも努力義務を課すものであって，これに違反したとしても不良措置を採られることはありません。

ため、その自助の責任を踏まえつつ、次に掲げる方法によって行われる保護観察の援助的側面です（更生保護法58条）。

① 適切な住居その他の宿泊場所を得ること及び当該宿泊場所に帰住することを助けること。
② 医療及び療養を受けることを助けること。
③ 職業を補導し、及び就職を助けること。
④ 教養訓練の手段を得ることを助けること。
⑤ 生活環境を改善し、及び調整すること。
⑥ 社会生活に適応させるために必要な生活指導を行うこと。
⑦ その他、保護観察対象者が健全な社会生活を営むために必要な助言その他の措置をとること。

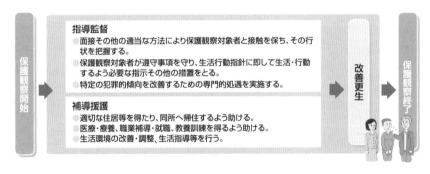

出典：法務省保護局パンフレット『更生保護 ～地域社会とともに歩む～』

このように、保護観察は、指導監督と補導援護という監督的側面と援助的側面が車の両輪のように組み合わさり実施されます。

イ 種 類

保護観察の対象者は、主に次の4種類があります。[20]

---

20) この4種類の他に、「婦人補導院仮退院者」（売春防止法に基づき保護観察に付されている者）という種別もありますが、その件数がほとんどないため、本書では説明を省きます。

① 保護観察処分少年

家庭裁判所の審判により保護観察処分となった少年。

保護観察の期間は，原則20歳まで。

② 少年院仮退院者

少年院からの仮退院を許されて保護観察に付された少年。

保護観察の期間は，原則20歳まで。

③ 仮釈放者

仮釈放を許されて保護観察に付された者。

保護観察の期間は，刑の満期まで。

④ 保護観察付執行猶予者

保護観察付執行猶予の判決を受けた者。

保護観察の期間は，執行猶予期間が満了するまで。

ウ　実施態勢

保護観察も，生活環境調整と同様，保護観察官と保護司の協働態勢により，実施されます。両者の役割分担は，基本的に次の図のとおりとなっています。

出典：法制審議会少年法・刑事法（少年年齢・犯罪者処遇関係）部会第3回会議資料『保護観察所における保護観察の実情』

第2章　刑事司法の流れ／刑法・刑事訴訟法の基礎知識

　このように，保護観察官は専門家として，①保護観察対象者のイン
テーク，アセスメント，保護観察のプランニング，②保護司に対する
スーパーバイズ（日常保護司が察知した対象者に関する報告に助言をしたり，適
宜保護司と行動を共にして対象者の指導・助言を行う），専門的処遇プログラム
の実施等を行います。一方，保護司は，保護観察官が作成した実施計画
に基づき，保護観察対象者と定期的に面接し，指導・助言を行い，保護
観察対象者の生活状況を，毎月[21]保護観察官に報告します。

　保護観察官は，担当地区にもよりますが，50〜100人程度の保護観察
対象者を担当しているため，全ての対象者の行状を自ら面接することで
把握することは現実的ではありません。また，転勤もおおむね2，3年
に1度くらいあることから当該地区に根差した処遇をすることも困難で
す。このような点を補うために，当該地区の住民である保護司がその地
域性を活かし処遇に当たっているということになります。保護司の担当
数も人によって違いますが，0件の人もいれば同時に4件くらい担当し
ている保護司もいます。

　対象者と保護司のマッチングは，保護観察官が行っています。保護観
察官のマッチングの裁量は極めて広く，保護司と対象者の住所の近さだ
けで決めている保護観察官もいれば，対象者の個性・犯罪や非行の内
容・保護司の性別や個性等の諸要素を考慮し担当者を決めている保護観
察官もおり実に様々です。

　支援者の一人として，対象者のことでアクセスしたい場合，保護観察
官に連絡すべきか，保護司に連絡すべきかで迷うことがあると思います。
この点，法令上規定があるわけではないと思いますが，保護司に情報の
共有を求めると「主任官（担当保護観察官）に聴いていただけますか」と
断られることが多いと思います。なお，保護観察官も保護司もいずれも
守秘義務を負っていることから，本人の同意がある場合や法令に基づく

21）月1回は必ず所定の様式に従って報告をすることになっている。その他，緊急事態が
　発生したときや遵守事項違反が覚覚したとき等は，随時電話等で報告がなされることが
　多い。

第1編　総論　〜刑事司法・更生支援と福祉の関わり〜

【遵守事項通知書】

様式第42号（規則第53条第1項・第2項，規程第22条第1項・第2項・第3項・第53条第3項・
第55条第1項・第2項・第55条の2第1項・第2項・第3項・第120条の11第1項）
（表）

遵 守 事 項 通 知 書

年　　　月　　　日

殿

地方更生保護委員会
保 護 観 察 所 長

　あなたが保護観察の期間中遵守すべき事項は，次のとおりです。

　一般遵守事項
1　再び犯罪をすることがないよう，又は非行をなくすよう健全な生活態度
　を保持すること。
2　次に掲げる事項を守り，保護観察官及び保護司による指導監督を誠実に
　受けること。
　イ　保護観察官又は保護司の呼出し又は訪問を受けたときは，これに応じ，
　　面接を受けること。
　ロ　保護観察官又は保護司から，労働又は通学の状況，収入又は支出の状
　　況，家庭環境，交友関係その他の生活の実態を示す事実であって指導監
　　督を行うため把握すべきものを明らかにするよう求められたときは，こ
　　れに応じ，その事実を申告し，又はこれに関する資料を提示すること。
3　保護観察に付されたときは，速やかに，住居を定め，その地を管轄する
　保護観察所の長にその届出をすること。
4　保護観察に付されたときに保護観察所の長に届け出た住居又は転居をす
　ることについて保護観察所の長から許可を受けた住居に居住すること。
5　転居又は7日以上の旅行をするときは，あらかじめ，保護観察所の長の
　許可を受けること。
　特別遵守事項
1
2
3

出典：法制審議会少年法・刑事法（少年年齢・犯罪者処遇関係）部会第3回会議資料『保
　　　護観察所における保護観察の実情』

第 2 章　刑事司法の流れ／刑法・刑事訴訟法の基礎知識

【特別遵守事項例】

特別遵守事項の類型	具体的な設定例
① 犯罪性のある者との交際，いかがわしい場所への出入り，遊興による浪費，過度の飲酒その他の犯罪又は非行に結び付くおそれのある特定の行動をしてはならないこと。	➤共犯者との交際を絶ち，一切接触しないこと ➤暴力団事務所に出入りしないこと ➤酒を一切飲まないこと　等
② 労働に従事すること，通学することその他の再び犯罪をすることがなく又は非行のない健全な生活態度を保持するために必要と認められる特定の行動を実行し，又は継続すること。	➤就職活動を行い，又は仕事をすること　等
③ 7日未満の旅行，離職，身分関係の異動その他の指導監督を行うため事前に把握しておくことが特に重要と認められる生活上又は身分上の特定の事項について，緊急の場合を除き，あらかじめ，保護観察官又は保護司に申告すること。	➤仕事をやめたり転職したりしようとするときは，緊急の場合を除き，あらかじめ，保護観察官又は保護司に申告すること　等
④ 医学，心理学，教育学，社会学その他の専門的知識に基づく特定の犯罪的傾向を改善するための体系化された手順による処遇として法務大臣が定めるものを受けること。	➤性犯罪者処遇プログラムを受けること ➤薬物再乱用防止プログラムを受けること ➤暴力防止プログラムを受けること ➤飲酒運転防止プログラムを受けること

特別遵守事項の類型	具体的な設定例
⑤ 法務大臣が指定する施設，保護観察対象者を監護すべき者の居宅その他の改善更生のために適当と認められる特定の場所であって，宿泊の用に供されるものに一定の期間宿泊して指導監督を受けること。	○年○月○日から○年○月○日までの間，○市○番所在の○○保護観察所に附設された宿泊施設（○○自立更生促進センター）に宿泊して指導監督を受けること
⑥ 善良な社会の一員としての意識の涵養及び規範意識の向上に資する地域社会の利益の増進に寄与する社会的活動を一定の時間行うこと。	保護観察所の長の定める計画に基づき社会貢献活動を行うこと 福祉施設での介護補助活動　　公共の場所での環境美化活動
⑦ その他指導監督を行うため特に必要な事項	➤更生保護施設の規則で禁じられた無断外泊及び飲酒をしないこと ➤保護観察所の長の定める交通に関する学習をすること

出典：法制審議会少年法・刑事法（少年年齢・犯罪者処遇関係）部会第3回会議資料『保護観察所における保護観察の実情』

第1編　総論　〜刑事司法・更生支援と福祉の関わり〜

場合でない限り，容易に個人情報を開示してくれることはないと考えておいた方がよいと思います。

エ　遵守事項と良好措置・不良措置

遵守事項は，対象者が保護観察期間中守らねばならないルールです。遵守事項には，全ての保護観察対象者が遵守すべき事項である一般遵守事項と，保護観察対象者ごとに定められる特別遵守事項があります。遵守事項は，これを遵守していれば良好措置（保護観察を継続する必要がなくなった場合に，保護観察期間の末日が到来する前に保護観察を打ち切る等の措置）が，これを遵守しない場合には不良措置（遵守事項を遵守しなかった場合に採られ得る行政指導・仮釈放の取消し等の行政処分）が検討される，保護観察対象者にとって極めて重要な意義を有するものです。

オ　段階別処遇

保護観察では，処遇の困難性に応じて，C・B・A・Sという段階を設け，各段階に応じ接触の頻度や方法を定め，処遇を実施しています。

刑事裁判の判決の際，裁判官から保護観察の説明として「保護司の面接を月1回とか2回とか受けるように」という説明がありますが，面接の回数や方法はこのとおり段階によって様々であり，対象者に話が違うと思われないためにも，この点は正確に抑えておく必要があると思います。

カ　他の支援者との関係

保護観察は，保護観察官と保護司との協働で行われるものです。しかし，この両者の処遇によって完結するものではありません。指導のための行状把握のために必要があれば，警察から情報提供を受けることもありますし，対象者の所属する学校等とも協議をしながら指導態勢を構築することもあります。また，経済的な問題が生じた場合には，自治体の生活保護担当課や弁護士への相談を促し，必要に応じ相談等に立ち会うこともあります。また，仕事がない場合には，就労支援のため協力雇用主に面接をお願いしたり，ハローワークに同伴することもあります。知的障害の疑いがあるにもかかわらず支援に結びついてない対象者がいれ

60

ば，自治体の障害者福祉担当課や知的障害者更生相談所に足を運ぶこともあります。

このように，保護観察は，対象者の改善更生・社会復帰のためのコーディネートをする役割を担っているとも言え，そこに保護観察官の専門性が求められていると考えている人もいます。

したがって，皆さんが支援していた対象者が，仮に保護観察になったとしても，保護観察官及び保護司以外の支援者が全く関わる必要がないとは言えません。むしろ，積極的に保護観察所にアクセスをし，どのような支援態勢で保護観察に臨むのか，役割分担をどうするか等を協議すればより良い支援が実現できると思います。

(4) 更生緊急保護

ア 更生緊急保護の意義

更生緊急保護とは，刑事上の手続又は保護処分により身体を拘束されていた者が，身体の拘束を解かれた後に，緊急に行われる更生のための保護のことをいいます（更生保護法85条）。

保護の要件・内容として，次のようなものが挙げられます。

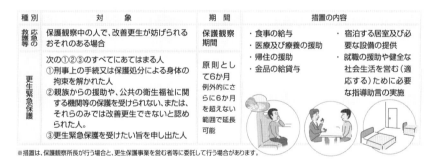

出典：法務省保護局パンフレット『更生保護 〜地域社会とともに歩む〜』

イ 更生緊急保護活用のポイント

(ア) 対象者であるか

更生緊急保護を受けられるための要件の一つとして，当該対象者が

第1編　総論　〜刑事司法・更生支援と福祉の関わり〜

「刑事上の手続又は保護処分による身体の拘束を解かれた人」である，というものがあります。

　具体的には，次のような人を指します。

① 満期釈放者

② 単純執行猶予者

③ 仮釈放期間満了者

④ 罰金又は科料の言渡しを受けた者

⑤ 起訴猶予者

⑥ 労役場出場・仮出場者

⑦ 少年院退院者・仮退院期間満了者

等のうち，身体の拘束を解かれてから6か月を超えない者（例外的にさらに6か月）

　したがって，当たり前ですが，これに該当しない者の保護は認められません。しかし，これに該当さえすれば，起訴猶予を受けてから一度どこかに帰住していたとしても，そこでうまく定着できなかった対象者等でも保護の対象者となります。つまり，身体拘束されていた場所から直行した場合以外でも保護の対象となるということです。

㈡　保護カード

　更生緊急保護を行う必要があるか否かを判断するに当たって，保護観察所長は，検察官，刑事施設の長又は少年院の長（以下「検察官等」といいます。）の意見を聴かなければならないとされています（更生保護法86条3項）。運用上，この意見聴取は，検察官等が発行し，対象者が保護観察所に持参してくる「保護カード」と呼ばれる書面の内容をもって確認をしています。[22]

　したがって，事前に更生緊急保護を求めることを支援メニューとして計画している場合には，検察官等に対し，事前に保護カードを対象

22）検察官等から保護カードの発行をしてもらっていない場合には，一定の要件を満たす場合には，検察官等に確認の上，保護観察所の長がこれを対象者に交付することもあります。

第2章　刑事司法の流れ／刑法・刑事訴訟法の基礎知識

者に交付することを求めることが重要です。

(ウ)　活用方法の具体例

①　釈放後の住居がない場合

　起訴猶予見込みの対象者や満期出所見込みの対象者に帰住先がない場合，更生保護施設や自立準備ホームへの入所のため，更生緊急保護を受けるという選択肢があります。

　この点については，アパート等を仮契約した上で，生活保護の申請をして帰住先を確保するという選択肢もあろうかと思いますが，特に就労可能な対象者である場合には，更生緊急保護を受け更生保護施設等の生活上の訓練を受けながら就労に励み，[23] 社会復帰を目指すという方法を採ることは対象者の社会復帰の近道になることもあると思います。

②　帰住先はあるが遠方でありその交通費がない場合

　更生緊急保護のメニューとして，帰住援護旅費の支給というものがあります。住居その他の宿泊場所への帰住援助が必要な場合に，普通旅客運賃その他の交通費を現金で支給するというものです。また，同時に，JRグループ各社路線を利用する場合に普通運賃の5割引きの割引証が交付されることもあります。

　お昼のタイミング等であれば，食事費給与金や更生援助金を支給してくれることもあります。[24] 被保護者被服費として下着や作業着等が支給されることもあります。

ウ　更生緊急保護の実情

(ア)　空きがない……。

　前記のとおり，更生緊急保護の一つとして，更生保護施設や自立準備ホームへの入所調整というものがあります。同制度は，対象者に住まい・食事・生活上の支援等を提供できるとても効果的な社会復帰支

---

23) 更生保護施設等入所後に，協力雇用主を紹介してくれたり，ハローワークの専門相談部門への相談を促してくれることもあります。

24) カップラーメンや弁当等の現物が支給されることもあります。

63

第1編　総論　〜刑事司法・更生支援と福祉の関わり〜

援の一つとなります。

　しかし，当然いつも施設に空きがあるとは限りません。年中仮釈放者で一杯で更生緊急保護の対象者が入る余裕が全くと言っていいほどない，という施設もあると思います。

　したがって，活用を検討する際は，申請時に空きがない可能性がある，ということも念頭に置きながら支援の計画を立てる必要があります。また，その際は，更生緊急保護を求める保護観察所の管轄内の更生保護施設や自立準備ホームの特徴（入所可能な性別・罪名・年齢等）や空き状況等を調べておくとより良いと思います。

(イ)　人による……。

　更生緊急保護の申し出の際の面接は保護観察官において行われ，どのような保護をするかという点もその保護観察官が（統括保護観察官や会計担当者等に適宜相談をして）決しているのが実情です。したがって，担当する人によって対応がまちまちということもあります。前記のように施設の空きがない，というときに，「入れる施設がないので，2,000円を渡しますので，これで何とか生活保護課等の窓口に行ってください」というだけの人もいれば，「他県の施設の空き状況を聴いてみますので少し待ってください」等と他県の施設の調整まで試みてくれる人もいます。

　どんな組織でもいえることですが，どんな人が担当者になるかは重要なことです。

(ウ)　事前の調整は……。

　更生緊急保護申し出の際は，保護の要件を満たすか，どのような保護を求めるかを聴取・確認するために，保護観察官による面接が行われます。そこで対象者が全て自分の口でこれまでのことやこれから望むこと等を語ることができればよいでしょうが，必ずしもそううまくいかないことがあるのではないかと思います。また，仮に帰住先の調整を求める場合に，面接の場でいきなりどこか施設に入りたい旨述べるとそこから保護観察官は調整を始めることになると思います。

64

第2章　刑事司法の流れ／刑法・刑事訴訟法の基礎知識

　　このような弊害をなくすため，支援者としては，事前にフェイスシートのようなもので対象者情報をまとめておき，これをあらかじめ保護観察所に差し入れ，事前に当該対象者のニーズについて理解をしてもらうとともに，調整が必要なものがあれば事前にある程度の調整を事実上進めてもらうということを思いつくと思います。

　　しかし，弁護人又は福祉専門職から，このような申し出をすると，「そのようなものをもらう根拠がない」であるとか「個人情報をむやみに受け取れない」等という拒否をされることがあります。本人の同意を得て，何ら法に違反することなく情報提供をしていることを伝え，再度受領を求める等の方法を試みても，なお断固受け取らないという場合には，検察官等を通じて事前に情報を入れておけば保護観察所に伝えてくれることがあります。検察官等に，釈放後更生緊急保護を申し出る予定であること，保護カードの交付が必要であることを伝えておくと，後日検察事務官から弁護人等に対しどのような保護を求めるのか等の聴取がなされ，ここで聴き取った内容が保護観察所に伝えられることがあります。

4　更生保護での新たな動き

(1)　特別調整

　ア　平成21年4月から，法務省と厚生労働省とが連携して，刑務所等に収容されている者のうち，高齢であり，又は障害を有し，かつ適当な帰住先がない者について，釈放後速やかに適切な介護，医療等の福祉サービスを受けることができるようにするため，「特別調整」という特別の生活環境調整を実施しています。矯正施設を出所する際の支援であることから「出口支援」と呼ばれたりもします。

　　　この取組の中心となるのは，厚生労働省の「地域生活定着促進事業」により各都道府県に設置された地域生活定着支援センターです。

　　　特別調整の流れは，次のとおりです。

第1編　総論　〜刑事司法・更生支援と福祉の関わり〜

[特別調整]

地域生活定着支援センターと連携した特別調整のイメージ図

A県刑務所・少年院

社会福祉士等による調査

①情報の提供・連絡・調整

指定更生保護施設

※全国57施設

⑤一時的受入れに向けた調整

他県の地域生活定着支援センター

他県の福祉等実施機関

④受入先の調整等

③連絡・調整

A県保護観察所

②協力依頼

A県地域生活定着支援センター

③受入先の調整等

A県福祉等実施機関
- 自治体福祉部等
- 地域包括支援センター
- 福祉事務所
- 障害相談支援事業者
- 医療機関
- 社会福祉施設
- 社会保険事務所

調整の対象＝以下①〜⑥の要件をすべて満たすもの
① 高齢（おおむね65歳以上）又は身体障害、知的障害若しくは精神障害があること
② 釈放後の住居がないこと
③ 福祉サービス等を受ける必要があると認められること
④ 円滑な社会復帰のために特別調整の対象とすることが相当と認められること
⑤ 特別調整を希望していること
⑥ 個人情報の提供に同意していること

第2章　刑事司法の流れ／刑法・刑事訴訟法の基礎知識

(2)　更生緊急保護事前調整

　起訴猶予処分となることが見込まれる勾留中の被疑者に対し，検察官からの依頼に基づき，保護観察所が社会復帰調整官や保護観察官で構成した社会復帰支援ユニットによる面談を実施し，社会復帰後の更生緊急保護としての支援体制を事前に調整する仕組みが平成27年度から全国の庁において試行されています。これは刑事司法の入口における支援であり，特別調整とは異なり，「入口支援」の一つに位置付けられると考えられます。

　通常の更生緊急保護とは異なり，事前に保護観察官等が対象者本人と面談をでき，対象者のニーズ等を聴取できるほか，入所施設の調整等も事前に行うことができ，釈放当日速やかに支援できるという意味で，意義があります。

67

第1編　総論　〜刑事司法・更生支援と福祉の関わり〜

第3章　再犯防止をめぐる新たな動き

第1　弁護士の視点から

1　はじめに

　昨今，「司法と福祉の連携」という言葉をあちこちで見聞きするようになりました。このような取組がなかった時代と比べ，刑事手続に組み込まれたことを発端に被疑者・被告人が福祉とつながることが増え，同人らの社会復帰に資する効果が生じていると考えられます。

　しかし，司法と福祉の連携が全く問題なく，うまくいっているかというとそうではなく，現在はまだ発展途上の段階にあるのだと思います。その根拠に，例えば，福祉専門職の方からは，司法との連携につき，「刑を軽くするために福祉を利用しないでもらいたい」，「弁護士さんは裁判が終わるとささっとフェードアウトするよね」等といった声が聞こえてくることがあります。一方，弁護士からは「福祉の人は被疑者の言うこと全部聞いちゃうからなぁ」等というコメントが出てくることもあります。

　他の領域の専門家同士の連携は，まずはお互いがお互いの専門性や理念等を知ることが重要です。これを把握することにより，相手のことが理解できるようになるだけでなく，自分のこともより理解できるようになり，ひいては自らの役割をより適切に全うしたり，チーム内の関係性をよりよくしていくことができると考えられるからです。

68

第3章 再犯防止をめぐる新たな動き

出典：医療保健福祉分野の多職種連携コンピテンシーInterprofessional Competency in Japan（多職種連携コンピテンシー開発チーム）

　上記の各コメントも，「司法と福祉の連携」を実践するに当たり弁護士と福祉専門職が互いを十分に理解しないまま実践が先行した結果，出てきたものであると考えられます。

　こうした相互理解の重要性を踏まえ，本稿では，初めに福祉専門職の方向けに，弁護人とは何者なのかということから紹介します。その上で，弁護人と福祉専門職が連携することの意義を考え，弁護士（会）での昨今の取組について説明します。

2　弁護人とは何者か

　弁護人とは，刑事訴訟法上，被疑者及び被告人の弁護の任務につく者のことを言います。弁護人は，原則として，弁護士[1]の中からこれを選任しなければいけません（刑事訴訟法31条）。

　弁護士には，弁護士職務基本規程[2]上，次の職務倫理・行為規範がありま

---

1)「弁護士」とは，司法試験に合格し，司法修習を終えた者のうち，日本弁護士連合会に備えた弁護士名簿に登録された者のことを言います（弁護士法4条等）。このように，「弁護人」と「弁護士」は意味が異なります。
2) 弁護士の職務に関する倫理と行為規範。社会福祉士でいうところの「社会福祉士の倫理綱領」のようなものです。

69

第1編　総論　〜刑事司法・更生支援と福祉の関わり〜

す。

第4章　刑事弁護における規律
（刑事弁護の心構え）
第46条　弁護士は，被疑者及び被告人の防御権が保障されていることに鑑み，
　　　　その権利及び利益を擁護するため，善の弁護活動に努める。
（接見の確保と身体拘束からの解放）
第47条　弁護士は，身体の拘束を受けている被疑者及び被告人について，
　　　　必要な接見の機会の確保及び身体拘束からの解放に努める。
（防御権の説明等）
第48条　弁護士は，被疑者及び被告人に対し，黙秘権その他の防御権につ
　　　　いて適切な説明及び助言を行い，防御権及び弁護権に対する違法又
　　　　は不当な制限に対し，必要な対抗措置を採るように努める。
（以下省略）

　このように，弁護士には，弁護人として，被疑者・被告人の権利及び利益の擁護のため，善の弁護活動に努めることが求められています。ただ，被疑者・被告人の権利擁護の在り方については，次のように様々な考え方があります。

---

①　雇われガンマン型
　　弁護人は，被疑者・被告人にとって「hired gun」（雇われガンマン）であるべきであり，被疑者・被告人の意思や意向から乖離した弁護活動を行うべきではないという点を重視するタイプ。
②　聖職者型
　　被疑者・被告人の後見人立場（保護者的機能）を重視するタイプ。
③　中間型
　　①と②の中間的なタイプ。

　このような考え方がある中，弁護人の役割や権利擁護の在り方について，どの立場を重視するかということは，個々の弁護人の選択・判断によるべきとされています。しかし，どの立場であっても，刑事弁護活動の本質に被疑

70

者・被告人の権利擁護があり，弁護人の基本的役割として誠実義務[3]を中核とすべきであるとされています。

　また，刑事事件の取組方も各弁護士で様々です。刑事事件を自らの専門領域とし，個々の事件に全力で取り組むだけでなく，弁護士会の委員会で刑事弁護に関する公益活動を行ったり，後進の教育にも熱心に取り組んだりする弁護士もいれば，年に1，2件義務として回ってくる国選事件のみを担当する弁護士もいます。

　このように，刑事事件への取組方や理念は，全ての弁護人に共通するごく一部の要素を除き，弁護士ごとに実に様々なのです。

　ここまでが，ごく簡単ですが弁護人とは何者かをご理解いただくための説明となります[4]。

　福祉専門職の方は，是非，具体的な活動の中又はその他の場所でご当地の弁護士・弁護士会と交流を深めていただき，ご当地の弁護士・弁護士会の個性，特性を探ってみてください。

3　なぜ連携が必要か（弁護人と福祉専門職が連携する意義）

　弁護人と福祉専門職が連携する意義がどこにあるのかを改めて考えてみたいと思います。

⑴　福祉的支援という視点がないとどうなるか

　被疑者・被告人に関わる司法関係者に福祉的支援という視点がない場合，次のようなことが起こり得ます。

ア　捜査段階

　まず，弁護人が被疑者に障害があるかどうか全く気付かず，又は気付いたとしても責任能力に影響を与えないものと見立てたのであれば，通常どおりの弁護活動をすることになるのだろうと思われます。当然，被疑者に障害があることに気付かなければ障害特性に合わせた接し方はし

　3）弁護士は，基本的人権を擁護し，社会正義を実現するという使命に基き，誠実にその職務を行わなければならない（弁護士法1条参照）。
　4）刑事訴訟手続における弁護人の具体的な役割と活動内容については，「第2章　刑事司法の流れ」を参照。

71

第1編　総論　〜刑事司法・更生支援と福祉の関わり〜

ませんし，ある程度の受け答えができればそれで良しとして，本当に被疑者が事態を理解できているのか十分な確認をすることなく接見も繰り返されていきます。捜査機関に対しても，障害に配慮した取調べ等を申し入れることはしません。環境調整についても，通常（身元引受人を探す等）以上の活動は行われないと思います。

イ　公判段階

　裁判になってもこのスタンスは変わりません。裁判での被告人質問等の中で，障害に配慮した質問や説明の仕方が採られることはありません。また，弁護人は裁判の終盤で「弁論」という弁護人としての意見を述べますが，そこでも情状としての動機や再犯可能性について，障害との関連で論じることはありません。一方，検察官の意見である「論告」でも同様で，仮に被告人が累犯障害者である場合にも，単に「同種再犯を繰り返しており規範意識が鈍磨・欠如している」，「反省はなく再犯の可能性は高い」等と非難され，場合によっては裁判所の判決でもそのような指摘がなされ量刑を決められてしまいます。

ウ　その他

　単純執行猶予判決となった場合は，「よかった，よかった」と何ら障害に対する手当がなされぬまま被告人は社会に復帰します。実刑判決となった場合や保護観察付執行猶予判決となった場合も，矯正・更生保護で障害を抱えていることに気付かれれば何らかの手当（特別調整等）がなされ，社会に復帰することもあり得ますが，それがなければ通常どおり刑罰を受け，それが終わればまた前の生活に戻ることになります。

エ　小　括

　弁護人に福祉的な視点がない場合，被疑者・被告人は，何ら障害の特性に配慮された弁護をされることはありません。また，犯罪の要因となった点も何ら手当されなかったため，社会に復帰しても同じ要因が存在し続け，結果再犯に至るということもあり得ます。

　ここでは極端な例を記載していますが，弁護人活動をしていると，「なぜこれまでに幾度もあった刑事手続の中で何らの支援を受けること

72

なくここまで来てしまったのだろう」というような被疑者・被告人に出
会うことがないとは言えず，司法の責任を改めて考えるという場面もあ
ります。

(2)　福祉的支援の視点をもつ弁護人の苦悩

　次に，福祉的支援の視点をもつ弁護人が支援の実践に当たり直面する苦
悩という観点から，連携の意義を考えてみたいと思います。

　先述したように，弁護人は被疑者・被告人の権利擁護のため，最善の弁
護活動をする存在です。権利擁護のために，より軽い量刑となることを目
指したり，早期の身柄釈放を目指したりします[5]。その際，単に「罰を軽く
してください」「早く出してください」と言っても検察官[6]や裁判官は首
を縦に振ってくれません。首を縦に振ってもらうために，弁護人はその事
案の性質に合わせて，被害者との示談を試みたり，身元引受人や雇用主を
見つける等といった環境調整を行ったりします。

　これらの活動と同様に，障害を抱える又は抱えていると思われる被疑
者・被告人がその障害が要因の一つとなって犯罪を起こしてしまった場合
に，弁護活動の一環として，その障害の特性に合わせた環境調整をしたい
と考えることがあります。しかし，ひとたび障害が絡む環境調整となると，
ハードルが一気に高まります。多くの弁護人が次のハードル等に頭を抱え
ています。

①　どんな障害かよくわからない

　障害者の手帳，医師の鑑定書等があるような場合であれば，これらに
記載されている内容を見た上で，文献等を調べたりすれば，そこから障
害の特性についてある程度学ぶことはできるかもしれません。しかし，

---

5) 弁護人によっては，被疑者・被告人の「再犯防止」を弁護活動の目的の一つとする者
　もいます。「再犯防止」を目的とすることについて，否定的な考え方もありますが，当
　該被疑者・被告人による再犯を防止することで，彼ら・彼女らが再び身柄拘束や刑罰を
　伴う刑事司法の流れに組み込まれないようにすることは，紛れもなく被疑者・被告人の
　権利擁護の一つであると考えられます。
6) 検察官に対しては，起訴猶予処分，勾留請求をしないこと等を求めることがあります。
　裁判官・裁判所に対しては，執行猶予処分，保釈，勾留を取り消すこと等を求めるこ
　とがあります。

第1編　総論　〜刑事司法・更生支援と福祉の関わり〜

「何か障害がありそうな気がするが何だかよくわからない」，「本人がこれまでに障害があると言われたことがあると言っているが本人もその内容をよくわかっていない」等という場合，弁護人は福祉専門職に比べ障害に関する知識も障害者に出会う機会も圧倒的に少ないことから，結局，被疑者・被告人にどのような障害があると考えられるかわからないという事態に陥ります。

　当該被疑者・被告人の障害の内容がわからない以上，その環境調整をすることはおろか，障害特性に配慮した説明，打合せ，法廷での質問，被疑者に対する配慮の申入れ等もすることができず，弁護活動を十分にできなくなってしまうおそれがあります。

　福祉専門職の方に被疑者・被告人と関わってもらうことで，医師の診断や心理専門職による検査等がない段階であっても，福祉専門職のこれまで培われてきた経験からできる見立て，考え得る障害の特性と同人に求められる配慮等について解説してもらうことで，上記のような弊害を解消することができると考えられます。

② 　障害に合わせた支援の選択肢がわからない

　障害の内容が理解できたとしても，当該被疑者・被告人が使える支援としてどのようなものがあるのかがわかりません。「この障害を抱える人向けの入所の施設はあるのだろうか？」，「今後も在宅という場合にどのような支援が受けられるのだろうか？」，「家を訪問してもらい見守りをしてもらえるような支援があるのだろうか？」等，支援の選択肢がわかりません。選択肢がわからない以上，どのような支援を受けてもらうことを目標に活動すればよいのかがわかりません。

　福祉専門職の方に入ってもらうことで，被疑者・被告人に有用な福祉サービスの存在等が明確になり，環境調整の選択肢やゴールを設定することができるようになります。弁護人だけでなく，被疑者・被告人もゴールを見据え，その後の刑事手続を経ることができます。

③ 　支援につなげるプロセスがわからない

　利用したいという支援がはっきりしたとしても，そこにたどり着くま

74

第3章　再犯防止をめぐる新たな動き

でのプロセスがわかりません。「この支援を使うには手帳が必要なのだろうか？なくてもよいのか？」、「お金はかかるのか？」、「どこに連絡して申し込みをすればよいのだろうか？」、「インターネットで検索しても地域生活定着支援センターであるとか地域包括支援センターとか同じような名前が出てきて区別がつかない……」等と頭が混乱します。

　福祉専門職の方に入ってもらい，支援につなげる道筋を示してもらうことで，早期かつ効率的な調整が可能となります。具体的なスケジューリングも可能となり，計画的に環境調整もできます。

④　他の弁護活動で一杯一杯で福祉的な調整まで手が回らない

　支援を受けるまでのプロセスを理解したとしても，実際にこれを一人で申し込んだり，施設の空き状況を確認したり等するのはハードルが高く，手をこまねいてしまいます。

　弁護人がこのような状態に陥っている際に，福祉専門職が支援者として加わってもらえると，上記ハードルを越えることができるだけでなく，弁護人もその他の弁護活動により力を注ぐことが可能となり，ひいては被疑者・被告人の利益に資する結果がもたらされると考えられます。

　このように，弁護人に福祉的支援をする意欲がある場合であっても，弁護人と福祉専門職が連携する意義があると考えられます。

(3)　まとめ

　弁護人と福祉専門職が連携することで，上記のような課題の多くが解消されます。

　具体的に連携によりどのような効果が生じるかについては，本書後半の具体例を見ていただきたいと思います。

4　連携する際の留意点（弁護人と福祉専門職との違い）

　弁護人と福祉専門職は，クライアントの権利擁護のために，最善の利益のために活動をするという意味では共通するところがありますが，主に次の点に違いがあるように考えられます。

①　ケースワークのノウハウ

　福祉専門職の方は，学校や職場において，ソーシャルワークの展開過程

75

第1編　総論　〜刑事司法・更生支援と福祉の関わり〜

（ケースの発見→インテーク→アセスメント→プランニング→援助の実施→モニタリング→終結・アフターケア等）について，叩き込まれており，これを当たり前のこととして業務に当たられていると思います。また，他職種との連携についても，福祉専門職の方はこれを日常的に行っていることから，ケア会議等のノウハウ，役割分担の明確化等について慣れていると思います。

　しかし，弁護士はこのような教育，訓練を受けていません。大学の法学部でも，法科大学院でも，司法修習でも，実務家になった後の研修等でもこのようなプログラムはほぼありません。また，業務の中で他職種と連携するような場面は必ずしも多くはありません（単独での事件処理の方が圧倒的に多いです。）。

　したがって，このような福祉専門職にとって当たり前のノウハウが，法曹にはありません。

　もちろん，弁護士も業務の中で上記過程をたどることが多いため，自然とこの過程を身に着けている者も中にはいますが，これを体系的に勉強した者はほぼいないと思われます。

②　アセスメント等の対象・着眼点の相違

　弁護人と福祉専門職とで，被疑者・被告人又は事案のアセスメント等をする際に，主として着眼する項目やそこから考えることが次のとおり違うと考えられます。

【弁護士の着眼点と福祉専門職の着眼点（例）】

	弁護士	福祉専門職
家族・知人	・身柄釈放を求める際の身元引受人となってもらえそうな人がいるか ・保釈保証金を出してくれる人がいるか ・情状証人になってもらえる人がいるか	・本人にとっての強みとなる関係性があるか ・これまでの生育歴等について聴取できる人物がいるか

76

第3章　再犯防止をめぐる新たな動き

経済状況	・私選弁護になるか，国選弁護になるか ・保釈保証金を出せるか ・示談金を用意できるか	・お金がない場合には生活保護の申請を検討する等本人の生活を立て直しを図る際に重要な考慮要素
就　業	・身柄釈放を求める際の有利な事情として使えないか ・就業先に情状証人になってもらえる人がいるか ・裁判で情状としての再犯可能性を減じる要素として使えないか	・これまでの就業経験から今後の就業可能性を検討したい
本人の言動	・否認しているか自白しているか ・黙秘できそうか否か	・本人の資質を見極めるための要素
障害や疾病の内容，程度	・責任能力を争うべき事案か ・医療観察に移行する可能性はあるか	・本人がどのような支援を求めているか ・どのような障害があり，どのような支援のメニューが考えられるか
前科前歴	・前科前歴の内容（何度目の再犯か，執行猶予中の犯行か等）で，想定される処分が変わってくる	・対象者の陥りやすい失敗例
本件被疑事実・公訴事実	・どんな犯罪が成立し得るか ・行為の危険性や動機等から同種事案の中でどのような位置付けをされるか ・想定される刑罰はどのようなものか ・被害者がいるか，示談の可能性があるか ・どのような証拠が収集されているか	・対象者に起きたエピソードの一つという位置付け
生育歴	・動機等と関連することはある	・対象者のアセスメントをする

77

第1編　総論　〜刑事司法・更生支援と福祉の関わり〜

	か	ために必須の情報
住民票上の住所	あまり関心がない	・住民票上の住所を管轄する自治体が今後の支援の拠点となるか
IADL	あまり関心がない	・対象者に必要な支援を考える際の重要な要素
これまでに関わってきた支援者	・情状証人になってくれそうな人はいるか	・対象者の資質や環境を知るための情報源，今後の支援の協力者となるか
福祉的支援の捉え方	・（極端な例）起訴されたり，実刑判決を受けるくらいなら，少しくらい嫌でも福祉的支援を受けておいた方が良いのでは……。	あくまでも福祉は利用者の真の自己決定に基づき提供されるべきである。

③　支援の継続性

　支援の継続性という点でも基本的なスタンスが違うと考えられます。

　弁護士は，弁護人として，被疑者・被告人と関わります。そして，弁護人の立場は，国選事件の場合，被疑者段階であれば，通常，身柄の釈放又は不起訴処分等となればその時点で終了します[7]し，被告人段階でも判決が確定するか上訴をすることで終了します。その後は，特に法律上権限のない，単なる一弁護士になります[8]。当然報酬も発生しません。

　一方，福祉専門職の場合，どのような立場で対象者と関わるかによって差異はあるとしても，対象者が支援者のテリトリーで生活し支援を望む限

---

7) 私選弁護人の場合，身柄が釈放されたとしても，処分が出るまで弁護活動を行うという契約がされていれば，その後も処分が出るまで弁護人の地位が継続されます。国選弁護人の場合も，公判請求（法廷での裁判にかけるため起訴する）の場合，そのまま被告人国選弁護人に立場が移行します。

8) その後も法的支援に関する何らかの委任・準委任契約を対象者と弁護士との間で締結すれば，弁護士とクライアントという関係が継続することになりますが，そうでない限り，その対象者と弁護士との間に何か法的なつながりがあるとは言えません。

り，弁護人のようにある時点を機に支援者としての立場が法律上無くなるということはないのだと思います。そうすると，ある時点を機にあたかももう支援者ではないかのような素振りを見せる弁護士の振る舞いは理解し難いのだと思います。

　ただ，多くの弁護士が，弁護人の立場が無くなれば気持ちよくその支援の輪からフェードアウトしている，というわけではないように感じられます。福祉専門職に支援をお願いしたものの，自分も何らかのフォローアップないしアフターケアをした方が良いのではないか，そうはいっても何をすれば良いのかわからないし，弁護人のときのようにがっつりと関わる余裕もないし……と葛藤を抱えている者が少なからずいると思います。

　福祉専門職の方は，弁護人の立場を離れた弁護士に対し，何か当該対象者の支援につき，同人が担うべきと考える役割がある場合には，はっきりとそのことを伝えてもらうとよいのかもしれません。お互いが本音で対話せず，モヤモヤとして気持ちだけが残るようなことがあっては，その後の関係性や別の対象者の支援に影響が出てしまいます。

Column

先　生

　理由はよくわかりませんが，弁護士は，他者から何故か「先生」と呼ばれることが多いです。一方，福祉の領域ではそのような文化はないと思います。弁護士と福祉専門職が連携するとき，当たり前ですが両者は対等の専門職です。お互いに「○○さん」と呼び合えば良いのではないかと思います。たかが呼び方の問題と思われるかもしれませんが，対象者は同じ支援者間で，一方が「○○先生」と呼び，他方が「○○さん」と呼ぶとどう思うでしょうか。人によっては「○○先生」と呼ばれている人間の方が偉いのではないかと勘違いする可能性もあると思います。また，私は心理学の専門家ではありませんが，「○○先生」と呼ぶか，「○○さん」と呼ぶかで支援者間の心理にも何らかの影響があるような気がします。

　お互い「○○さん」で呼び合うのが自然ではないでしょうか。

第1編　総論　～刑事司法・更生支援と福祉の関わり～

このように，両者には，理念や専門性等に大きな違いがあります。冒頭で述べたことの繰り返しですが，真の連携を実現するには，お互いのことをよく知り，そこから自分のことをさらによく知るということが第一歩となると思います。

5　制度の現状と課題

(1)　はじめに

これまで述べてきたように，被疑者・被告人の支援の質・量は，弁護人と福祉専門職が連携することにより高まります。

そこに着目し，弁護士（会）は，障害者の特性に配慮した弁護活動の仕組みや福祉専門職との連携を始めています。ここでは，その具体例をいくつかご紹介するとともに，今後の課題について考えてみたいと思います。

(2)　弁護士（会）の取組み

ア　障害者弁護名簿

当番弁護名簿や被疑者国選弁護名簿に登録する全ての弁護士が障害のある被疑者の弁護に精通しているわけではありません。そこで，全国各地の弁護士会では，障害者刑事弁護を担当する弁護人を集めた名簿が作成され始めています。例えば，大阪弁護士会では，平成23年11月から，「障害者刑事弁護人名簿」を作成し，裁判所から被疑者国選の依頼を受ける際，知的障害や精神障害の有無を連絡してもらうとともに，こうした障害に関する知識を持つ弁護士を派遣する新制度を始めています。また，東京三弁護士会では，平成26年4月から，障害者等対応の当番弁護士名簿の運用（専門弁護士派遣制度）が開始されました。これは，当番弁護，国選弁護において，被疑者・被告人に精神障害，知的障害等の障害があるとの情報が捜査機関や裁判所から弁護士会に入った場合に，研修を受けて名簿登録された弁護士を派遣するという制度です。

イ　障害者弁護マニュアル

障害者弁護のノウハウを広め，刑事弁護人となる弁護士全体としてその力を底上げすることを趣旨として，障害者弁護に関するマニュアルやパンフレット等が日本弁護士連合会や各地の弁護士会で作成されてい

第 3 章　再犯防止をめぐる新たな動き

す。

こんなことはありませんか？

□目線があわない。　　　　　　　　　　　□体を前後にゆすっている。
□体のどこかをずっと触り続けている。　　□言葉遣いやイントネーションに違和感がある。
□質問と答えがかみ合わない。　　　　　　□パンフレットの漢字が読めない。
□繰り上げ計算ができない。　例　15+8＝
□動機が意味不明または理解不能。　　　　□自宅の住所や電話番号が答えられない。
□家族構成を説明できない。　　　　　　　□養護学校（特別支援学校）卒である。
□養護学級（特別支援学級，なかよし学級）にいたことがある。
□職場を頻繁に変わっている。　　　　　　□もらっている給料が極端に低い。

→知的障がい・発達障がいなどの何らかの障がいがあるかもしれません。

出典：日本弁護士連合会『触法障がい者の刑事弁護に関するチラシ』より抜粋

⑶　弁護士（会）と福祉専門職との連携

　それでは，ここから，各弁護士会で取り組まれている障害者刑事弁護や福祉との連携の形をご紹介していきます。

①　千葉県・マッチング支援制度

　弁護人が担当する被疑者・被告人に福祉的支援が必要であり，福祉専門職の力を借りたいという場合に，各弁護人が社会福祉士会に事案の概要，被疑者・被告人に必要と考える支援の内容等を記載したシートを送付すると，社会福祉士会が地域や障害の内容等を踏まえ，適当な社会福祉士等を支援者として紹介する仕組みです。

　紹介を受けた弁護人は，社会福祉士等と連絡を取りながら，支援を実施します。社会福祉士等の報酬は，弁護人の刑事弁護報酬又は被疑者・被告人本人から支払われます。

②　埼玉県・社会復帰支援委託援助事業[9]

　平成21年7月に開始した，住居不定等により帰住先のない身柄拘束中

9）弁護活動と福祉との連携に関する研究

81

第1編　総論　〜刑事司法・更生支援と福祉の関わり〜

の被疑者又は被告人に対し，早期の社会復帰を果たせるように支援している弁護人を援助する事業です。

　具体的には，釈放後の一時的な居所を確保するとともに，同所から長期的に居住可能な住居に転居する等の支援を社会福祉士等専門的資格を有する者に委託し，自立支援のための助言が行われます。

　流れとしては，まず，弁護人が，埼玉弁護士会が委託可能な一時的な居所（シェルター施設）を運営する法人等として指定した施設に「社会復帰支援の委託」の申込みをします。次に，その施設の社会福祉士等専門職が弁護人と連携して，釈放後の支援計画についてアセスメントや必要な支援を行い，個別支援計画を作成します（弁護人はこの書面を情状弁護の資料とします。）。被疑者・被告人が釈放されると，一時的にシェルター施設で生活してもらいながら，退所後の生活についての調整をします。当該施設は，対象者がシェルターを出て地域生活に移行した後もアフターケアができるよう，　地域のネットワークへのコーディネートも行います。弁護人は，その際「社会復帰支援委託金」を指定施設に支払います。この委託金を埼玉弁護士会が援助する仕組みとなっています。

③　大阪府・障害者刑事弁護サポートセンター[10]

　平成21年11月，大阪弁護士会は，「障害者刑事弁護サポートセンター」を発足させました。同センターでは，障害のある被疑者・被告人又は少年の弁護人・付添人に対し，どのような支援ができるのか，またすべきなのかといった助言や情報を提供し，必要に応じて福祉等のネットワークにつなぐコーディネート支援を行うことで，障害のある者に適切な刑事弁護が保障されることを目的としています。弁護人は，被疑者・被告人・少年に障害がある又はあるのではないかと疑われる場合に，サポートセンターのメーリング・リストに登録をした上で，現実に直面している問題や疑問等を投稿します。これに対し，障害者の刑事弁護に経験豊富な弁護士が具体的な助言や情報提供をします。また，必要に応じて，

10)　弁護活動と福祉との連携に関する研究

第3章　再犯防止をめぐる新たな動き

個別に医師，社会福祉士，精神保健福祉士，社会福祉関係者等を紹介し，ネットワークにつなげていくこともしています。

④　大阪府・大阪モデル

　大阪弁護士会では，平成26年年6月から「大阪モデル」というものを始めました。

　まずは個々の弁護人が，担当する被疑者・被告人に福祉的支援が必要であり，本人が福祉につないでほしいと希望した場合，弁護士会事務局を通じて手配弁護士につながります。手配弁護士は，地域生活定着支援センターや社会福祉士会等に振り分けを行い，連絡をします。連絡を受けた同センター等は，具体的にどの社会福祉士や相談員が担当できるかを調整して，手配弁護士に伝えます。そして，手配弁護士は，個々の弁護人と社会福祉士や相談員とを引き合わせて福祉的支援を実施します。

⑤　東京都・援助金給付制度

　平成27年4月から，東京社会福祉士会と東京精神保健福祉士協会は，個々の事案に応じて，弁護人に対し，社会福祉士や精神保健福祉士を推薦する制度を設けました。

　同時に，東京三会弁護士会では，社会福祉士や精神保健福祉士が実際に被疑者・被告人に対し福祉的支援をした場合に，5万円を上限に援助金を給付する制度を設けました。

⑥　神奈川県・弁護士会と社会福祉士会との協定

　平成27年12月，神奈川県弁護士会と神奈川県社会福祉士会は，「刑事弁護における社会福祉士等の紹介に関する協定」を締結しています。同協定では，横浜地方裁判所本庁及び川崎支部管内に勾留されている被疑者・被告人のうち，知的障害及び発達障害がある者を対象に，福祉専門職に対し，①接見の同行，②環境調整，③更生支援計画書や上申書等といった書面の作成，④情状証人として出廷することを依頼できるものとなっています。

⑦　愛知県・地域生活定着支援センターとの連携

　平成27年4月から，愛知県弁護士会は，愛知県地域生活定着支援セン

ターと連携し,「相談依頼書」の書式が定められ,これを用いて,各弁護人が同センターに支援を依頼することができるようになりました。

相談依頼書を受領した同センターは,自ら担当者となって,更生支援計画の立案,情状証人として証言をします。また,当該地域において適切な地域包括支援センターや相談支援事業所などにつないでコーディネートをすることもあります。後者の場合,地域包括支援センターや相談支援事業所が更生支援計画の立案,情状証人としての証言をすることもあります。

このように,実に様々な形がありますが,当然一つの正解というものがあるわけではありません。各地域の特性（弁護士会や社会福祉士会の規模,人口,社会資源の現状等）や連携するに至る経緯（どのような人間がどのようなつながりから連携をするに至ったか等）で,各地域に合った形があるのだと思います。まだ,連携の制度等がない地域におかれましては,ご紹介する様々なケースを参考にしていただき,ご自身の地域ではどのようなかたちを採るのが良いか是非地域の実情に合わせて考えてみてください。

(4) 課 題

ア 報酬の問題

弁護士が被疑者国選又は被告人国選を担当する際に福祉専門職に協力を求め協働して支援をしてもらった場合でも,現在の仕組みでは,福祉専門職に支払う報酬は,国費から出してもらえません。

国選弁護報酬は,日本司法支援センターの「国選弁護人の事務に関する契約約款本則」及び「別紙報酬及び費用の算定基準」によって定められています。しかし,これによると,弁護活動として必要な医師の鑑定書作成費用については支弁できる旨の規定がありますが,福祉専門職の接見同行費用,更生支援計画作成費用等福祉専門職に支払う費用を支弁できる旨の規定はありません。したがって,現時点では,福祉専門職に支払う報酬は,弁護士会が基金を設立してそこから費用を支弁したり（東京三弁護士会）,弁護士が自弁（山口県弁護士会）しているところが多いのです（また,福祉的支援を実施した結果,一定の成果を上げても,何ら報酬に反

映されることはありません。）。

　しかし，ここは疑問が残ります。現在，政府は，国をあげて再犯防止に取り組むことを表明しています[11]。このような動きから，確かに検察庁や矯正施設には社会福祉士が設置されたり，入口支援に対する勢いも増しています。それにもかかわらず，弁護人の弁護活動としての福祉的支援にはお金がつかないのです。

　被疑者・被告人の支援の担い手は，国家機関だけではなく，我々弁護士も当てはまるはずです。もちろん，お金目当てでかかる活動をする弁護士はほとんどいないと思いますが，「検察庁から依頼を受けた（又は検察庁に所属する）福祉専門職はきちんと報酬を得られるが，弁護人から依頼を受けた場合はこれが十分に得られない」という状態には，違和感を禁じ得ません。

　上記各根拠を改訂し，弁護士から依頼を受けた福祉専門職にもその専門性に見合った対価を支払える制度にすべきだと思います[12]。

11）平成24年に犯罪対策閣僚会議で決定された「再犯防止に向けた総合対策」でも，同対策の４本の柱の一つとして，「対象者の特性に応じた指導・支援の強化」を掲げ，その一つに高齢者・障害者に対する支援について次のように明記しています。「高齢又は障害のため自立した生活を送ることが困難な者に対しては，刑務所等，保護観察所，地域生活定着支援センター，更生保護施設，福祉関係機関等の連携の下，地域生活定着促進事業対象者の早期把握及び迅速な調整により，出所後等直ちに福祉サービスにつなげる準備を進めるとともに，帰住先の確保を強力に推進する。また，地域生活定着促進事業の対象とならない者に対しても，個々の必要性に応じた指導・支援，医療・福祉等のサポートを，刑務所等　収容中から出所等後に至るまで切れ目なく実施できるよう取組を強化する。……」。
　また，平成28年12月に成立した「再犯の防止等の推進に関する法律」でも，国は，犯罪をした者等のうち高齢者，障害者等であって自立した生活を営む上での困難を有するもの等について，その心身の状況に応じた適切な保健医療サービス及び福祉サービスが提供されるよう医療，保健，福祉等に関する業務を行う関係機関における体制の整備及び充実を図るために必要な施策を講ずるとともに，当該関係機関と矯正施設，保護観察所及び民間の団体との連携の強化に必要な施策を講ずることとされています（同法17条）。
12）平成29年8月25日，日本弁護士連合会は「罪に問われた障がい者等に対する司法と福祉の連携費用に関する意見書」というタイトルの意見書を発出しています。ここでは，国選弁護の費用として福祉専門職に支払う費用が国費から支給される旨の意見が書かれています。

第1編　総論　〜刑事司法・更生支援と福祉の関わり〜

イ　刑事司法内連携の問題

　これまで本稿でご紹介したように，弁護士（会）では，様々な形で福祉的支援に取り組んでいますが，「司法と福祉の連携」は弁護士（会）だけではなく，検察，矯正，更生保護等刑事司法のあらゆるパートで話題になり，取組が行われています。

　しかし，各パートで有機的な連携ができているとは言えないと思います。各々が各々で福祉的支援に取り組んでおり，相互の長所・短所を考慮し，互いを補うような形でこれを実践できていないということです。もちろん，検察，矯正，更生保護は同じ役所（法務省）の管轄になることから，相互の連携（特別調整や更生緊急保護の事前調整がその典型だと思います。）が始まってはいますが，刑事裁判で障害に関する情状が取り上げられたにも関わらず，矯正・更生保護にはそれに関連する十分な情報が必ずしも引き継がれるわけではない[13]等，なお課題があるように感じられます。また，このような役所側と弁護士会側の協議も十分に行われていないように考えられます。この点については，弁護人の立場（独立性等）上，弁護士（会）が役所側と必ずしも有機的に連携する必要はなく，弁護士（会）は自らが活用しやすい制度を独自で設けるべきである，という意見も当然あると思います。しかし，支援の重複や対象者が制度と制度の隙間に埋もれてしまうことによる弊害が生じることは避けなければなりません。少なくとも，お互いがお互いの取組について，知っていくことは必要だと思います。

6　今後の連携に向けて

　司法と福祉の連携は，平成20年代に大きく推進され，現在はその発展途上にあると思います。その最中に法曹・福祉専門職として刑事司法に携わることのできている我々が，先人達が作ってくれたこの意義ある流れを単に引き

---

13) 刑事関連部局の情報の共有を実現するため，法務省は「刑事情報連携データベース」の構築を進めています（これを含め，法務省が取り組んでいる又は取り組もうとしている施策の詳細については，法務省ホームページ「再犯防止に向けた総合対策」工程表等を参照）。

第3章　再犯防止をめぐる新たな動き

継ぐだけではなく，更なる被疑者・被告人の利益を実現できるよう，より良いものにしていかなければなりません。それが，権利擁護，社会正義の実現を職責とする我々弁護士の使命であると思います。

第1編　総論　～刑事司法・更生支援と福祉の関わり～

第2　社会福祉士の視点から

　刑事司法の場において福祉的支援を行っている社会福祉士は，徐々に増加
してきています。出口支援においては，刑務所や更生保護施設等，地域生活
定着支援センターで社会福祉士が職員として配置されています。入口支援で
は，弁護士と協働する刑事司法ソーシャルワーカーはもちろんのこと，地方
検察庁によっては社会福祉アドバイザーとして社会福祉士が勤務していると
ころがあります。

　そのような状況を踏まえ，ここでは社会福祉士の視点から刑事司法ソー
シャルワークの実務・実践について述べます。まず現在の入口支援の3か所
の実践例を紹介します。次に刑事司法ソーシャルワークの対象者と福祉的課
題を取り上げます。そして，刑事司法ソーシャルワーカーはどのような人な
のかと問われますので，実践者の就労継続要因・思いを提示します。最後に，
入口支援の刑事司法ソーシャルワークについて，岡村重夫の「自発的社会福
祉」の概念から考察します。

1　法的に未整備な入口支援

　地域生活定着促進事業を受託している地域生活定着支援センターは，高齢
者や障害者等の出所後の支援を行っています。また，障害者支援として地域
生活移行時の個別特別加算が付されるなど，出口支援は制度化されています。
その制度の活用により，出所後の高齢者や障害者等は，住まいが確保され，
出番となる就労の支援や社会参加の福祉の支援を受け，その結果として，本
人の再犯防止に役立っています。

　2016年12月再犯防止推進法が施行され，政府は2017年度中に策定した推進
計画に基づき都道府県との連携を推進し，年度末には，再犯防止推進計画の
閣議決定がなされる予定で進行しています。現段階ではその中に入口支援の
推進計画がどのようになされているのかは明らかではありません。

　そのような状況も踏まえて，ここでは，社会福祉士の行う入口支援として，
NPO法人静岡司法福祉ネット明日の空，神奈川県社会福祉士会，そして，
千葉県社会福祉士会の各事業を紹介します。入口支援は制度化されておらず，

88

第3章　再犯防止をめぐる新たな動き

そのような意味では法的に未整備な状態といえます。

なお，本編第3章第1において，弁護士の視点から入口支援の取組例について紹介しています。

(1)　法律事務所内にNPO法人事務所を置く社会福祉士

通常，社会福祉法人の組織内に設立するNPO法人が多いと思われます。しかし，ここで紹介するNPO法人は，入口支援とともに出口支援も行う単独の法人であり，弁護士事務所内を所在地として，代表理事を社会福祉士，副代表を弁護士が務めるなど，その形態は全国でも先駆けと思われます。

さて，そのNPO法人静岡司法福祉ネット明日の空は，被疑者・被告人の支援を中心事業として2014年に設立しました。主な事業は，入口支援，一時居住施設（シェルター）の運営，調査支援委員会の運営，シンポジウム開催等の啓発活動となっています。設立当初，検察庁からの相談依頼を多く受けていましたが，現在は，弁護人からの依頼が多いようです。また，県外の刑務所から出口支援の依頼も受けています。そして，このNPO法人では対象者の枠を設けていませんが，障害者，障害が疑われる者，ホームレスが多い傾向となっています。

明日の空は，「誰もがやり直せる，希望をもって生きられる社会を創造する」をミッションとして，逮捕勾留中から釈放時（住む家も，お金も，仕事もなく，人と人とのつながりが切れてしまっている状況）の支援のみでなく，社会復帰した後は，支援する者と支援される者の垣根を取り払った交流会（あかね雲の会）を開催し，孤立を防止することにも努めています。

このような活動から，2016年8月20日には第7回作田明賞最優秀賞を受賞しています。

(2)　神奈川県社会福祉士会の取組

神奈川県弁護士会（当時は横浜弁護士会）と神奈川県社会福祉士会は，刑事弁護における福祉的支援者として社会福祉士又は福祉関係者の紹介等に関する協定書を2015年12月に締結しました。そして，担当事務局として，神奈川県弁護士会刑事弁護センター運営委員会，神奈川県社会福祉士会司

89

第1編　総論　〜刑事司法・更生支援と福祉の関わり〜

法・福祉ネットワーク委員会にそれぞれ設置しています。

　具体的な流れは，弁護人が，高齢者や障害のある被疑者・被告人について，社会福祉等に支援を希望する場合，神奈川県弁護士会は神奈川県社会福祉士会に対し，担当する社会福祉士等の紹介による福祉的支援を依頼し，神奈川県社会福祉士会はこの依頼を受託するシステムになっています。

　その後，弁護人は，自らの責任において，本人の同意を得てから担当の社会福祉士等に対し必要な範囲の情報を開示します。他方で，社会福祉士等は，事前に弁護人の書面による承諾を得ることなく，弁護人から開示を受けた情報を第三者に開示又は漏洩してはいけません。神奈川県社会福祉士会は社会福祉士等に対し，弁護人等から開示を受けた情報の取扱いについて周知し，個人情報の守秘義務を遵守させなければならないとしています。事案によって，紹介できる社会福祉士等がいない場合は，速やかに神奈川県弁護士会に連絡することになっています。

　両会は，これらの協定事項について定期的に協議の場を設けています。

(3)　千葉県社会福祉士会での取組・マッチング支援事業

　千葉県社会福祉士会では，弁護士会との協定は締結していませんが，弁護士会に設置されている刑事弁護センターと，司法福祉委員会の連携により入口支援を行っているので，以下に紹介します。

　千葉県社会福祉士会司法福祉委員会では，刑事司法ソーシャルワーカー養成講座として基礎編と応用編を毎年開催しています。研修内容の例を以下に示します。

刑事司法ソーシャルワーカー養成講座（基礎編）

	テーマ	講　師
一日目	再犯の現状と対策の今	大学教授
	被害者支援について	千葉県警察本部犯罪被害者支援室
	刑事司法への社会福祉士の関わり	独立型社会福祉士事務所　認定社会福祉士
	刑事司法の流れ	法律事務所　弁護士

90

第3章　再犯防止をめぐる新たな動き

二日目	医療観察	下総精神医療センター医療福祉相談員
	千葉刑務所での教育プログラム	千葉刑務所分類教育部矯正処遇官
	更生保護	千葉保護観察所統括保護観察官
	出口支援	薬物依存症回復施設　施設長
	社会福祉／実践事例	刑事司法ソーシャルワーカー

＊講座修了課題として，受講後に「更生支援計画の作成」を提出します。

刑事司法ソーシャルワーカー養成講座（応用編）

	テーマ	講　師
一日目	オリエンテーション	司法福祉委員会の委員
	精神障害者の特性	千葉大学社会精神保健教育研究センター
	知的障害者のコミュニケーション特性に応じた聴取と支援	科学警察研究所　犯罪行動科学部捜査支援研究室
	刑事司法による入口支援	独立型社会福祉士事務所　認定社会福祉士
二日目	司法側が社会福祉士に期待すること	法律事務所　弁護士
	更生支援の事例	刑事司法ソーシャルワーカー
	演習：事例グループ討議 ：事例に基づくグループワーク	演習スタッフ ・司法福祉委員会の委員・弁護士
	刑事司法ソーシャルワーカーに関する日本社会福祉士会の動向	司法福祉委員会の委員
	刑事司法ソーシャルワーカーの現状と今後の活動	司法福祉委員会の委員

　この研修を修了した後，登録した刑事司法ソーシャルワーカーの活動として，当会では，刑事司法の関与に関する事業（マッチング支援）を実施しています。これを実施要綱として定めているので紹介します。

　改めて，マッチング支援という名称は，その事案について，弁護人と刑

91

第1編　総論　〜刑事司法・更生支援と福祉の関わり〜

事司法ソーシャルワーカーとの協働ということでのマッチング，そして，高齢者や障害のある被疑者・被告人と刑事司法ソーシャルワーカーとのマッチング，それから，その事案と刑事司法ソーシャルワーカーとのマッチング，という三つのマッチングについて司法福祉委員会で支援していく姿勢を表しています。

　当会司法福祉委員会は千葉県弁護士会刑事弁護センターと司法福祉連携協議会を定期的に開催し，当会の実施要綱に沿って社会福祉士が刑事司法活動に円滑に参加できるよう協議しています。そこでは事例検討，事例報告も行い，互いの専門職としての活動について理解を深めています。

　さて，そのマッチング支援事業のシステムは，弁護士会所属弁護士からの協力依頼により，司法福祉委員会が登録員の中から本人の承諾を受け，当該弁護士に刑事司法ソーシャルワーカーを推薦し通知します。それと同時に本会事務局を通して弁護士会刑事司法委員会に通知することになっています。

　弁護士からの要請はマッチング依頼書によって，本会事務局が受付，司法福祉委員会マッチング支援担当者が要請内容を精査し受理します。その後，マッチング支援担当者は刑事司法ソーシャルワーカーに対し，マッチング依頼書によって詳しく情報を提供します。

　司法福祉委員会は，弁護士の要請内容から判断し，これに応じることが困難若しくは不適当である場合は，弁護士にその理由を説明し協力要請を断ることができることになっています。刑事司法ソーシャルワーカーは支援を開始する前に，要請者である弁護士から被支援者の援助利用同意書を受け取ります。事案が終結後，刑事司法ソーシャルワーカーは司法福祉委員会へ速やかに報告書を提出します。このマッチング支援事業では，刑事司法活動に関して指導・助言するスーパーバイザーを配置し，刑事司法ソーシャルワーカーの実践の後方支援を行うことも可能です。

92

第3章 再犯防止をめぐる新たな動き

【マッチング支援の概要】

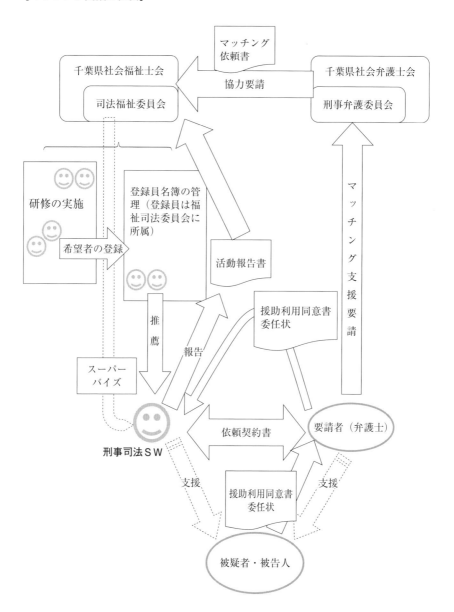

第1編　総論　～刑事司法・更生支援と福祉の関わり～

2　事案に見る福祉的課題とその解決へ向けて

　本書を手に取られた方が福祉関係者であれば，既に福祉的生活課題自体については，改めて言及するまでもないものになっていることでしょうから，ここでは福祉制度政策等についての説明は最小限にし，具体的事案の対象者に焦点を絞り，刑事司法ソーシャルワークも含め簡潔に述べていきます。

（1）　対象者の傾向：高齢者（認知症）が抱える問題，障害者（知的，精神）が抱える問題，女性が抱える問題

　①　高齢者

　　高齢者特有の喪失体験がある中で，累犯高齢者については，喪失の負のスパイラルによって，ほとんど全てを喪失している者が多いと思われます。一般に喪失体験として心身機能の低下，収入の低下，定年，不雇用，配偶者死亡，子の独立，親族・知人友人の死亡，相談・話し相手の喪失等があるとされています。累犯高齢者はそれらの喪失の結果として，疾病，認知症，ホームレス，貧困，親族との絶縁，孤立等が，渾然一体となって生活状況として表出してくるように見えます。

　　そのような喪失結果が要因となり軽微な犯罪を繰り返している高齢者も少なくありません。その被疑者の犯罪理由として，例えば「支払うお金がないけれども，お腹がすいて，おにぎりを盗みました（貧困）。」とか，「10年前より息子から連絡はありません。年金で生活しつつホームレスをしていることを，息子には知られたくありません。（親族との絶縁）」，「寒かったので，建物の鍵をこじ開けて入ろうと思いました。（ホームレス）」，「どうしてレジでお金を払わずに，店を出てしまったのかわかりません。（認知症）」と供述している事案があります。これらは明らかに喪失結果が起因していると見られます。

　　また，介護に疲れた夫が妻を虐待した事件では，ケアマネジャーや訪問介護事業所等が関わっていても，子の独立等により夫に相談相手はおらず，介護費用の支払もままならなくなり，強度のストレスに苛まれての犯行と思われるところも見受けられます。

　　このような高齢者による事案では，喪失結果を理解し支援に役立てる

ことが必要と考えられます。

②　障害者

　犯罪白書によると，2015年度の精神障害者等の罪名別検挙人員は，窃盗が一番多く，次に傷害・暴行となっています。そのような犯罪者の中に，知的障害，発達障害，統合失調症，アルコール依存症，双極性障害，うつ病，強迫性障害等の精神障害の発症により，生活環境に負の要因を抱えている者を多く見てとることができます。例えば，精神科病院に通院していないことから一時的に障害の重い症状を発症し他害行為に及んだ事案，また，障害について家族から理解を得られず孤立して生活している中で万引きを繰り返していた事案もあります。

　各事案を見ていくと，障害者年金は受給していますが，福祉サービスを全く利用せず福祉の支援を受けていない者もいますし，障害者年金受給資格はあるものの申請していない者もいます。つまり，これまで経済的に安定せず福祉につながっていない者が，罪を繰り返す障害者の中に多くいます。刑事司法ソーシャルワーカーは，本人に障害者手帳を取得させ，障害者年金受給申請，障害者支援区分認定を受け福祉サービスを利用していくような更生支援計画を立て，福祉機関の支援につなぐ役割を担います。しかし，累犯障害者の中には，福祉の支援に同意しない者もいて，弁護士が説得しても，頑なに福祉の支援を拒む者も一定数はいます。

　また，罪を犯した精神障害者の支援として，医療機関との関わりは欠かせません。そのため，刑事司法ソーシャルワーカーは，釈放後の障害のある本人に必ず通院するよう促したり，通院への移動支援を利用するよう福祉関係機関につなげたりします。そして本人の治療を優先するため，本人の同意による任意入院や家族等の同意による医療保護入院の意向があれば，弁護人とともに入院先を探すこともあります。また，検察官の申立てによって，都道府県知事による措置入院となることもあります。

　障害の詳細については，本編第4章を参照ください。

③ 女　性

　女性の犯罪は近年増加傾向にあると言われています。そこで，三田庸子の著書『婦人と犯罪』（日本評論社，1954）と，平成25年度，27年度の犯罪白書から，戦後と現代の累犯女性の違いを示し，なぜ女性が再犯に及ぶのか，考えてみます。

　戦後，1946年に初代女性刑務所長になった三田庸子の前著によると，昭和25年頃から女子の犯罪は増加し，その過半数は窃盗を占めていましたが，放火，殺人，強盗，麻薬取締法違反等による矯正施設入所も増加していました。また女子受刑者の平均犯罪年齢は28歳から30歳前後で知的レベルは低かったようです。犯罪の原因は貧困が過半数を占め，その中には生活苦のため街娼婦を行い，梅毒・淋病・肺結核の者も相当数いたとされています。

　現代の罪を犯す女性については，平成27年度の犯罪白書における女性の検挙人員の高齢者の割合は33.1％となり，高齢者の占める割合は年々上昇傾向にあります。罪名別構成比においては，女性における窃盗の割合は，成人女子で約8割，少年女子で約7割と，男性に比べても顕著に高く，特に高齢者は万引きの割合が極めて高い傾向にあります。窃盗の動機について「お金を使うのがもったいない（節約）」が最も多く，その背景には，夫の死亡やそれに伴う生活上のストレスも影響しています。

　また，平成24年度の矯正施設の現状を見ると，女子の入所者は年々増加し，30歳以下では覚醒剤取締法違反が多く，加齢とともに窃盗が増加し，高齢者は多重累犯の者が多いです。これは，三田の時代，つまり昭和30年前後と同じような傾向となっています。

　しかし，現代の特徴として，精神障害者は男性に比べて2倍程度多く，特に摂食障害が顕著であり問題となっています。

　さて，それでは「なぜ女性，特に女性後期高齢者は再犯に及ぶのか」について考える時に，一つの資料を提示してみます。現代の単身女性後期高齢者の日常生活上の意識について，女性後期高齢者のインタビュー調査をM-GTA分析（修正版グランデッド・セオリー・アプローチ）により分

析し，三つのプロセスを導き出しました。その一つとして，依存・自己否定・依存対象の移行・社会的孤立への変容プロセスを示しています。それは，「パートナーの死後，喪失の受け入れができずにいると，誰かに依存することに戸惑いを感じ，自己否定を伴いながら依存対象を子や友人等へと移行を試みる。しかし，依存を否定されると，家に引きこもりがちになり社会的孤立に陥りやすい。」という対象者の日常的ストレスとなっているストーリーで，以下に簡略化して示します。

　一人暮らしの女性後期高齢者は，パートナーへの依存状態は抜けきらずに生活しており，過去の依存していた自分の行動では対処できない事態が発生すると戸惑いを感じる。そして，今まで気にならなかった他者からの批評が気になり，家の戸締りの再々度の確認などの神経質なところを含め，それらを自分の欠点と思い自己否定の状態に陥る。このようなことが度重なると，生活の全てについて，他者から指摘されることや自己主張の弱さ等を含め，自己否定を起点に物事を捉えていくようになっていく。

　つまり，過去のパートナーとの生活を振り返ると，自分を抑えることで依存した関係を保持し，パートナーに言われた通り行動することで自発性を発揮せず，自信を持てずにいた。このことを反省し，依存を否定する気持ちも出てきている。それでも，パートナーの喪失後は，娘息子への依存，つまり依存対象の移行への期待を言動に表すが，娘息子を代替とした依存を再度獲得することは難しい。

　思えば成長期において，家族の中で放っておかれ育ったと感じている自分や，親の愛情を欲していたが，目に見えてはその愛情を捉えることができなかった自分が思い出され，親の愛情に依存できずにいたことを自覚する。

　今は，人との親しいコミュニケーション等は嫌いではないが，友達に依存の代替は求められないまま時間の経過とともに交友の制限をし，家に引きこもりがちになる，言わば社会参加の希薄さが示されている。自

第1編　総論　〜刑事司法・更生支援と福祉の関わり〜

分と近所の人，姉妹関係，女友達との交友等，人の付き合いに対し制限を設け，又は関係に線引きをし，社会的孤立に変容していく。

　このような依存と自立の狭間でのストレス等により窃盗の罪を重ねる女性の事案もあり，また累犯窃盗者や摂食障害者においても，その日常生活意識からのストレスが累犯窃盗の一要因とも言われています。実際に被疑者・被告人段階で刑事司法ソーシャルワーカーが関わる事案としては，貧困による万引き事案だけではなく，生活費は十分あるのに，ストレス等により窃盗累犯となる女性後期高齢者や，摂食障害を起因とする事案もあります。福祉的支援としては，受容と傾聴の相談援助の姿勢が必要ですが，そこでもやはり本人の自立と依存の問題を丁寧にアセスメントすることは，たとえ，それが直接の支援に結びつくものでなくとも重要と思えます。

⑵　対象者の生活課題と社会福祉制度：その人らしい自立への道

　弁護士と協働し，被疑者・被告人である対象者のこれからの生活課題を確認し，その解消に適した社会福祉制度を，釈放後すぐに利用できるよう手配することが刑事司法ソーシャルワーカーには求められています。とはいえ，それは事案によって困難な場合もあることを最初につけ加えておきます。

　さて，ここでは対象者である高齢者・障害者・女性・若者にも共通するような生活課題の中から，ホームレス，生活困窮と生活保護，金銭管理不能，転職を繰り返す・未就労，家族からの拒絶・孤立，について述べることにします。

①　ホームレス

　2002年にホームレスの自立の支援等に関する特別措置法が公布されました。

　その後，2012年の厚生労働省のホームレスの実態に関する全国調査の実施結果では，ホームレスの数は減少していますが高齢化（約30％）と長期化（10年以上が約25％）の傾向にあることが示されました。路上生活

98

者の中には，廃品回収（約78％）等で生活が成り立つ程度の収入を得て，路上生活でも生きていけるという者もいます。若者層は「人間関係で仕事を辞めた」，「就労環境が悪く仕事を辞めた」という者が多いと調査結果に示されています。また再路上化している者が一定数います。このような結果から，ホームレスの自立支援には，倒産や失業等だけでなく，人間関係，家庭内の問題，疾病などの多重問題への支援が必要とされています。

　さて，罪を犯した被疑者・被告人の中にも，逮捕前にホームレス生活をしていた者も少なくありません。例えば，高齢者でホームレス歴が長く，収入はあったのですが，足が痛み，歩くのがおっくうなので他人の自転車を盗んで使っていた事案があります。また勤務していた会社が倒産したので住み込み寮を追い出され，再就職がなかなかできず，お金も尽きて弁当を万引きした中年男性もいます。そして高校中退のある若者は，就職したが就労先の人間関係に疲れ退職し，職場を転々としているうちに漫画喫茶や簡易宿泊所を利用するようになり，ついに公園で寝泊まりするようになって所持金もなくなり窃盗により現行犯逮捕された事案もあります。

　このような事案に対して，刑事司法ソーシャルワーカーは，ホームレスになった理由やその生活の状況，収入方法と支出品目等の情報，今後の生活についての希望を聞きながら，生活保護制度等の利用を視野に入れ支援を見立てていきます。ホームレスの中には医療に長期間かかったことがなく，認知症の進行，疾病の重度化，感染症の保有等も考えられ，福祉の前に医療につなぐことが先決な事案も少なくありません。

　なかには，当初，本人が福祉的支援に同意しても，支援途中で「廃品回収で収入があり生活できるので，福祉の支援はいらない。」と言って，釈放後に再びホームレス生活に戻る者もいます。

② 　生活困窮と生活保護

　生活困窮者自立支援法は2015年に施行されました。この法律は生活保護に至る前の段階で自立支援を行う措置として，自立相談支援事業，住

第1編　総論　〜刑事司法・更生支援と福祉の関わり〜

居確保給付金の支給等を行っています。生活困窮者とは，経済的に困窮し，最低限度の生活を維持することができなくなる恐れのある者と定義されています。

　この事業を中心に更生支援計画を実施した事案としては，例えば，本人は住居不定であるけれども就労が見込まれるので，最初は，生活困窮者自立支援事業を利用し，住居確保給付金の支給を受けたのですが，その後，就職し収入を得るようになり，この事業支援を断った者がいます。このように本人も早く自立したいと希望し，特に既病歴がなく就労可能な者であれば，本人の自立によって福祉の支援も終了します。

　それでは，次に，生活保護制度を利用する事案について考えてみます。

　生活保護制度を利用する被保護人員は，1996年頃から大幅に増加傾向で，過去最高記録を毎年塗り替えているような状況です。年齢階級被保護人員の統計を見ると，1997年以降は，全ての年齢層（幼少年齢層，稼働年齢層，高年齢層特に単身世帯）において増加傾向となっています。それは景気が低迷していることが大きな要因とされています。

　刑事司法ソーシャルワーカーが担当する生活保護制度を利用する事案は，扶養義務者の確認が取れず，他法他施策の利用もほぼ見当たらない本人を支援することになります。主に，生活費として生活扶助，家賃として住宅扶助，病院への受診費用として医療扶助を中心に受給できるよう申請しています。

　このような罪を犯した対象者は，高齢や障害によって就労できないことにより収入がなければ，年金受給等と生活保護費受給により生活を成り立たせています。

　ところが一歩立ち止まって見ると，罪を犯した対象者のほとんどが貧困の状態にありますが，どうして貧困なのか，貧困になると事件を起こすのか，事件を起こす者は貧困者なのか，と考えてしまいます。逆に生活保護を受給するようになれば犯罪を起こさないのかとの問いも出てきます。単純な問いではありますが，少し立ち止まって考えてみましょう。

　つまり，端的にいえば，人の生活は金銭的収入があり，それを支出す

ることから成り立ちます。そこに影響する社会的環境，福祉的環境，家族や親族との血縁的環境等がありますが，さらに言えば，対象者自らが環境をつくることによって，その人の生活が成り立っているとも捉えられます。それは生活困窮，家族との絶縁的関係，孤立，ホームレス等として表れています。したがって，なぜ生活が困窮してしまったのか，どうして対象者はそのような環境をつくってしまったのか等を，刑事司法ソーシャルワーカーはアセスメントし見立てることで支援に結び付けていく視点も必要ではないかと思います。

③　金銭管理不能

　「昨日，年金を受給しましたが，パチンコでお金を全部使ってしまい，お腹が空いていたのでコンビニでおにぎりを盗りました。」とか，「アルバイト代だけでは，欲しい物が買えなくて，そのことで実家にいる父と口論になり激怒し殴りました。」等，認知症高齢者や知的障害のある者等で，金銭管理ができず，それによって窃盗や傷害を起こしてしまう事案があります。

　このように日常生活での金銭管理能力が低下している場合は，本人の了解を得ながら社会福祉協議会の日常生活自立支援事業を利用するよう手配します。この事業の対象者は「判断能力が不十分なために，日常生活を営むのに必要なサービスを利用するための情報の入手，理解，判断，意思表示を適切に行うことが困難であること」，「この事業の利用契約を締結する能力を有すること」，この二つの要件を満たす者です。具体的な援助内容は，福祉サービスの利用援助，日常的金銭管理サービス，書類等の預かりサービスであり，適宜利用することになります。

　また，事案によっては成年後見制度を利用することも考えられます。成年後見の対象は精神上の障害により判断能力を欠く常況にある者，保佐の対象は判断能力が著しく不十分な者，補助の対象は判断能力が不十分な者としています。この制度の法定後見の開始の審判の請求権者は配偶者や親族等であり，申立てをする人がいない場合は市町村長申立ても行われています。権利擁護に十分配慮して支援を提案する必要がありま

第1編　総論　〜刑事司法・更生支援と福祉の関わり〜

す。

　もちろん，家族による金銭管理も考えられますが，刑事司法ソーシャルワーカーが支援者として頼りたい家族は，本人のことを拒絶している，あるいは絶縁状態の場合も多くあります。その原因として，これまでに本人は家族に多大な迷惑をかけているという一方的な見方だけでなく，家族間の負の交互作用についても考えなければいけません。

④　転職を繰り返す・未就労

　被疑者・被告人を福祉につなぐポイントは，「居場所」と「出番」の確保と言われています。もちろん，基本的な支援として「居場所」である住環境を整え，生活が安定してから，その後「出番」の場を確保します。その「出番」とは主に就労であり，毎日のように出掛ける先・行き先（就労先，ボランティア先等）があることは，再犯防止の観点からも重要とされています。

　しかし，高齢や精神障害のため，就労等不可能な事案も少なくありません。そして障害者・障害が疑われる者・女性・若者等の軽微な犯罪の事案では，逮捕時において，ほとんど全ての者は就労していません。例えば，被疑者・被告人の中には，職場を転々として何とか生活をつなげてきた者，会社の人間関係に疲れ，離職しうつ状態になっている者，仕事をしたいのにアルバイトの面接に全部落ちて就労できず，ストレスから暴力を振るった者もいます。それは，本人に適した就労先等を本人ひとりでは見つけられないのかもしれません。

　したがって，釈放後，障害者等であれば相談支援専門員等の就労支援を受けることが考えられます。また，障害が疑われる者・若者で，すぐに就労可能のようであれば，刑事司法ソーシャルワーカーは本人の希望を踏まえて就労先を探すこともあります。

⑤　家族からの拒絶・孤立

　「困ったときは家族で助け合う」ということは，この刑事司法福祉の対象者にはほとんど当てはまりません。例えば，「身柄引受人にはなりません」，「家庭内暴力のため帰ってきてほしくない。」，「20年以上連絡

102

第3章　再犯防止をめぐる新たな動き

を取っていない」，「被害者が家族」，「家族として何度も警察に呼び出されて仕事も手につかない」，「本人が死んでも連絡はくれるな。」等の言葉とともに本人を拒絶している。本人と家族の相互関係は崩れたまま長期継続されてしまい，修復を図る余地もなく，もはや絶縁状態に近いとも言える。特に家族からの金銭的援助は望めません。

　援助資源としての家族について調査した大和礼子は，「お金を借りる」場合，家族や親族に頼れない人は，その代わりとして専門機関に援助を期待するという結果を示し，その反転として，自分自身の資源が乏しい人ほど，家族・親族からの援助も期待し辛いと考察しています。この調査結果のように本人が家族に援助を求めない場合，専門機関に相談しようとする思いと相談するまでの時間的ずれが長いほど孤立状態に陥りやすいと考えられます。更生支援計画では，孤立をしないよう出番の確保も重要となります。

3　社会福祉士の支援領域

　社会福祉士の支援領域は障害者福祉，高齢者福祉，児童福祉，権利擁護等々，広範囲に及んでいますが，更生支援もその一つです。しかし，更生支援の中での入口支援は，新たな福祉領域であり，社会福祉士国家試験科目の「更生保護制度」の内容には反映されていません。そのようなことから，入口支援において刑事司法ソーシャルワークの主な実践者である独立型社会福祉士とは，どのような人なのかと，弁護士から問われることもあり，この問いに対して，一つの調査結果である独立型社会福祉士の就労を継続する要因を示し述べていきます。

　次に，刑事司法ソーシャルワーク実践は，被疑者・被告人の更生支援のみならず，本来，地域住民の安心安全の持続という意味でも，ある意味その一翼を担っています。そこで，社会福祉士の視点から，岡村が言う自発的社会福祉に着目し，刑事司法ソーシャルワークの入口支援の領域を捉え直してみましょう。

(1)　独立型社会福祉士の地域福祉ネットワーク

　刑事司法ソーシャルワークの実践は，時間的にタイトな活動であり，弁

103

第1編　総論　〜刑事司法・更生支援と福祉の関わり〜

護士との打合せや，行政・社会福祉関係機関との調整等を考えると，平日
にフリーで動ける人となります。このことから，現在，刑事司法ソーシャ
ルワークは福祉関係機関等以外では独立型社会福祉士が実践していること
がほとんどではないでしょうか。

　その独立型社会福祉士について，日本社会福祉士会では，「地域を基盤
として独立した立場でソーシャルワークを実践している者である。」と定
義しています。実際に刑事司法福祉に関わっている独立型社会福祉士には，
一度リタイアした前期高齢者も少なくありません。逆に事案で協働する弁
護士は，刑事司法ソーシャルワーカーよりはるかに若い成年期の人達です。
この年齢差から波及する様々なギャップ（体力・気力）の中での協働におい
て，前期高齢者の独立型社会福祉士自身は，どのような想いで取り組んで
いるのでしょうか。

　それについて，ここでは，独立型社会福祉士へのインタビュー調査を基
に，M-GTA分析（修正版グランデッド・セオリー・アプローチ）によって導き
出した就労継続要因からくみ取ることができるのではないかと考え，以下
に提示します。

　調査の時点において独立型社会福祉士は入口支援に携わってはいないの
ですが，仕事への姿勢や意欲，継続する要因については，現在の入口支援
に関わる独立型社会福祉士にも通底するものと考えられます。

　その簡潔なストーリーは，「前期高齢者の中には，【人生後半の意味づ
け】をし，人生後半の仕事として【福祉領域への参入】の可能性を見出す
人たちがいる。その中に地域で活動する独立型社会福祉士も含まれる。そ
れは，地域に貢献できる仕事がしたいという願望が満たされ，地域で支援
を行うことによる人との【ネットワークの形成】が成り立つ仕事である。
実際の活動では，【援助技術や支援の迷い】をいろいろな場面で感じなが
らも，自分の【年齢による仕事の限界】を探りながら仕事の充実感を得て
いる。支援の困難さ，必ずしも正解のないような支援方法に対して悩むこ
とに仕事の醍醐味を感じている。」と示されました。

　実際に入口支援を実践してみると，本人が釈放されるまでに情報はかな

104

り少ないので，福祉につないでいく過程で，刑事司法ソーシャルワーカー
は自己のネットワークの形成力の心もとなさ，援助技術の手ごたえの低さ，
そして支援方法の迷いが出てきます。例えば，なかなか本人の住まいを確
定できずにいたり，自分のネットワークの脆弱さを感じてしまうこともあ
ります。また，接見を重ねても，なかなか本人から情報が得られないこと
から自分の援助技術力のレベルが気になることもあるでしょう。

　総じて考えてみれば，一事案において支援方法の選択肢はいくつかあり
ます。しかし，その時点で最善の支援を一つ選択する試行錯誤が刑事司法
ソーシャルワーカーにはつきまといます。それがこの研究結果にも，援助
技術や支援の迷いとして出ているように思えます。ここでは，書面の都合
上，詳細な説明を省きますが，そのようなこともあり，刑事司法ソーシャ
ルワーカーは事例検討会や学習会に参加し自己研鑽を積んでいます。

　最近，成年後見人申立て時に，選任について「成年後見人として刑事司
法ソーシャルワーク事業に関わっている社会福祉士が望ましい」との意見
が付された累犯障害者に関する事案も出てきました。様々な形で刑事司法
ソーシャルワーカーが必要とされてきています。

⑵　自発的社会福祉としての入口支援―岡村重夫の『社会福祉原論』から
##　　の一考察

　岡村は，「社会福祉が問題とする生活困難ないし生活問題とは，常に個
人の社会生活上の基本的要求が充足されない状態に他ならない」と述べて
います。基本的要求とは，経済的安定，職業的安定，家庭的安定，保健・
医療の保障，教育の保障，社会参加ないし社会的協同の機会，文化・娯楽
の機会の七つを挙げています（71頁，82頁）。

　これを刑事司法の場における福祉的支援に当てはめれば，基本的要求と
して，特に「居場所」と「出番」を充足することにあると捉えて，「居場
所」は経済的安定や家庭的安定であり，「出番」は職業的安定や社会参加
ないし社会的協同の機会を満たしていく支援となります。

　例えば，被疑者である一人住まいの軽度認知症高齢者は，国民年金の現
況届を提出しなかったので年金の振込が停止してしまいましたが，それを

第1編　総論　〜刑事司法・更生支援と福祉の関わり〜

理解できず，お金がなく空腹のためコンビニで弁当を窃取したという事案
があります。この場合，基本的要求が充足されない状態とは，年金の停止
による経済的不安定，一人住まいで親族とのつながりがなければ家庭的不
安定，近隣との付き合いがなく孤立していれば社会不参加と見なされます。
この生活困難をなるべく取り除くため刑事司法ソーシャルワークが行われ
ています。

　さて，これまで述べてきた刑事司法ソーシャルワーク実践は，現在にお
いて制度や法律に基づいて行われているものではありません。この状態を，
岡村理論から引用すれば，「法律によらない民間の自発的な社会福祉によ
る社会福祉的活動の存在こそ，社会福祉全体の自己改造の原動力として評
価されなければならない。」（3頁）とし，法律による社会福祉と法律によ
らない社会福祉について論じています。その法律による社会福祉とは，福
祉六法，社会福祉関連制度政策等といえます。

　それに対し，法律によらない社会福祉について，岡村は「新しいより合
理的な社会福祉理論による対象認識と実践方法を提示し，自由な活動を展
開できるのは自発的な民間社会福祉の特色である。」と述べ，「財源の裏付
けもなければ，法律によって権威づけられた制度でもない。」が，その援
助原則を実証してみせることが大切であると主張しています。

　この岡村が言う法律によらない社会福祉の一つに，刑事司法ソーシャル
ワーカーの入口支援が含まれるでしょう。入口支援では，司法と福祉の連
携という新しい領域における対象認識と刑事司法ソーシャルワークの実践
方法を提示し，自発的活動を行っています。また，現時点では法律による
社会福祉制度とはなっていません。入口支援は，社会的に承認されるよう
な客観性を持って，罪を犯した高齢者や障害者に対して釈放後の生活困難
に対する援助活動であることから，岡村の言う「自発的社会福祉」（5頁）
と見なされます。そして，「この自発的社会福祉の成果を取り入れた新し
い法律の改正が行われ，法律による社会福祉が拡大発展するはずである」
としつつ，そのような「先駆的活動以外に，法律や公的機関の手の及ばな
い固有の活動領域を持つようになる」（24頁）とも述べています。

106

第3章　再犯防止をめぐる新たな動き

　岡村がこの『社会福祉原論』を書き下ろした頃から，既に35年経過しています。現代では，IT化の時代で，情報は瞬時のうちに地球上をかけめぐります。したがって，この情報社会において，自発的社会福祉として行われている刑事司法ソーシャルワーカーの入口支援の実践が情報公開され，ある意味同時多発的な実践の追従が全国的に加速されているように見えます。

　そして，2016年12月には再犯防止推進法が施行され，また，2017年9月，日本弁護士連合からは，罪に問われた障害者等に対する司法と福祉の連携費用に関する意見書が日本司法支援センターに提出されています。また，入口支援における刑事司法ソーシャルワークの新たな展望は描けるのか，今後の動きに注目したいところです。

【参考文献】

アマルディア・セン『不平等の再検討』（岩波書店，2016）

平成24年厚生労働省「ホームレスの実態に関する全国調査（生活実態調査）結果について」報道発表資料別添2

法務省「平成25年犯罪白書　女子の犯罪・非行」

厚生労働省「ホームレスの実態に関する全国調査の実施結果」2012

三田庸子『婦人と犯罪』（日本評論社，1954）

大和礼子「援助資源としての家族」藤見純子・西野理子編『現代日本人の家族』（理想社，2009）119～208頁

岡村重夫『社会福祉原論』（全国社会福祉協議会，1983）

大浦明美「独立型社会福祉士における高齢期の就労継続要因」千葉大学人文社会科学研究科研究プロジェクト報告「コミュニティと境界」（2015）43～56頁

大浦明美「単身女性後期高齢者の日常生活上の意識――一人暮らしへの分岐点における自立と依存の巡回プロセス」千葉大学大学院人文社会科学研究紀要第26号（2013）83～95頁

【参考資料提供団体】

NPO法人静岡司法福祉ネット明日の空

神奈川県社会福祉士会

千葉県社会福祉士会

第1編　総論　〜刑事司法・更生支援と福祉の関わり〜

第3 検察の視点から

1 検察と再犯防止

(1) 検察の職務と組織

　検察官は，法務省の特別の機関（国家行政組織法8条の3）である検察庁に所属する国家公務員であり，「刑事について，公訴を行い，裁判所に法の正当な適用を請求し，且つ，裁判の執行を監督し，又，裁判所の権限に属するその他の事項についても，職務上必要と認めるときは，裁判所に通知を求め，又は意見を述べ，又，公益の代表者として他の法令がその権限に属させた事務を行う」とされています（検察庁法4条）。これらの権限（検察権）は，検察庁という組織の長にではなく，個々の検察官に与えられているのが特徴的で，ここから検察官は「独任制の官庁」といわれます。検察権のうち主たるものは，「刑事」，つまり刑罰法令に触れる行為＝犯罪について捜査をし，裁判所に起訴するか否かを決定して，起訴した事件については裁判（公判）で犯罪を立証するといった捜査・公判に関わるものです。警察が被害者からの通報を受けたり，不審者に対する職務質問等によって犯罪を認知し，捜査を行って犯人[14]を検挙すると，検察官送致[15]という手続がとられ，警察が捜査して集めた証拠は検察官に引き継がれます。ニュースでよく耳にする「送検」というのは，この検察官送致のことです。被疑者を裁判所に起訴するかどうかを決定する権限は，検察官だけに与えられている[16]うえ，検察官は，証拠十分で裁判で有罪立証が確実にできる

---

14) この段階では，罪を犯したと「疑われている」（嫌疑がある）者なので，「被疑者」と呼ばれます。「特捜事件」のように，検察官が当初から自ら捜査を行う事件もありますが，検察官が扱う事件の多くは，警察が被疑者を逮捕したり（身柄事件），逮捕しないで捜査した事件（在宅事件）です。

15) 刑事訴訟法（以下「刑訴法」といいます。）203条，246条本文。ただし，微罪処分（刑訴法246条ただし書に基づき，検察官があらかじめ指定した犯情の特に軽微な窃盗，詐欺，横領等の成人による事件について，検察官に送致しない手続をとること）の対象となったものや，交通反則通告制度に基づく反則金の納付があった道路交通法違反を除きます。

16) これを起訴独占主義といいます（刑訴法247条）。ただし，検察官の不起訴処分に対しては，それが誤用された場合の是正手段として，公務員職権濫用罪についての裁判所の

108

事件であっても，「犯人の性格，年齢及び境遇，犯罪の軽重及び情状並びに犯行後の情況により訴追を必要としないとき」は，起訴しないことができます[17]。これが起訴猶予です。後で詳しく触れる「検察の入口支援」は，この検察官の起訴裁量権の行使と福祉的支援とを組み合わせた枠組みといってよいでしょう。たとえ証拠が十分あって，裁判で確実に有罪にできるケースであっても，被疑者を刑罰ではなく福祉的支援につなげることが改善更生（立ち直り）や再犯防止を実現するのに効果的であると考えられる場合には，検察官はあえて不起訴（起訴猶予）の決定をして，刑事司法のプロセスから外そうというのが基本的な発想です。

　さて，検察官の主たる職務は，処罰すべき犯罪者を起訴し，裁判手続等を通じてその犯罪行為に見合った相応の刑を科するという刑事司法の目的[18]の実現にあります。そこでは，過去に行われた特定の犯罪行為に焦点が当てられ，その罪を犯したと疑われている者が，真実，「殺すな」，「盗むな」といった法規範に違反して犯罪行為に及んだのかどうかが判断の核心部分となります。したがって，被疑者・被告人の生活歴や家族関係，身体的機能などの事情は，そのすべてが直接的，網羅的に判断資料となるのではなく，特定の犯罪行為との関連において，犯行に至る経緯や動機その他の背景事情として考慮されるにとどまります。刑事司法の関心の中心は，過去の犯罪行為に向けられており，しかも，刑事責任を問われる対象はあらかじめ法定された具体的な犯罪行為に限定されているわけです。裁判手続を通じて規範違反の事実が確認されれば，相応の刑罰を科することに

付審判決定（刑訴法262条以下）と，国民からくじで選ばれた審査員で構成される検察審査会の起訴議決に基づく起訴強制（検察審査会法41条の2，41条の6，41条の9）の二つの例外があります。また，少年の被疑事件については，犯罪の嫌疑があるか，家庭裁判所の審判に付すべき事情があるときは，事件を家庭裁判所に送致しなければならないことになっています（少年法42条）。

17) これを起訴便宜主義といいます（刑訴法248条）。ただし，少年事件につき家庭裁判所が検察官に送致する決定（逆送決定）をした場合は原則として起訴が強制されます（少年法45条5号本文）。

18) 刑訴法1条は，「この法律は，刑事事件につき，公共の福祉の維持と個人の基本的人権の保障とを全うしつつ，事案の真相を明らかにし，刑罰法令を適正且つ迅速に適用実現することを目的とする。」と規定しています。

第1編　総論　〜刑事司法・更生支援と福祉の関わり〜

よって，刑事責任追及のためのプロセスとしての刑事司法は，その目的を
ひとまず達成することになります。

　こうした「検察官」の仕事をしているのが，検事，副検事です。[19] 検事は，
裁判官や弁護士と同様，司法試験に合格し，最高裁判所司法研修所の修習
を経た法曹有資格者です。副検事も，検察事務官等として実務経験を有す
る上に，相当高度な法律科目の試験（論文式及び口述式）に合格した者の中
から任用されています。[20] このような法律に関する専門性と，「公益の代表
者」として公正な態度で権限を行使すべき地位にあることから，法は，捜
査・起訴における重要な権限を検察官に付与したと考えられます。もちろ
ん，検察官の権限が，検察に対する国民の信頼に支えられていることは
うまでもありません。[21]

　検察官を補佐し，捜査・公判の苦楽を共にするのが検察事務官です。検
察事務官は，国家公務員採用一般職試験の合格者から各検察庁に任用され
た国家公務員です。地元採用も多く，自治体の福祉担当者や，地域に根差
した福祉施設等の方々との間で，「お互いの顔の見える」継続的な信頼関
係を作り，各地の「検察と福祉の連携」の検察側の屋台骨を担っているの
は，これらの検察事務官であるといってよいと思います。

　検察官や検察事務官のオフィスが検察庁ですが，検察庁には，裁判所に
対応する形で，最高検察庁（最高検），高等検察庁（高検），地方検察庁（地
検），区検察庁（区検）の４種類があります。最高検の長が検事総長，これ

---

19) 検察官の種類は，検事総長，次長検事，検事長，検事及び副検事に区分されます（検
　察庁法３条）。
20) 副検事は，検察事務官等の中から，検察官・公証人特別任用等審査会（検察庁法18条
　２項，法務省組織令59条）の選考を経て任命され，各地の簡易裁判所に対応して置かれ
　ている「区検察庁」に配置されています（検察庁法16条２項）。平成28年度の定員は，
　検察官2754人（検事1855人，副検事899人），検察事務官等9045人（検察技官含む。）で
　ある。
21) いわゆる郵便不正事件等を契機とした検察改革の過程で，最高検察庁が平成23年９月
　に策定した「検察の理念」においても，その冒頭部分で，「検察の活動全般が適正に行
　われ，国民の信頼という基盤に支えられ続けることができるよう，検察の精神及び基本
　姿勢を示す」として，このことを明確にしています（www.kensatsu.go.jp/
　content/000128767.pdf）。

110

第3章　再犯防止をめぐる新たな動き

を補佐するのが次長検事，高検の長が検事長，地検の長は検事正です。上級庁の長がその庁の庁務を掌理するとともに，その庁並びに下級庁の職員を指揮監督するという階層構造になっています。[22] 個別具体的な事件の処理は，「独任制の官庁」である個々の検察官の権限で行うのですが，その権限が過誤や独善に陥ることなく適正に行使されるよう，起訴等の重要な検察権の行使については，内部的に上司（決裁権限を有するベテラン検察官です。）の助言と決裁を受ける仕組みがとられています。事件報道でよく目にする「地検」は，各都道府県の県庁所在地と北海道の函館・旭川・釧路を加えた50か所に置かれており，対応する地方裁判所の管轄に属する刑事事件，家庭裁判所の管轄に属する刑事事件を取り扱っています。検察の「入口支援」の対象者の多くを占める万引き犯（窃盗罪（刑法235条）の被疑者）は，各地の簡易裁判所[23] に対応して置かれている「区検」（区検察庁）の検察官が捜査を担当していることも多いでしょう。

(2)　従来の枠組み（矯正・保護との連携）

　刑事司法の本質が，犯罪者の刑事責任を問うことにあるとしても，罪を犯した人の改善更生（立ち直り）や再犯防止に無関心であったわけではありません。検察官として再犯防止・改善更生を図るための基本的な枠組みとしては，従来から，起訴裁量を活用し，起訴を回避して早期に社会内に戻す起訴猶予処分と，起訴した場合の保護観察所，矯正施設（刑務所等）との連携（役割分担というべきかもしれません。）が柱となってきました。

　前項で起訴便宜主義に触れましたが，検察官は，証拠十分で犯罪を確実に立証できる事件でも，「犯人の性格，年齢及び境遇，犯罪の軽重及び情状並びに犯行後の情況により訴追を必要としないとき」は，起訴しないことができます（刑訴法248条）。

　上記の①「犯人の性格，年齢及び境遇」とは，犯人に関する事情であっ

22）検察庁法7条ないし9条。
23）刑事については，罰金以下の刑及び選択刑として罰金が定められている罪の裁判を管轄し，禁錮刑や懲役刑は科することができませんが，窃盗，横領などに限り3年以下の懲役を科することができます（裁判所法33条1項2号，2項）。

111

第1編　総論　〜刑事司法・更生支援と福祉の関わり〜

て，具体的には，性格，年齢のほか，経歴，前科前歴の有無，常習性の有無，家庭状況，生活環境，職業，交友関係，監督保護者の有無などがこれに当たります。②「犯罪の軽重及び情状」は，犯罪自体に関する事情であり，犯した犯罪の法定刑の軽重，被害の程度，犯罪の動機・原因・方法・手口，利得の有無，社会に与えた影響等がこれに当たり，主として刑事責任の大きさに関わる事情といえます。また，③「犯罪後の情況」は，反省の有無，謝罪や被害回復の努力，将来の監督保護者の有無，示談の有無等が含まれます。[24]

　例えば，軽微な窃盗犯で（②の事情），前科もなく（①の事情），被害者との間で示談も成立し，被疑者の身柄を引き受けて監督することを誓約する親族がいる（③の事情）というような事件では，刑事責任の程度は軽く，起訴せずに早期に社会復帰を図ることが本人の更生に役立つ場合も多いと考えられます。[25] こうした改善更生・再犯防止の観点からする起訴猶予は，本人に「犯罪者」，「刑務所帰り」，「前科者」といった烙印を押すことを避け，刑事手続から早期に解放することで，社会内における改善更生を可能にするという大きなメリットがあると考えられます。[26] また，こうした措置

---

24) 三井誠ほか『新基本法コンメンタール第2版刑事訴訟法』（日本評論社，2014）297頁
25) ただし，その被疑者が前にも同様の事情の下で起訴猶予にされたことがあるような場合には，執行猶予判決になることも想定しつつ，起訴することを選択し，刑事裁判を受けること自体の感銘力や，刑の執行猶予の威嚇力（猶予期間中に再び罪を犯した場合，その刑と併せて受刑することになる。）をバネに更生意欲を強めることを期待するという判断もあり得ます。このように様々な事情を考慮して処分が決まるわけです。
26) 我が国の起訴猶予制度は，まだその規定がない明治時代の法制下で実務により採用されて発展し，大正時代に成立した旧刑訴法により立法化されて現行刑訴法に踏襲されたという経過を辿った点に特色があり，諸外国に例を見ないほど広範に適用されているとされています（『大コンメンタール刑事訴訟法第二版第5巻（第247条〜281条の6）』（青林書院，2013）60頁）。平成29年版犯罪白書によれば，平成28年の検察終局処理人員中，刑法犯の起訴猶予率は52.0%であり，過失運転致死傷等及び道路交通法違反によるものを含む全事件でみると，起訴猶予率は実に64.3%に上っています（第2編/第2章/第3節）。犯罪傾向の進んでいない者に「犯罪者」のレッテルを貼ることは，社会の偏見により就業等に支障を生じさせたり，本人自身に低い自己評価を固定させて，他者や社会との積極的な関わりを失わせ，その犯罪傾向を増進させる結果になりかねません。この点に着目した「ラベリング理論」や「ダイヴァージョンDiversion」の考え方は，再犯防止・社会復帰支援の観点からする起訴猶予の運用を支持するものといえるでしょう。ダイバージョンについては，井上正仁『犯罪の非刑罰的処理—「ディヴァージョ

第3章　再犯防止をめぐる新たな動き

には，厳格な公判手続による審理を真に必要とする事件に裁判資源を集中させ，矯正施設における処遇に要するコストを抑制するといった合理性もあるとされてきました。

　②の事情からすると刑事責任は軽く，起訴は重過ぎるが，身寄りもなく監督者がいないとか，定まった住所や就労先がないという場合，ただ釈放するだけでは生活に困ってまた再犯に陥ってしまうことが考えられます。このような場合には，起訴猶予としたうえで保護観察所の更生緊急保護（更生保護法85条）につなぐ措置がとられてきました。更生緊急保護は，起訴猶予者，罰金又は科料の言渡しを受けた者，保護観察に付されない執行猶予者，満期釈放者，少年院退院者・仮退院期間満了者等に対し，その者の申出に基づいて，食事・衣料・旅費等を給与し，又は更生保護施設[27]に委託するなどの措置を講ずるものです。更生緊急保護には法定期間があり，刑事上の手続又は保護処分による身体の拘束を解かれた後6月を超えない範囲内（特に必要があると認められるときは，更に6月を超えない範囲内）において行うことができると定められています。[28]検察官には，更生緊急保護の対象者に制度や申出手続の教示をしたり（更生保護法86条2項），更生緊急保護の必要性について保護観察所に意見を述べる役割が与えられています（同条3項）。[29]

ン」の観念を手懸りにして─』（『岩波講座基本法学8 紛争』395頁）参照。

27) 法務大臣の認可を受けて継続保護事業を営む認可事業者が設置する施設で，民間団体である更生保護法人，社会福祉法人，ＮＰＯ法人，社団法人によって運営されています。更生緊急保護の対象者等を宿泊させ，生活指導，就職援助等の補導を行って社会復帰を支援しています。全国更生保護法人連盟ウェブサイト（https://www.kouseihogo-net.jp/hogohoujin/institution.html）参照。

28) 更生保護法85条。平成29年版犯罪白書第2編/第5章/第3節。以降の制度の説明は主として犯罪白書によっています。法務省のウェブサイトで各年の犯罪白書が閲覧できますので，是非ご覧ください（http://www.moj.go.jp/housouken/houso_hakusho2.html）。

29) 起訴猶予者に対する社会復帰支援の先駆けとして，かつて1960年代に，当時の犯罪認知件数の増加を背景に，若年成人を対象に，本人の申出により保護観察に準ずる更生補導（起訴猶予者に保護観察を付する制度は当時も今もありません。）を原則として6か月間実施し，その間一応起訴猶予とし，保護観察所長から通報を得て最終的な処分をするという制度が試行されました（横浜地検から始まったので横浜方式と呼ばれます。）。一定の成果を上げたとされますが，学説の批判もあり，対象者の減少，人員上予算上の制約から衰退したとされています（前掲注26）井上428頁参照）。

113

第1編　総論　〜刑事司法・更生支援と福祉の関わり〜

　起訴した場合はどうでしょう。保護観察付執行猶予判決を受けて釈放された者には，保護観察の指導監督・補導援護の枠組みによる支援があり，保護観察が付されない単純執行猶予判決を受けて釈放された者には，先ほどの更生緊急保護の枠組みがあります。

　実刑になった場合はどうでしょうか。入口支援の話とは離れますが，受刑者の再犯防止・社会復帰に向けた働きかけについて少し紹介しておきます。刑罰の目的については，様々な考え方がありますが，我が国では，犯罪者に対する制裁であるとともに，再社会化のための教育目的を併せ持つ教育刑であるべきで，矯正施設内において，受刑者が二度と罪を犯すことなく社会生活を営むことができるように積極的な教育・指導を行うことが重要であると考えられてきました[30]平成17年に成立した「刑事収容施設及び被収容者等の処遇に関する法律」(刑事収容施設法)は，受刑者の改善更生及び円滑な社会復帰に向けた積極的な働き掛けを内容とする処遇として，「矯正処遇」(作業，改善指導及び教化指導)という概念を設け，受刑者にこれを受けることを義務付けています[31]矯正施設においては，受刑者に職業訓練を実施して資格や免許を取得させたり，認知行動療法を取り入れた薬物離脱指導その他の改善プログラムや，社会生活に適応するスキルを学ばせる改善指導を実施するなど，受刑者それぞれの特性に応じた更生への働きかけが行われています[32]さらに，出所者に対する前出の更生緊急保護のほ

---

30) 刑罰の目的については，まずは，刑事責任の程度に見合う期間，矯正施設(刑務所等)に収容して行動の自由を制限するといった制裁(苦痛)を与えることにより正義を実現すること，そのことを通じて法秩序が実効的に維持されているという国民一般の確信を維持するとともに，潜在的犯罪者を威嚇することで犯罪を防止すること(一般予防)にあると考えられます。殺人，傷害，強姦などの被害者が深刻な被害を受ける犯罪類型を思い浮かべれば，この刑罰の目的が軽視し得ないものであることは容易に思い当たります。ある年少者に対する性的虐待の事件を扱った過程で，小児PTSDを発症した被害児童の治療に当たった精神科医が，「自分に不当に苦しみを与えた犯人が公的に処罰されることは，被害児童が大人や社会に対する信頼を取り戻すための大事なステップになる。」と語ったのを忘れることができません。

31) 刑事収容施設法84条，85条

32) 受刑者の処遇は，刑事収容施設法に基づき，受刑者の人権を尊重しつつ，その者の資質及び環境に応じ，その自覚に訴え，改善更生の意欲の喚起及び社会生活に適応する能力の育成を図ることを目的として行うとされています。成人の受刑者に対する改善指導には，講話，体育，行事，面接，相談助言その他の方法により，①被害者及びその遺族

か，出所前から保護観察官が矯正施設と連携して「生活環境の調整」を行ったり，[33] 刑期満了前に仮に釈放（仮釈放）して残刑期間中は保護観察に付する[34] 制度も設けられています。

2 「検察インテーク型」の入口支援

(1) 福祉との連携の模索

　従来の枠組みを見直す転機になったのは，高齢や障がいなどのハンディキャップを抱え，刑事司法と福祉のはざまに落ち込んだ「累犯障がい者」にとって「刑務所が福祉の最後の砦になってしまっている」状況[35] が知られるようになり，平成18年から行われた厚生労働科学研究「罪を犯した障害者の地域生活支援に関する研究」（田島班）[36] によって福祉と矯正・保護

等の感情を理解させ，罪の意識を培わせること，②規則正しい生活習慣や健全な考え方を付与し，心身の健康の増進を図ること，③生活設計や社会復帰への心構えを持たせ，社会適応に必要なスキルを身に付けさせることなどを目的として行う「一般改善指導」と，薬物依存があったり，暴力団員であるなどの事情により，改善更生及び円滑な社会復帰に支障があると認められる受刑者に対し，その事情の改善に資するよう特に配慮して行う「特別改善指導」がある。後者は，現在，①薬物依存離脱指導，②暴力団離脱指導，③性犯罪再犯防止指導，④被害者の視点を取り入れた教育，⑤交通安全指導，⑥就労支援指導の6類型が実施されている（平成29年版犯罪白書・第2編/第4章/第2節。法務省ウェブサイトhttp://hakusyo1.moj.go.jp/jp/64/nfm/mokuji.htm参照）。

33) 生活環境の調整とは，出所前の段階から，帰住予定地を管轄する保護観察所が，刑事施設から受刑者の身上調査書の送付を受け，保護観察官又は保護司が引受人等と面接するなどして，帰住予定地の状況を確かめ，住居，就労先等の生活環境を整えて改善更生に適した環境作りを働き掛ける措置。この調整結果は仮釈放審理における資料ともなる。なお，高齢又は障害により特に自立が困難な刑務所出所者等については，円滑な社会復帰のため，地域生活定着支援センターや矯正施設等と連携して，出所後速やかに福祉サービス等を受けることができるように必要な調整を行う「特別調整」が実施されている（平成29年版犯罪白書・第7編/第3章/第1節2項(1)イ）。

34) 刑法28条，更生保護法40条。仮釈放とは，受刑者をその刑期満了前に仮に釈放する制度です。対象となるのは，「改悛の状」があり，改善更生が期待できる懲役又は禁錮の受刑者で，仮釈放の期間（残刑期間）が満了するまで保護観察に付することにより，再犯を防止し，その改善更生と円滑な社会復帰を促進しようとするものです。有期刑については刑期の3分の1，無期刑については10年の法定期間を経過している必要があり，仮釈放を許すかどうかの審理を行う地方委員会は，被害者等から申出があったときは，原則としてその意見や心情を聴取することとされています（更生保護法38条）。平成29年版犯罪白書によると，出所者中の仮釈放者の割合（仮釈放率）は，平成28年は57.9%（前年比0.2pt上昇）に上っています（第2編/第5章/第1節/1）。

35) 山本譲司『獄窓記』（新潮社，2003）

36) http://www.dinf.ne.jp/doc/japanese/resource/kosei.html　さらに，平成21年から厚生労働科学研究「触法・被疑者となった高齢・障害者への支援の研究」が実施され，被

第1編　総論　〜刑事司法・更生支援と福祉の関わり〜

をつなぐ必要性が明らかにされたことでした。[37] 同研究の成果として，法務省と厚生労働省が連携し，ハローワークを加えた形で就労支援を行う「刑務所出所者等総合的就労支援対策」ができ，平成21年以降，厚生労働省の予算で，各都道府県に「地域生活定着支援センター」が置かれ，刑務所出所者の福祉的支援をコーディネートする機関として活動を開始しました。軽微な犯罪を繰り返す者の中には，もともと生活能力が低く，福祉的支援の必要な人たちが少なくないことも認識されるようになり，矯正施設に収容する前のいわゆる「入口」段階における被疑者・被告人に対する支援にも新たな枠組みが求められるようになりました。

　犯行の背景に精神機能の障害や高齢，アルコールや薬物依存といった事情がある場合，起訴猶予にしてただ釈放するだけでは，あるいは更生緊急保護による当面の保護を与えただけでは，それらの問題が解決されないまま，検挙される前の状態にただ戻るだけのことになりかねません。従前は，再犯しないという本人の更生意欲を重要視し（これは起訴猶予の判断の際に本人の「反省」を考慮することとも関連しています。），家族や友人といった身近な人間関係を基盤とする監督・支援体制に期待することが一般的でした。近時は，被疑者がそうした親密な人間関係を持たない事例が増えていますし，本人が抱える精神機能の障害などの問題に関する知見・知識が深まり，具体的な福祉的・医療的な支援の枠組みも拡充されてきており，起訴猶予の段階でそれらの支援につなげることで，早期に問題解決を図る道が見えてきたわけです。再犯リスクへの対処という観点からみても，まだ犯罪性向が深化・固着化していない段階で働きかけを行うことは極めて重要だと考えられます。[38] こうした変化を背景に，最高検察庁が策定した「検察の理

疑者・被告人段階における福祉的支援の重要性が指摘されました。
37）『パネルディスカッション「検察と刑事政策」』（『罪と罰』平成25年6月第50巻3号通巻199号）40頁（林眞琴最高検察庁総務部長発言）
38）平成26年版犯罪白書第6編／第5章／第1節「刑事処分の早い段階での処遇等の重要性」によれば，万引き事犯者は，微罪処分や起訴猶予処分の後，再犯を繰り返して起訴されたり，受刑に至る者も相当数あり，初めて刑務所に服役する時点で既に窃盗を何度も繰り返している者が多く，規範意識の鈍麻や窃盗に対する親和性，生活環境（家族関係，職場関係等）の悪化や自身に対する自己評価の低下等が認められる者が多いと考えられ，

116

念」[39]（平成23年）は，検察の使命と役割の一つとして，「警察その他の捜査機関のほか，矯正，保護その他の関係機関とも連携し，犯罪の抑止や罪を犯した者の更生等の刑事政策の目的に寄与する」（第8項）ことを明確にし，検察官が犯罪者の改善更生や再犯防止に貢献することの重要性が再確認されました。さらに，政府の施策として，犯罪対策閣僚会議が平成24年に「再犯防止に向けた総合対策」を策定し，平成26年には「宣言：犯罪に戻らない・戻さない」を採択して「犯罪や非行をした者を社会から排除・孤立させるのではなく，再び受け入れる（RE-ENTRY）ことが自然にできる社会にする」ことを目標に掲げるなど，矯正施設における処遇にとどまらず，福祉的支援を含めた総合的な枠組みを推進する方針を打ち出しました。[40]

まず，検察と保護観察所との連携を強化する取組として，平成25年から，起訴猶予者に対する更生緊急保護の「事前調整」が一部の庁で試行されました。これは，保護観察所が，検察官からの依頼に基づき，起訴猶予による更生緊急保護が見込まれる勾留中の被疑者について，釈放後の福祉サービスの受給や住居の確保に向けた調整等（事前調整）を実施し，その後起訴猶予処分となった場合，被疑者から更生緊急保護の申出を受けて，事前調整を踏まえた福祉サービスの受給等を支援するとともに，その後も，本人の申出に基づき，更生緊急保護の期間中（原則6か月間まで），継続的な相談対応及び支援（フォローアップ）を実施するという枠組みです。その成

再犯期間も窃盗以外の再入者と比較して短いという特徴があるとされ，その再犯防止のためには，犯罪傾向が進んでいない早い時期に，窃盗に至る問題性に対する働き掛けが必要であること，窃盗事犯者が高齢化する中，高齢者の資質や特性から，その問題性の改善や社会復帰に係る指導等が一層困難になっている実情があることが指摘されています（http://hakusyo1.moj.go.jp/jp/61/nfm/mokuji.html）。

39) www.kensatsu.go.jp/content/000128767.pdf

40) 平成24年には，政府の犯罪対策閣僚会議が，一般刑法犯検挙人員に占める再犯者の比率や，刑務所への入所受刑者人員に占める再入者の比率の上昇傾向が続いていることなどから，「再犯防止対策は『世界一安全な国日本』復活の礎ともいうべき重要な政策課題」であるとして，「再犯防止に向けた総合対策」を策定し，刑務所出所者及び少年院出院者のうち出所・出院後2年以内に再び刑務所・少年院に入所・入院する者の割合を，今後10年間で20％以上減少させるという数値目標が初めて設定された。平成26年に採択された「宣言：犯罪に戻らない・戻さない」は，「2020年までに，出所者等の事情を理解した上で雇用している企業の数を3倍にし，帰るべき場所がないまま刑務所から社会に戻る者の数を3割以上減少させる」ことを目標に掲げています。

第1編　総論　～刑事司法・更生支援と福祉の関わり～

果を踏まえ，平成27年度からは，特に支援の必要性が高い者に対し，全国の保護観察所において，重点的かつ継続的に生活指導等を行った上で福祉サービスの調整や就労支援等を行う「起訴猶予者に係る更生緊急保護の重点実施等の試行」が実施されています。平成27年度において，更生緊急保護の重点実施の枠組みで検察から保護観察所に協議を申し入れた事案は全国で300件を超えており，生活保護申請支援，居住地確保の調整，就労支援が行われています。

　この保護観察所との連携強化と並行して，各地検では，地域の実情に応じて様々な取組がなされるようになり，地域生活定着支援センターと連携して独自のモデルを生み出した長崎地検[41]のほか，「刑事政策推進室」（仙台），「社会復帰支援室」（東京），「再犯防止対策室」（大阪）といった部署を置いて，非常勤の社会福祉士をアドバイザーとして配置し，福祉の観点から検察官に助言する体制を組む庁も出てきました。

　地域によって医療・福祉に関連する社会資源の状況が異なりますから，各地検は，それぞれの地域の実情に応じ，地域生活定着支援センターや自治体の担当課，福祉事務所，地域に根差して活動されている福祉団体など，さまざまな窓口を求めて連携をお願いするというところからスタートしたわけです。罪を犯した人を孤立させずに受け入れるというこの容易ならぬプロジェクトを，自分たちの地域社会の問題と捉え返した熱意ある検察事務官たちが，ネットワークの構築に汗を流しました。

(2)　起訴裁量権の活用

　検察の入口支援という場合，それは，①起訴裁量権を活用し，不起訴（起訴猶予）にして社会内に戻すとともに福祉につなぐ形態と，②起訴したうえで，執行猶予判決を想定して更生保護や福祉につなぐ準備をする形態があります（これには，裁判で「保護観察付執行猶予」が相当である旨の量刑意見を述べる措置が含まれます。）。まず，起訴猶予から福祉への接続はどのように

---

41) 地域生活定着支援センターに障害者審査委員会を置き，同委員会と刑事司法が連携して，同委員会の意見を障害者等の刑事処分の判断の材料にしていくという「新長崎モデル」がスタートしました。

第3章　再犯防止をめぐる新たな動き

行われているでしょうか。刑事司法手続との接点に位置することに起因する特徴をいくつか挙げることができます。

　まず，検察には，専門的な福祉ニーズのアセスメントや福祉サービスの選択に関するノウハウがありません。また，一般的なソーシャルワークの対象者と違い，検挙された対象者は，被疑者として検察庁に出頭しているのであって，福祉的支援を求めて相談に来たわけではなく，罪を犯すまで福祉的支援とは無縁で，障害を持ちながら障害者手帳や療育手帳を持っていない対象者もいますので，こちら側から「対象者を発見する」ことが必要になります[42]。地検が社会福祉士との連携を強めている背景には，入口支援に適した対象者のインテークの機会を逸することなく，適切な支援につなげるには，その助力を得て専門性を活用することが欠かせないという認識があります。

　次に，起訴猶予による釈放と福祉的支援を切れ目なくつなげるためには，刑事司法手続に由来する時間的制約を考慮する必要があります。逮捕した被疑者の身柄を裁判官の勾留状に基づいて引き続き拘束する「勾留」という制度があり，被疑者の勾留を裁判官に請求するのも，検察官の権限です。勾留は，被疑者が罪を犯したと疑うに足りる相当な理由がある場合で，住居不定であったり，罪証を隠滅し，逃亡すると疑うに足りる相当な理由があるときに認められ，拘束期間は原則10日間で，更に10日間の延長が可能です。勾留場所は，逮捕した警察署の留置施設になるのが普通です。検察の起訴裁量を活用した入口支援の枠組みでは，この勾留期間内に，福祉的支援を必要とする被疑者を発見し，アセスメントを行い，被疑者に支援内容を説明し，その意向を確認するなど，刑事司法手続から外して福祉的支援につなげるかどうかを判断することになります。この点も一般的なソーシャルワークと異なる条件といえるでしょう。

　一方，起訴猶予にするかどうかを判断する際，刑事責任の重さに関連す

42）精神障害，知的障害が疑われる被疑者については，本人の同意を得て，精神科専門医に精神鑑定を依頼したり，少年鑑別所の技官に知能検査を実施してもらい，対象者の生活能力等に関する資料の提供を受ける場合もあります。

119

第1編　総論　〜刑事司法・更生支援と福祉の関わり〜

る「犯罪の軽重及び情状」を軽視することはできませんから，入口支援の対象となる犯罪は，万引きや無銭飲食，比較的軽微な暴行・傷害など，犯罪としては比較的軽い事件，仮に起訴しても単純・全部執行猶予判決が見込まれるような事件が中心となります。また，入口支援の候補となる事件の大半が，現行犯逮捕された万引き犯や，家族から被害通報があった暴力事案など，罪を犯したことが証拠上明らかに認められ，本人もそのことを争っていない事案です[43]。したがって，入口支援の対象となり得る者には，ある程度類型的な特徴や属性が認められる場合が多いのではないかと思います[44]。そうした類型的な分析が，初動段階のアセスメントのフレームとして役に立つかもしれません。

　以上のような条件の下で，検察官と社会福祉士は，どのように連携して入口支援を実践しているのでしょうか。以下では，いくつかの実践例[45]を紹介します（なお，いずれもプライバシー保護の観点から事案の内容を抽象化ないし加工しています。）。社会福祉士を社会福祉アドバイザーとして採用ないし登

---

43) 被疑者が犯行を否認して争う事件であれば，検挙された者が真に罪を犯したのかを捜査して解明することが先決であり，いわば捜査機関の本来的任務です。起訴猶予にして福祉につなぐことを検討することがあるとすれば，その後の段階です。取調官は，犯行を否認する被疑者に対し，起訴猶予とか福祉的支援を交換条件として自白するよう求めることはありません。入口支援の目的からいっても，自白を福祉的支援の条件にするというのはナンセンスでしょう。

44) 例えば，平成26年版犯罪白書は，「窃盗事犯者と再犯」に関して特別調査を実施した結果を分析し，前科のない万引き事犯者を，①経済状態が不良で生活困窮に陥っている者（生活困窮型），②社会的に孤立している者（社会的孤立型），③心身に問題を抱えている者（精神疾患型），④29歳以下の者（若年者），⑤女子の高齢者（女子高齢者）に類型化し，各特性を踏まえた処遇の在り方を検討しています（平成26年版犯罪白書第6編／第5章／第2節（http://hakusyo1.moj.go.jp/jp/61/nfm/mokuji.html））

45) 検察の入口支援の実践例については，稲川龍也『検察における再犯防止・社会復帰支援の取組』（『罪と罰』平成28年9月第53巻4号通巻212号5頁）や，和田雅樹『検察における再犯防止・社会復帰支援のための取組』（『法律時報』2017年89巻4号通巻1110号19頁）に，ある程度網羅的な紹介がなされています。また，目黒由幸・千田早苗『仙台地検における入口支援—地域社会と協働する司法と福祉』（『法律のひろば』2014年12月号17頁），『ドキュメント・東京地検社会復帰支援室』（『罪と罰』平成28年9月第53巻4号通巻21号62頁）は，社会福祉アドバイザーを置いている地検で実践に従事する検察事務官，検察官自身が現場での奮闘を活写しており，参考になります。特に前者の終章「被災地から未来へ」の最後に掲げられたメッセージは，実践者の真情が率直に吐露された稀有なものだと思います。是非ご一読ください。なお，本文での実践例紹介も，これらの資料に拠っています。

120

録し，福祉的支援策等について検察官に助言してもらうという体制を整えた庁の報告です。

ⅰ 万引きの前歴のある軽度の精神障がいを有する女性が，再度万引きをして検挙された事件での実践例です。事件を担当した検察官は，対象者に再犯のおそれはあるものの，刑事司法手続以外の方法はないかと考え，対象者の同意を得て，入口支援担当の検察事務官及び社会福祉士に助言を求め，検察官及び担当事務官同席の下，社会福祉士と対象者の面談を実施しました。その結果，本人に勤労意欲が認められたことから，就労支援を行うことが被疑者の生活状況の改善のみならず，生きがいややりがいを感じることによる精神状態の改善にもつながるとの助言を得た上ら，社会福祉士が対象者の住所地を管轄する保健所に連絡を取り，障がい者基幹相談支援センターによる就労継続支援事業を紹介できることとなりました。そこで，検察官は，勾留満期に被疑者を起訴猶予処分にして釈放し，検察事務官が対象者に同行して保健所に赴き，保健所職員との面談にも同席して引き継ぎました。

このように，検察官が起訴猶予の当否判断をする段階で，被疑者の同意を得て社会福祉士にその身上等の情報を提供するとともに，時間的制約の下，社会福祉士が対象者と面談してアセスメントし，支援計画の基本的な方向付けについて検察官・検察事務官に助言し，これに基づいて検察官が起訴猶予の方針を定め，対象者の同意の下，受入れ先を確保してから釈放するというのは，検察による入口支援の典型例といっていいと思います。

また，空き家への侵入や万引きなどの軽微な犯罪を繰り返す被疑者が，ホームレスであったり，あるいは知的障害が疑われ，自立に困難を抱えていることがその背景にあると思われる場合も，入口支援の対象となるかどうかが検討される典型例です。本人の同意を得て，少年鑑別所の専門家の協力を得て知能検査を受けてもらい，福祉アドバイザーの助力も得て，自治体や保健所と協議し，生活保護の受給や障がい者手帳の取得の支援を行ったり，生活困窮者自立支援法に基づく生活困窮者支援事業

第1編　総論　～刑事司法・更生支援と福祉の関わり～

　の枠組みを利用して市町村からの委託先に就労支援を委託するなど，多
　様な実践が行われています。そうして支援計画を立てた上で起訴猶予処
　分とし，高齢者や障がい者で，自力で福祉事務所等を訪問できなかった
　り，申請手続に支障がある場合には，検察職員が福祉事務所等まで同行
　し，申請手続を手伝うこともあります（同行支援と呼んでいます。）。
ii　刑事司法手続において被疑者・被告人の弁護に当たる弁護士を「弁護
　人」といいますが，弁護人[46]は，被疑者との間で，捜査する側とされる
　側という関係性を免れない検察官とは違う立場から，対象者の正当な権
　利を擁護しつつ，支援を受け入れるかどうかについての対象者の意向の
　確認や，家族ら支援者となり得る関係者の調整，被害者に対する謝罪の
　仲介や弁償の手配など，入口支援においても重要な役割を果たすことの
　できる立場にあります。入口支援に詳しい弁護士も増えつつあり，弁護
　人からの積極的な協力が得られる場合には，次のような展開をたどるこ
　ともあります。
　　事案は，独居の高齢女性が，十分な所持金も資産もありながら，少額
　商品を万引きしたという事案で，担当検察官は，精神科医に簡易精神診
　断を実施した結果，認知症ではないがやや知能程度が低いと認められた
　ため，福祉関係機関に加えて，弁護人にも事情を説明し，支援体制を構
　築するに当たり連携することを依頼したところ，弁護人が地域生活定着
　支援センターと交渉し，社会福祉士との面談の約束を取り付け，被害者
　に被害弁償をしたことから，それらの事情も踏まえ，被疑者を釈放して
　起訴猶予としました。
iii　幸いにも家族の支援が期待できるというケースもありますが，その場
　合でも，支援者に過重な負担がかからないよう家族全体のケアという視
　点から支援体制を構築しています。事案は，軽微な万引きで検挙される
　ことを繰り返していた高齢者の万引き事案です。検察官から相談を受け

────────────────
46）被疑者段階の国選弁護制度の対象は，平成28年5月の刑訴法改正で「被疑者に対して
　勾留状が発せられている場合」すべてに拡大され，同改正法は，平成30年6月1日から
　施行されています（第37条の2，第37条の4）。

た入口支援担当の検察事務官が，対象者の家族，自治体の高齢者対策課，地域包括支援センターに声を掛けてケア会議を開催し，その結果，息子家族やヘルパーによる家事支援により買い物への同行や代行などの支援体制を構築することができ，この結果を受けて検察官は対象者を略式手続により罰金[47]としました。その後，保健師や町内会長が自宅訪問を続け，話し相手が欲しくて買い物に行っては万引きを繰り返していた対象者は，その後，地域行事などに参加するようになり，安定した生活をしていると報告されています。

　例えば，衝動的に万引きを繰り返す対象者に買物同行支援を設定することは，再犯の誘因や機会を遠ざけるという直接的な再犯リスク対応としての側面もあるでしょうが，そうした側面にとどまらず，むしろ，対象者を地域社会から孤立させず，対象者自身が地域社会の内に「居場所と出番」に象徴される肯定的な関わりを見出し，生きがいをもって生活していけるような状況を実現するよう支援することが重要であると考えられます[48]。この意味で，地域社会において，罪を犯した人を受け入れる活動に尽力されている民間篤志家の存在は，非常に心強い味方です[49]。

---

47) 略式手続（刑訴法461条以下）は，検察官の請求により，簡易裁判所の管轄に属する（事案が明白で簡易な事件）100万円以下の罰金又は科料に相当する事件について，被疑者に異議のない場合，正式裁判によらないで，検察官の提出した書面により審査する裁判手続。迅速な処理が可能で，被疑者・被告人の手続上の負担も少ないため，軽微な自白事件の処理によく利用されています。

48) 浜井浩一『高齢者・障がい者の犯罪をめぐる議論の変遷と課題―厳罰から再犯防止，そして立ち直りへ』（『法律のひろば』2014年12月号）10頁は，「再犯のない状態とは，犯罪の不存在を意味しているだけで，どのような状態になるべきかという具体的イメージはない。」とし，犯罪学の分野で注目されている「犯罪からの離脱（つまり立ち直り）」研究が，犯罪の停止（つまり再犯防止）を第一次離脱とし，第二次離脱として「犯罪者ではない新たなアイデンティティを獲得し，まっとうな社会的な役割を担い，普通の人々との人間関係を形成すること」としているのを紹介しています。

49) 地域社会において，犯罪や非行をした者の指導・支援に当たる保護司，矯正施設を訪問して受刑者や非行少年の悩みや問題について助言・指導する篤志面接委員を始め，犯罪や非行をした者の事情を理解した上で雇用する企業である協力雇用主，帰住先のない刑務所出所者等を受け入れて「居場所」を提供する更生保護法人，犯罪や非行をした者の改善更生を支援する幅広い活動を行っている更生保護女性会，ＢＢＳ会（Big Brothers and Sistersの略で，非行少年の自立を支援するとともに非行防止活動を行う青年ボランティア団体），地域の自治会や民生委員など，社会内で改善更生・社会復

第1編　総論　〜刑事司法・更生支援と福祉の関わり〜

iv　一部の庁では，起訴裁量権をより積極的に活用し，「経過観察型」と
もいうべき入口支援の取組がなされています。例えば，支援者のいる高
齢者・障害者の対象者を処分保留で釈放する際，対象者の同意を得て，
対象者が理解して実行することが可能な順守事項（生活上の注意事項）を
設定し，これを支援者の協力を得て履践させ，成功体験を積ませながら
一定期間経過観察を行い，履践状況を踏まえて刑事処分の参考にする
（順守事項違反があったら直ちに起訴というような硬直的なものではありません。）
という支援プログラムです。この事例として，重度知的障害の男性が，
入所施設から就労支援事業所への通勤途中に女性にわいせつ行為（ス
カートめくり）をした事案における支援例が紹介されています[50]。その男性
は，性欲を満たすというより女性の反応が楽しいという理由で同種犯行
を繰り返していたもののようですが，男性の理解力に配慮しつつその同
意を得た上で，順守事項として，通勤経路を変えること，支援者による
通勤同行，単独通勤となった際には女性に近づかずに人込みを避けて歩
くなど，段階的に簡便なルールを設定しました。単独自力で通勤できる
という対象者の可動性や行動能力を抑圧することなく，その自律性を尊
重する方針で緩やかな介入的処遇を試みたものといえます。対象者に持
続的な自己コントロール能力を習得してもらうには，自発的意思に働き
かける外的要因が必要な場合があるとするならば，順守事項の設定と検
察官との履行約束は，そのために役立つツールになるように思われます。
　　粗暴性があるなど処遇困難となることが見込まれるような対象者につ
いては，本人が支援を希望しても，実際のところ受入れ施設が見つから
ない場合もありますが，家族などの支援者がいる場合には，検察という
公的機関の権威[51]をいわば後ろ盾として活用しつつ，支援者と共に「順

帰に尽力されてきた多くの民間篤志家の存在は，かけがえのない社会の紐帯そのものと
いえるでしょう。今後その役割はますます重要性を増すと思われます。
50）目黒由幸・千田早苗『仙台地検における入口支援—地域社会と協働する司法と福祉』
（『法律のひろば』2014.12）15頁，稲川龍也『検察における再犯防止・社会復帰支援の
取組』（『罪と罰』平成28年9月第53巻4号・通巻212号）17頁
51）前掲浜井11頁は，司法から福祉への「丸投げ」を戒める文脈の中ではありますが，「例

守事項」の実践を指導するという方法が有効な手立てとなり得る場合も
あるのではないかと考えられます。

　ただし，検察がこうした再犯防止のための介入的な処遇を起訴裁量の
枠組みで行うことには，法律上の根拠なしに対象者の重要な権利利益を
制約するもので，正当性がないのではないかという批判もなされていま
す[52]。

　これに対して，検察官は，刑訴法により，「犯行後の情況」を含む諸
事情を総合的に考慮した上で，起訴・不起訴の判断を行う起訴裁量権を
与えられているのですから，被疑者の釈放後処分前の生活状況や，被疑
者との間で合意した遵守項目の履行状況を考慮した上で処分を決定する
という「経過観察型」のプログラムは，被疑者の人権に配慮し，その地
位を過度に不安定にするものでない限り，検察官の起訴裁量権に基づく
ものとして許されるという反論もあり，議論になっています[53]。処分を決
するまでの期間が長すぎたり，被疑者に不当に過度な負担を強いるよう

えばケースによっては，起訴猶予の際に，センター（引用者注：地域生活定着支援セン
ターのこと）関係者にも同席してもらって，被疑者に対して検察官が「問題があれば再
起訴の可能性もある。ちゃんとセンターの人と相談して頑張りなさい」と連携の姿勢を
クライアントに示すだけで，センターとしてはかなり動きやすいはずである。」と指摘
しています。

52) 前掲の「横浜方式」に対する批判とも重なっています。他にも，被疑者の生活状況や
家族関係など，処遇のための詳細な調査が行われてプライバシー侵害の問題が生じると
の指摘もされており，これに対しては，刑訴法248条が検察官に「被疑者の性格，年齢
及び境遇，犯罪の軽重及び情状並びに犯罪後の情況」により訴追の必要性を判断する権
限を与えている以上，それらの事情について捜査権限があると解されるとの反論がされ
ています（太田達也『起訴猶予と再犯防止措置』『法律時報』2017年89巻4号通巻1110
号）7頁参照）。なお，検察官が収集した情報については，記録を厳格に管理し（刑訴
法47条参照），福祉関係者に提供する場合には，本人の同意を得た上で，必要な範囲に
限って提供しています。

53) 法務省が設置した法制審議会少年法・刑事法（少年年齢・犯罪者処遇関係）部会が，
平成29年3月から，「少年法における「少年」の年齢を18歳未満とすること及び非行少
年を含む犯罪者に対する処遇を一層充実させるための刑事法の整備の在り方」について
審議を開始し，主に第3分科会において「起訴猶予等に伴う再犯防止措置の在り方」が
審議されていて，平成30年7月現在，「検察官が，被疑者が罪を犯したと認める場合で，
必要があると認めるときに，『守るべき事項』を設定できる仕組みとすること及び設定
した場合は，所定の期間，保護観察官による指導・監督に付する措置をとる仕組みとす
ること」をめぐって議論されています。議事録は法務省のウェブサイトで公開されてい
ます（http://www.moj.go.jp/shingi1/housei02_00296.html）。

125

第1編　総論　～刑事司法・更生支援と福祉の関わり～

な場合には，検察官の起訴裁量権の逸脱といった指摘もあり得ますから，期間設定の必要性・合理性，順守事項の合理性を慎重に検討する必要があると思います。いずれにせよ，建設的な議論により法理論的な整理が行われることは，入口支援を持続的なものにするために必要な作業です。

　起訴猶予として釈放するだけではなく，個々の被疑者の問題性を踏まえた各種の多様な福祉的支援につないで社会内での更生（立ち直り）を支援するという選択肢が生まれた結果，従来なら，同種前科や前歴があるなどのため，起訴せざるを得なかったような事件でも，あえて被疑者を起訴猶予として（あるいは略式罰金として）福祉的支援につなげるという選択も視野に入ってきました。選択肢が増えた分，検察官や検察事務官の仕事も増えたという側面もありますし，当初，被疑者に対する福祉的支援という看板に違和感を覚える検察職員も少なくありませんでした。しかし，軽微な万引きを繰り返す高齢者や障がい者の背景にある社会的孤立などの本人の努力だけではどうにもならない困難な事情を正面から受け止めて，福祉アドバイザーの助言を得て，支援者と協議しつつ，限られた時間の中でできるだけの支援体制を組織し，単に再犯防止というだけではなく，より人間らしい生活を送れるよう知恵を集めるという未来志向の仕事にやりがいを感じる検察職員も増えています。

(3)　被害者支援と再犯防止

　「すべて犯罪被害者等[54)]は，個人の尊厳が重んぜられ，その尊厳にふさわしい処遇を保障される権利を有する。」（犯罪被害者等基本法（平成16年）3条1項）という基本理念の下，検察は被害者保護・支援[55)]に取り組んできました。全国の検察庁に被害者支援員[56)]を配置し，専用電話の被害者等

---

54)　犯罪被害者等基本法において，「犯罪被害者等」とは，犯罪等（犯罪及びこれに準ずる心身に有害な影響を及ぼす行為）により害を被った者及びその家族又は遺族をいいます（2条）。
55)　法務検察の被害者保護・支援については，法務省「犯罪被害者の方々へ」（http://www.moj.go.jp/keiji1/keiji_keiji11.html）を参照してください。
56)　被害者支援員は，被害者等からの相談の対応，法廷への案内や付添い，記録の閲覧，証拠品の還付請求等各種手続の援助に当たるほか，被害直後から適正・確実に援助を行うことができる「犯罪被害者等早期援助団体」として都道府県から指定された民間団体

126

ホットラインを設けているほか,「被害者支援室」といった専門部署を置いている庁もあります。こうした犯罪被害者保護・支援と罪を犯した人の再犯防止・社会復帰支援は「車の両輪」であるという考え方から,両業務を同じ一つの部署で担当するという行き方を選んだ庁もあります。被疑者に対する支援が十分でも,被害者に対する支援が不十分であるならそれは不正義であり,個々のケースにおいて,両者を視野に入れた実践が必要であると考えているのです(しかも,DVやストーカー,児童虐待の事案では,被害者に対するケアは捜査と並行して行う必要があります。)。例えば,被害者の心情を被疑者に伝達することで,被害者の心情に寄り添いつつ,被疑者の自省を促すことは,その再犯防止や更生を後押しすることにもなります。一方,入口支援によって被疑者の更生の道筋ができることは,被害者の安心感や気持ちの上での区切りにつながる場合があることも経験し,まさに車の両輪であることを実感させられました。考えてみれば,再犯防止とは新たな被害者を生まないことを意味し,言わば究極の被害者支援であるともいえます。入口支援がクローズアップされる中,罪を犯した者を福祉的支援につないでその生活の質を向上させ,再犯防止につなげるという実践は,その被疑者・被告人の犯罪により理不尽に有形,無形の被害を受けた被害者の目にはどう映るでしょうか。公益の代表者であり,刑事司法の担い手である検察官,検察事務官は,こうした被害者が置かれた状況への配慮を怠ることはできません。もちろん,刑事司法は被害者の報復を実現するプロセスではありませんし,そもそも入口支援の対象者が犯した罪は比較的軽微なものがほとんどですが,たとえ財産的には少額の被害であっても,理不尽に権利を侵害された被害者の苦痛は,「軽微」では済まされないものがあります。DVやストーカー,児童虐待の事案では,直接のけがは比較的軽微であったとしても,精神面を含めたダメージは深刻です。検察官が,起訴猶予の判断に当たり,弁償や示談の有無を重視するのは,それが被疑者の反省や更生意欲の現れとしての意味を持つだけではなく,実際に被害

(被害者都民センター等)への紹介も行っています。

第1編　総論　〜刑事司法・更生支援と福祉の関わり〜

回復や和解，それらによる被害者の宥恕（赦し）に至ったかどうかを判断の重要なポイントと考えているからです。

　以上のとおり，再犯防止と被害者支援はいわば「車の両輪」であって，双方のニーズを視野に入れながら，具体的な実践につなげていく必要があり，両輪のどちらを欠いても，私たちは「より生きやすい社会」というゴールへはたどり着けないのだろうと思います。

3　福祉専門職と検察が「つながる」ことの意義

(1)　福祉の理念と再犯防止の理念

　すでにお分かりのとおり，福祉専門職と検察が「つながる」ことで，検察の入口支援は機能しています。検察が入口支援による再犯防止を標ぼうする一方で，福祉の側からは，「福祉の本来の目的は再犯防止にあるのではない。」という声も聴こえてきます。ある検察事務官は，福祉との連携を模索し始めた数年前のことですが，連携をお願いに行った先の福祉関係者から，「福祉は再犯防止のためにあるんじゃない。」と叱られたそうです。たしかに，福祉と再犯防止，あるいは刑事司法との関係の在り方は，理論的，概念的な整理が必要なテーマであると思われます。検察側が福祉に対する理解を怠った場合には，具体的な実践においても単なる福祉への丸投げになってしまいかねません。双方の「文化」が違うことを踏まえた相互理解が必要であることは間違いないところです[57]。

　刑事司法のプロセスの主な関心が，過去に行われた特定の犯罪行為について刑事責任を問うことに向けられており，従前の枠組みでは，矯正・保護の段階で更生や社会復帰を目指す処遇が行われるというのは前にも述べました。しかも，その処遇には，刑期や保護観察期間といった法定期間によって時期的限界が設けられています。捜査官，公訴官としての検察官の仕事は更にショートレンジで，起訴不起訴の決定，起訴した場合の判決確定が一応のゴールになりますが，検察官は，通常，多くの事件を同時に併

---

57)　前掲注48)　浜井11頁にも「福祉の司法化」と「丸投げ」，「異文化コミュニケーション」が取り上げられています。

行して担当しており，一つの事件が終結すればすぐ次の事件というふうに，大量の事件を処理しなければなりません。福祉は，対象者の今後の「より良い人生」のため福祉ニーズに寄り添う未来志向の実践であり，しかも，対象者に寄り添う仕事には明確な終わりがない。福祉に携わる方たちの仕事に接して感銘を受けるのは，そうした息の長い支援を続ける熱意と使命感です。刑事司法手続に由来する時間的制約は，本来的に時間と手間を必要とする福祉の活動スタイルからすると，違和感を拭えないのではないかと思います。

　また，福祉ニーズに寄り添いつつ，その人らしい生き方，意思形成を支援し，主体的な選択を尊重するという福祉の観点からすると，検察の入口支援においては，起訴されたくないがために福祉的支援を受け入れる場合があるのではないか，つまり支援を受け入れることについての同意の自発性が確保されず，支援の押しつけになるのではないかという懸念もあることは理解できます。ただ，現実問題として，入口支援の対象者の多くは，罪を犯して検挙されたことを契機として，その背景に支援を必要とする生活能力の低さやハンディキャップが事実として存在することから支援対象となったのであり，不起訴の条件として福祉的支援の話を被疑者に持ち出すことはありませんから，真意に反して支援を受け入れるという事態は考えにくいように思います[58]。もちろん，生活の変化を嫌って「余り気が進まない」という場合はあるでしょうし，釈放後に翻意して行方をくらましてしまうという例も実際ありますが……[59]。対象者が提案された支援の内容を理解し，主体的な意思決定を行うための支援という面では，弁護人の役割

---

[58] 現実社会に生きる人間の意思決定が，様々な損得勘定を含めた外的影響を受けながら行われることは避けられないでしょう。対象者の同意を得るに当たっては，対象者の理解力にも配慮しながら，支援内容について十分に説明し，支援を受けるかどうかについては，自発的意思が尊重されることを伝えるという手順が重要であるように思われます。

[59] そのような場合でも，説得は試みますが，本人の意思に反して「首に縄をかけてでも」引っ張っていくようなことは当然できませんし（前掲注45）『ドキュメント・東京地検社会復帰支援室』69頁にも，対象者が釈放された後に翻意して「街に消える」例が出てきます。），本当に拒否的で自発的同意がないような対象者であれば，むしろ施設側が敬遠して受入れ先がなかなかないというのが現実だろうと思われます。

第1編　総論　〜刑事司法・更生支援と福祉の関わり〜

も重要です。弁護人に情報を提供してこの面での連携をとるという方法も，現場では積極的に採られているところです。被疑者国選弁護人制度の拡充は，対象者の意思決定をサポートするという面でも意義を有するでしょう。

　再犯防止との関わりについても，例えば，福祉的支援の開始後，福祉専門職は支援者が対象者に対する監視者としての責任を要求されるとすれば，対象者に肯定的，受容的に接して信頼関係を構築しようとする福祉とは相容れないことになるだろうという懸念は理解できます。一方で，再び罪を犯して検挙されることは，対象者の生活の質の向上や，「より良い人生」を阻害することにもなると思われます。「福祉的支援の目的は再犯防止ではなく，生活の質を向上させるための支援が犯罪原因への対処につながった結果，反射的効果として再犯が防止される」[60]のだとしても，対象者に再犯リスクが認められる場合に，これへの対応をどうするかというのは，福祉と司法が知恵を集めて考える必要がある課題ではないでしょうか。少なくとも，入口支援の対象者を念頭に置くとき，再犯防止のための働き掛け（処遇）の実践は，福祉的なケアの実践とはそうかけ離れたものとも思えないのです[61]。

60）水藤昌彦『社会福祉士等による刑事司法への関わり』（『法律時報』2017年89巻4号通巻1110号）53頁

61）犯罪者の社会内処遇の分野では，①対象者の再犯リスクのアセスメントを踏まえて認知行動療法を中核とするプログラムを実施する「RNRモデル」が，その有効性を実証的に認められて欧米を中心に普及しているようですが，②このモデルを批判ないし補完する「GLモデル（Good Lives　良き人生モデル）」は，対象者が社会適応的な方法によって個人の福利を追求できるようになることが犯罪行為の停止に繋がるのであり，その処遇方法は，個人に内在する長所（Strength）を再発見し，これを生活目標達成の手段と位置付け，その実現を通じて実りある生活（生活の質の向上）を目指すのだとされています（染田恵『犯罪者の社会内処遇における最善の実務を求めて―実証的根拠に基づく実践の定着，RNRモデルとGLモデルの相克を超えて―』（http://www.kouseihogogakkai.jp/pdf/number08.pdf）136頁，勝田聡『リスク・ニード・リスポンシビティモデルを踏まえた保護観察処遇』2016（https://opac.ll.chiba-u.jp/da/curator/900119407/18834744_32_63-76.pdf）66頁参照）。

　我が国でも，例えば，前出の更生保護施設では，起訴猶予者のみならず，刑務所出所者等に対する宿泊供与や就職支援のほか，各施設の実情に応じ，収容者の抱える問題に対応するため，社会福祉士・臨床心理士の協力を得あるいは職員として採用し，認知科学に基づく教育プログラムを導入したり，SST（生活技能訓練）や，AA（Alcoholics Anonymous）ミーティングを開催するなど，処遇施設としての機能も果たしつつある

130

第3章　再犯防止をめぐる新たな動き

　福祉と司法の理念上の違いは確かに存在し，その違いには重要な意味が
あって，その違いを理解することは，現実を多角的に理解してバランスの
とれた実践に結び付けるのに欠かせない作業ということもできると思われ
ます。ただ，実務家の発想は，今目の前にいる問題を抱えた対象者を何と
かしたいというところから出発します。目の前の対象者に対して具体的に
何をどうすべきかを判断し，実行しなければならない実践の現場において
は，結局，それぞれ母体は違っても，個人と個人の信頼関係がその違いを
乗り越え，現実に問題を解決する基盤になっているような気がします。
個々人の持つそれぞれの分野の専門性と経験から培われた知恵を出し合い，
いかにして目の前の問題を解決するかという，実務レベルの実践の積み重
ねにこそ光明があるように思われるのです。だからこそ，現場の実践者か
ら，成功例，失敗例を含め，実質的に何が問題なのかを積極的に発信する
ことが求められていると思います。

(2)　より「生きやすい社会」へ向けて

　今の時代や社会に「生きにくさ」を感じている人々は決して少なくない
でしょう。多くの「軽微な犯罪を繰り返す高齢者，障害者」の背景には社
会的孤立があり，そうした「生きにくさ」が反映されているように見える
と同時に，（誰でも年をとるのですから）将来の私たち自身の姿がそこに映し
出されているようにも思えます。再犯防止を単に社会防衛だとか，国家に
よる統制手段というふうに捉えるのは余りに一面的でしょう。犯罪を繰り
返すことが，加害者であれ，被害者であれ，それに関係する個人の「良き
人生」を阻害し，「生活の質」を損なうことは明らかです。私たちが直面
しているのは，社会から孤立し，支援を必要としている人に，いかにして
必要な支援を提供するかというすぐれて実践的な課題です。刑事司法であ
れ，ソーシャルワークであれ，それぞれの現場で生身の人間が向かい合い，

とされ，平成26年版犯罪白書（http://hakusyo1.moj.go.jp/jp/61/nfm/mokuji.html）は，
鹿児島の草牟田（そうむた）寮の取組（第6編/第3章/第3節/1）や，東京の両全会
の取組（第6編/第3章/第4節/2）を紹介しています。精神障がい者等の対人関係の
改善を目的として医療・福祉の分野で発達してきたSSTが，罪を犯した人の社会復帰支
援に応用されていることは象徴的です。

131

第1編　総論　〜刑事司法・更生支援と福祉の関わり〜

時に感情を揺さぶられながら日々苦闘しているのが現実であって，そこでは「社会」は紙の上で論じられる抽象物ではなく，切れば血の出る人間同士の具体的な関係にほかなりません。私たちは，現在，さまざまな情報が溢れる中で，自他の違いをことさら強調し，対立や葛藤を煽り立てる文化の中に生きているようです。しかし，司法と福祉は，理念上の葛藤は葛藤として抱えつつ，生の現実と向き合う具体的な現場において，より生きやすい社会を目指す同志として協働できるし，そうするべきだと確信しています。

（最後に，本稿の意見にわたる部分は私見であり，検察の公式見解ではないことをお断りしておきます。）

第4章　各種障害の知識／症状と特性，対応方法

第4章　各種障害の知識／症状と特性，対応方法

第1　障害者の日常生活及び社会生活を総合的に支援するための法律（障害者総合支援法）の概要

1　法律の目的（第1条）

　この法律は，障害者基本法の基本的な理念に則り，身体障害者福祉法，知的障害者福祉法，精神保健及び精神障害者福祉に関する法律，児童福祉法その他障害者及び障害児の福祉に関する法律と相まって，障害者及び障害児が基本的人権を享有する個人としての尊厳にふさわしい日常生活又は社会生活を営むことができるよう，必要な障害福祉サービスに係る給付，地域生活支援事業その他の支援を総合的に行い，もって障害者及び障害児の福祉の増進を図るとともに，障害の有無にかかわらず国民が相互に人格と個性を尊重し安心して暮らすことのできる地域社会の実現に寄与することを目的とする。

2　障害者の定義（第4条）

　「障害者」とは，身体障害者福祉法第4条に規定する身体障害者，知的障害者福祉法にいう知的障害者のうち18歳以上である者及び精神保健及び精神障害者福祉に関する法律第5条に規定する精神障害者（発達障害者支援法（平成16年法律第167号）第2条第2項に規定する発達障害者を含み，知的障害者福祉法にいう知的障害者を除く。以下「精神障害者」という。）のうち18歳以上である者並びに治療方法が確立していない疾病その他の特殊の疾病であって政令で定めるものによる障害の程度が厚生労働大臣が定める程度である者であって18歳以上であるものをいう。

133

3 市町村が提供する障害福祉サービス
(1) 自立支援給付

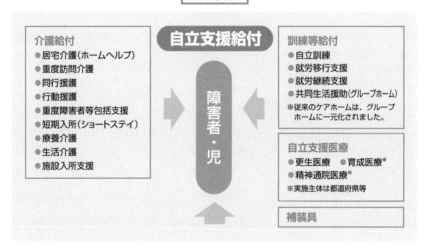

出典：東京都福祉保健局「障害福祉サービスの利用について」

ア 介護給付の主なサービス
① 居宅介護（ホームヘルプ）

　自宅で，入浴，排せつ，食事の介護等を行う。

② 重度訪問介護

　重度の肢体不自由又は重度の知的障害若しくは精神障害により，行動上著しい困難を有する人で常に介護を必要とする人に，自宅で入浴，排せつ，食事の介護，外出時における移動支援などを総合的に行う。

③ 同行援護

　視覚障害により，移動に著しい困難を有する人に，移動に必要な情報の提供（代筆，代読を含む），移動の援護等外出支援を行う。

④ 行動援護

　自己判断能力が制限されている人が行動するときに，危険を回避す

るために必要な支援や外出支援を行う。

⑤　重度障害者等包括支援

　介護の必要性がとても高い人に，居宅介護等複数のサービスを包括的に提供する。

⑥　短期入所（ショートスティ）

　自宅で介護する人が病気の場合などに，短期間，夜間も含め施設で，入浴，排せつ，食事の介護等を行う。

⑦　療養介護

　医療と常時介護を必要とする人に，医療機関で機能訓練，療養上の管理，看護，介護及び日常生活の支援を行う。

⑧　生活介護

　常時介護を必要とする人に，昼間，入浴，排せつ，食事の介護等を行うとともに，創作的活動又は生産活動の機会を提供する。

⑨　施設入所支援

　施設に入所する人に，夜間や休日，入浴，排せつ，食事の介護を行う。

イ　訓練等給付の主なサービス

①　自立訓練

　自立した日常生活ができるよう，一定期間，身体訓練又は生活能力の向上のために必要な訓練（機能訓練，生活訓練）を行う。

②　就労移行支援

　一般企業等への就労を希望する人に，一定期間，就労に必要な知識及び能力の向上のために必要な訓練を行う。

③　就労継続支援

　一般企業等での就労が困難な人に，働く場を提供するとともに，知識及び能力の向上のために必要な訓練を行う。

④　共同生活援護（グループホーム）

　夜間や休日，共同生活を行う住居で，相談や日常生活上の援助を行う。入浴，排せつ，食事の介護等の必要性が認定されている方には

135

第1編　総論　〜刑事司法・更生支援と福祉の関わり〜

サービスも提供する。

(2)　地域生活支援事業

地域生活支援事業

- 理解促進研修・啓発
- 自発的活動支援
- 相談支援
- 成年後見制度利用支援
- 成年後見制度法人後見支援
- 意思疎通支援
- 日常生活用具の給付又は貸与
- 手話奉仕員養成研修
- 移動支援
- 地域活動支援センター
- 福祉ホーム
- その他の日常生活又は
　社会生活支援

出典：東京都福祉保健局「障害福祉サービスの利用について」

①　移動支援

円滑に外出ができるよう，移動を支援する。

②　地域活動支援センター

創作的活動又は生産的活動の機会を提供，社会との交流等を行う。

③　福祉ホーム

住居を必要としている人に，低額な料金で，居室等を提供するとともに，日常生活に必要な支援を行う。

(3)　障害児を対象とした主なサービス

①　児童発達支援　医療型児童発達支援

児童福祉施設に位置づけられている児童発達支援センターと児童発達支援事業の二類型がある。

児童発達支援センター：通所支援のほか，身近な地域の障害時支援の拠点となる施設

児童発達支援事業：通所利用の障害時に対する支援を行う身近な療育の場

136

第4章　各種障害の知識／症状と特性，対応方法

②　放課後等デイサービス

学校就学中の障害児に対して，放課後や夏休み等の長期休暇中において，生活能力向上のための訓練等を継続して行う。

③　保育所等訪問支援

保育所等を現在利用中の障害児，今後利用する障害児に対して，訪問により，保育所等における集団生活の適応のための専門的な支援を提供し，保育所等の安定した利用を促進する。

4　サービスの利用

⑴　介護給付，訓練等給付の申請（本人，保護者，代理人が申請）

障害福祉サービスを利用するためには，市町村による支給決定を受けなければなりません。支給決定を受けるためには，支給申請が必要です。支給申請は，障害者本人，障害児の場合は保護者が，申請を行う障害者又は障害児の保護者の氏名，居住地，生年月日，連絡先，また，障害児である場合には，当該障害児の氏名，生年月日，及びその障害児の保護者との続柄その他必要な事項を記載した申請書を提出して行います。申請先は，支給決定を行う市町村，つまり，申請者の居住地（居住事実のある場所：生計の本拠地）の市町村です。居住地がないときや明らかでないときは，障害者，障害児の保護者の現在地の市町村に申請します。なお，代理者が申請を行うこともできます。

> 申請の場合に居住地特例
> 　障害者施設などに入所している障害者，障害児の場合は，申請は施設などに入所する前に居住していた市町村に対して行います。

⑵　障害支援区分の認定

適法な支給申請を受けた市町村は，最初の手続きとして障害支援区分の認定を行います。市町村が行う障害支援区分の調査は，障害者本人か障害児の保護者に面接して行われます。

⑶　支給決定からサービスの利用まで

支給決定を受けた障害者，障害児は，利用するサービスを決定するサー

137

第1編　総論　〜刑事司法・更生支援と福祉の関わり〜

ビス利用計画を作成します。サービス利用計画は，利用者自身が作ること
もできますが，都道府県が指定した指定相談支援事業者に相談することが
できます。

(4)　利用者負担の上限額

　利用者負担の上限額については，利用者本人（支給決定保護者）が属して
いる世帯の収入等の額に応じて，五つの区分が設定されています。この区
分は，障害者等の申請によって市町村が認定します。ここでいう「世帯」
とは，当該障害者及び配偶者とされています。

　申請がない場合は，一般2の世帯に該当するものとみなされます。

区　　分		収入の状況	上限額
生活保護		生活保護受給世帯（「中国残留邦人等の円滑な帰国及び永住帰国後の自立の支援に関する法律」の規定による支援給付受給世帯も同様に扱う）	0円
低所得1		市町村民税世帯非課税であって，障害者又は，障害児の場合はその保護者の収入が年間で80万円以下の世帯	0円
低所得2		市町村民世帯非課税出会って，低所得1に該当しないもの	0円
一般1	居宅生活の障害児	市町村民税課税世帯に属する者で，居宅で生活する者又は20歳未満の者であって指定療養介護事業所，指定障害者支援施設，指定障害児入所施設等に入所，入院している者	4,600円
	居宅生活の障害者及び20歳未満の施設入所者		9,300円
一般2		市町村民税課税世帯に属する者で，一般1に該当しない者	37,200円

138

第4章　各種障害の知識／症状と特性，対応方法

第2　障害者手帳

	身体障害者手帳	療育手帳	精神保健福祉手帳
概　要	身体障害者福祉法に定める身体上の障害がある者に対して，都道府県知事，指定都市市長又は中核市市長が交付する。	知的障害児・者への一貫した指導・相談を行うとともに，これらの者に対して各種の援助措置を受けやすくするため，児童相談所又は知的障害者更生相談所において知的障害と判定された物に対して，都道府県知事又は指定都市地調が交付する。	一定の精神障害の状態にあることを認定して精神保健福祉手帳を交付することにより，各種の支援策を講じやすくし，精神障害者の社会復帰，自立及び社会参加の促進を図ることを目的として，都道府県知事知事又は指定都市市長が交付する。
交付対象者	身体障害者福祉法別表に掲げる身体上の障害がある者 ① 視覚障害 ② 聴覚又は平衡機能障害 ③ 音声機能，言語機能又はそしゃく機能の障害 ④ 肢体不自由 ⑤ 心臓，じん臓又は呼吸器の機能の障害 ⑥ ぼうこう，直腸又は小腸の機能の障害 ⑦ ヒト免疫不全ウィルスによる免疫の機能の障害	児童相談所又は知的障害者更生相談所において知的障害であると判定された者	精神障害の状態にあると認められた者に交付する。
交付申請窓口	居住地を管轄する福祉事務所長（福祉事務所を設置しない町村の場合は町村長）	居住地を管轄する福祉事務所長（福祉事務所を設置しない町村の場合は町村長）	居住地を管轄する市町村長
障害の程度	身体障害者福祉法施行規則表第5号「身体障害者程度等級表」において障害の種類別に重度の側から1級から6級の等級が定められている。	重度(A)とそれ以外の(B)に区分。 重度(A)の基準 ① 知能指数が概ね35以下であって，次のいずれかに該当する者 ・食事，着脱衣，排便及び洗面等日常生活の介助を必要とする。 ・異食，興奮などの問題行動を有する者 ② 知能指数が概ね50以下であって，盲，ろうあ，肢体不自由等を有する者	精神疾患の状態と能力障害の状態の両面から総合的に判断し，次の3等級とする。 1級：精神障害であって，日常生活の用を弁ずることを不能ならしめる程度のもの 2級：精神障害であって，日常生活が著しく制限を受けるか又は日常生活に著しい制限を加えることを必要とする程度の者 3級：精神障害であって，日常生活若しくは社会生活が制限を受けるか，又は日常生活若しくは社会生活に制限を加えることを必要とする程度の者

第1編　総論　〜刑事司法・更生支援と福祉の関わり〜

第3　障害等の概要

1　発達障害

(1)　概　要

　発達障害は，生まれつき脳の発達が通常と違っているために，幼児のうちから症状が現れ，育児をする上でうまくいかないことがあります。また，本人も成長していくにつれ，自分自身のもつ不得手な部分に気づき，生きにくさを感じることがあることもあります。しかし，発達障害はその特性を本人や家族・周囲の人がよく理解し，その人に応じたやり方で日常的な暮らしや学校，職場での過ごし方を工夫することが出来れば，持っている本来の力がしっかり生かされるようになります。

　発達障害者支援法では，発達障害を自閉症，アスペルガー症候群，その他広汎性発達障害，学習障害，注意欠陥多動性障害その他これに類する脳機能の障害であってその状態が通常低年齢で発現するもので，日常生活又は社会生活に制限を受ける者としています。

　発達障害はいくつかのタイプに分類されており，自閉症，アスペルガー症候群，注意欠如多動性障害（ADHD），学習障害などが含まれます。

　同じ人に，いくつかのタイプの発達障害があることも珍しくなく，そのため，同じ障害がある人同士でもまったく似ていないように見えることがあります。個人差がとても大きいという点も特徴といえるかもしれません。

①　自閉症

　一般的に他者とのコミュニケーションや関係作りが不得手であると言われています。個人差はありますが，関心が一つに集中するあるいは固着する（同一性保持），反復的行動（常同行動），エコラリア（繰り返し言語）などが特徴であると言われています。

②　アスペルガー症候群

　自閉症と同様な特徴がありますが，言語によるやり取りが可能なことや認知の発達に障害がないなどが特徴と言われています。

140

第4章　各種障害の知識／症状と特性，対応方法

③　高機能広汎性発達障害

　自閉症やアスペルガー症候群をも包括した，特に知的障害などを伴わない，高機能な能力を有する障害です。

④　学習障害（LD）

　基本的には全般的な知的障害はありませんが，聞く，話す，読む，書く，計算する又は推論する能力のうち特定のものの取得や使用に困難がある障害です。

⑤　注意欠陥多動性障害（ADHD）

　基本的な症状として，不注意，多動性，衝動性があり，生活面で困難を来たしている障害です。

(2)　生活上の困難

①　社会性の障害

　人の目を見ることが少ない，1歳代でみられる指さし行動をしない，他の子どもに関心がない，などの様子がみられます。成長しても社会的に常識とされていることや暗黙のルールに合わせられないことがあり，本人には悪気がないのに周囲の人から誤解されてしまうこともあります。距離感がつかめない，共感することが難しいなど親密な付き合いが苦手など，他人から理解されにくいことがあります。

②　コミュニケーションの障害

　自分の話したいことしか口にせず，会話がつながりにくいことがしばしばあります。また，言葉に理解の仕方が独特だったり，言葉のキャッチボールが難しいこともあります。言葉を理解できてもその言外の微妙なニュアンスをくみ取ることが苦手だったり，お世辞，冗談，皮肉などが通じづらいことがあります。

③　想像力の障害

　生活や仕事など一定の手順にこだわる傾向があります。一定の行動に安心感があるため，変更を強いられるとパニック状態になることもあります。物事の流れを読んだり，先を想像することが苦手で，混乱して自傷行動になってしまうこともあります。

141

第1編　総論　〜刑事司法・更生支援と福祉の関わり〜

④　感覚異常

　　自閉症スペクトラムの人は選択的注意が苦手で，必要のない情報を視覚，聴覚，臭覚，味覚，触覚で感じてしまい，その結果，味覚が過敏になるために偏食が激しくなったり，一定の触覚を好み特定の服だけを着るなどにつながることもあります。

(3)　対　応

　幼児期に診断された場合には，個別や小さな集団での療育を受けることによって，コミュニケーションの発達を促し，適応力を伸ばすことが期待できます。また，療育を経験することによって，新しい場面に対する不安が減り，集団活動に参加する意欲が高まります。言葉によるコミュニケーションに頼りすぎず，視覚的な手がかりを増やすなどの環境面の工夫をすれば，子どもの不安が減り，気持ちが安定し，パニックが少なくなることが期待できます。

　早期に診断することは，親が子どもをありのままに理解し，その成長を専門家のサポートとともに見守っていくことに役立ちます。自閉症を治す薬はありませんが，睡眠や行動の問題が著しい場合には，薬の服用について医師と相談してみるのもよいかもしれません。

　また，幼児期から成人期を通して，身近にいる親や配偶者が本人の特性を理解していることがとても重要です。それによって本人が安心するだけでなく，親から教師，上司などに対し特性を伝えることによって，本人にふさわしい学校や職場環境が整い，支援の輪が広がっていきます。

　生活環境の調整としては，勉強などに集中しないといけないときには本人の好きな遊び道具を片づけ，テレビを消すなど，集中を妨げる刺激をできるだけ周囲からなくすことが重要です。また，集中しないといけない時間は短めに，一度にこなさなければいけない量は少なめに設定し，休憩をとるタイミングをあらかじめ決めておくことも効果的です。

　学習障害では，読むことが困難な場合は大きな文字で書かれた文章を指でなぞりながら読んだり，書くことが困難な場合は大きなマス目のノートを使ったり，計算が困難な場合は絵を使って視覚化するなどのそれぞれに

142

第4章　各種障害の知識／症状と特性，対応方法

応じた工夫が必要です。親と学校とが，子どもにある困難さを正しく理解し，決して子どもの怠慢さのせいにしないで，適切な支援の方法について情報を共有することが大事です。

本人と対応するときには，簡潔な言葉ではっきりと伝える，予定を目に見えるように示してしっかり伝える，絵カードやサイン（身振り）を使うと効果的に伝わります。また，「ダメ」などの不安を増長させる言葉ではなく，「〇〇しましょう」といった肯定的な言葉かけをするようにすると良いと思います。

変化があるときは，必ず事前に予告する。本人が何かにこだわるときは，一定の時間は認めつつ，その他の場面ではルールを決めて，他の活動にも誘うようにすると行動の幅を拡げることができることもあります。

2　知的障害

(1)　概　要

知的障害者福祉法では，知的障害者の定義規定はありません。知能の発達がゆっくりであるために生活や学習をする上で困難を示す人を総称して言います。知的障害は，生まれつきの障害であることが多く，治るというよりも特別に配慮された教育あるいは訓練によって改善していくものと考えられています。判断するポイントとして次の三つがあります。

① 18歳未満の発達期に遅滞が生じること（高齢者の認知症とは異なる）

② 知能テストによって測定された知能指数がおおむね70未満であること

③ 社会適応性（日常生活に必要な知識・技能を使いこなす力）が同年齢の人と比べて著しく低いこと

(2)　生活上の困難

知的障害がある人は，次のような生活上の困難があります。

① 会話をしたり，理由を考えて同じ間違いをしないようにすることが苦手

② 危険を察知して避けたり，足を踏み外しそうになった時に体のバランスを整えるなど，周囲の状況に応じて判断し，自分の体をどのよう

143

第1編　総論　〜刑事司法・更生支援と福祉の関わり〜

　　に操っていくかということも苦手
　③　見えないものを理解すること（抽象的な思考）が難しいことから，人
　　の気持ちを理解することが難しく，笑ったり怒ったりといった気持ち
　　がはっきりわかるような表情や仕草については理解できても，複雑な
　　人間関係を理解することは苦手

(3)　対　応
　　知的障害者の中には，社会経験の不足や対人関係の経験不足から，自己
表現がうまくできなかったり，自分のやりたいことが自分で分からなかっ
たりすることがあります。このようなときは，本人の状態を理解している
人，本人が信頼している人などに同行し補助してもらうとこが望ましいで
しょう。
　　また，誘導的な質問に引きずられてしまう傾向もあるので，本人の言葉
をよく聞きとるともに，態度や視線などにも注意を図りながら本人からの
メッセージをつかむ必要があります。
　　知的障害がある人への対応のポイントとして次のようなポイントがあり
ます。
　①　本人が頑張って「できた」ときは，褒めてあげる。
　②　「よくできたね」と言葉で伝えるだけでなく，手を叩いて喜んだり，
　　具体的なご褒美をあげる。
　③　話しかけた後，返事が返ってくるまで時間をかけて待つ。
　④　一度理解できたことも忘れてしまっていることがあるので，時間を
　　おいたときは前に話してあげたことを再度話してあげる。
　⑤　時には冗談を本気と思ってしまうことがあるので，冗談の時は「今
　　のは冗談です。」などと補足する。
　⑥　言葉だけでなく，絵や写真など視覚なものを使ってコミュニケー
　　ションをとる。
　⑦　ゆっくり，短いセンテンスで話をする。

144

第4章　各種障害の知識／症状と特性，対応方法

3　認知症

(1)　概　要

一度獲得した知的機能（記憶，認識，判断，学習など）の低下により，自己や周囲の状況把握・判断が不正確になり，自立した生活が困難になっている状態です。その原因は，次のようなものがあります。

①　アルツハイマー型認知症

記憶をつかさどる海馬の萎縮から始まり，徐々に大脳皮質全体が死滅・脱落し，脳全体が委縮していきます。進行には個人差がありますが，「物忘れ」から始まり，新しい記憶がインプットされないため，今，言ったことを次の瞬間忘れてしまい「ここに置いたはずなのにない」と探し物が増え，見つからないと「盗まれた」と言うこともあります。季節の見当識が付かない，曜日や自分の年齢が分からない，トイレの場所が分からないなど症状が進行し，会話がかみ合わなくなり，歩行が緩慢になり，転倒するリスクが高くなるため，移動に車いすが必要になってしまうこともあります。

②　レビー小体型認知症

異常たんぱく質が認知機能にかかわる大脳全体に蓄積するために起こります。手の震え，小刻みな歩行，動作が遅くなる筋肉がこわばる，いるはずのない虫が見えるなどの幻視，うつ，眠っている間に大声で叫んだり，怒ったりするなど睡眠障害が出ることもあります。

③　血管性認知症

高血圧，糖尿病，高脂血症により脳梗塞，脳出血，クモ膜下出血などの脳血管の病気が起こり，脳の血管が詰まったり，切れたりして脳細胞に酸素が送られないことにより，神経細胞が死んでしまい，認知症の症状が出ます。状態がよくなったり悪くなったりを繰り返しながら段階的に進行します。感情の起伏が激しくなったり，脳のダメージを受けた部位によりまひが出たりします。

(2)　生活上の困難

認知症患者にみられる次のような特徴から様々な生活上の困難がありま

第1編　総論　〜刑事司法・更生支援と福祉の関わり〜

す

① 新しいことは覚えられない

② 体験したことを丸ごと忘れる・過去に遡って忘れる

③ 身近な人にほど，より強い症状を見せる

④ 自分に不利になることは認めない

⑤ 正常な部分と理解できない部分が混ざり合っている

⑥ 感情はしっかり残っている

⑦ あることにこだわり，抜け出せない

(3) 対　応

認知症の人の支援方法として次のように心がけるとよいでしょう。

① 何度も同じことを聞いてくるのも「認知症のせい」と割り切って，同じ答えで構わないので答え，その場で納得させましょう。

② 体験したことを忘れてしまっても，そのまま受け流すようにしましょう。

③ 「自分は間違っていない」と言い張って聞かないときは，目くじらを立てずに受け止める姿勢で対応しましょう。

④ 認知症の人の立場になって考え，認知症の人の症状の背景には，認知機能障害があることを理解しましょう。

4　高次脳機能障害

(1) 概　要

交通事故や転落事故などの外傷による頭部の損傷，脳溢血や脳梗塞などの脳血管障害，あるいは，溺れたり呼吸が出来なかったりすることによって脳に酸素がいかなくなる低酸素脳症などの後遺症として生じる脳の器質的病変があり，その結果として記憶障害，注意障害，遂行機能障害，社会的行動障害などの認知障害があるものです。

(2) 生活上の困難

脳の損傷を受けた部位によってみられる症状は異なりますが，次のような症状が高次脳機能障害として見られます。

146

第4章　各種障害の知識／症状と特性，対応方法

① 注意障害

じっくりと仕事に集中できないなどの注意の持続困難，作業が始まると他の人の声掛けに適切に反応できない，火を消し忘れるなどの注意の配分困難。

② 記憶障害

仕事が覚えられないなど新しいことの記憶が困難，最近のことが思い出せない，約束を忘れる。

③ 遂行機能障害

家事を計画的にできない，仕事のトラブルを解決できない，物事の優先順位が付けられないなど，日常生活や仕事の内容を計画し実行することが難しい障害。

④ 社会的行動障害

怒りやすい，やる気がない，後先のことを考えずに行動するなど，自分の行動や感情をコントロールすることの障害。

⑤ 半側空間無視

食事の左半分のおかずが認識できず食べ残す，移動中左側にあるものにぶつかるなど，目の前の半分（多くは左側）に注意が向かない障害。

⑥ 失語症

うまく話せない，思った言葉が出てこない，字が読めないなど，話す，聞いて理解する，読むことの障害。

⑦ 半側身体失認

麻痺している上肢を自分の手だと認めない，麻痺があるのを自覚せず立ち上がるため倒れてしまうなど，身体の麻痺への注意が払われなかったり，認識が低下してしまう障害。

⑧ 地誌的障害

よく知っている場所で道に迷う，近所の地図が描けない，目的地にたどり着かないなど，地理や場所が分からなくなる障害。

⑨ 失認症

よく知っている人の顔を見ても誰かわからない，電話で家族の声を聴

147

いてもわからないなど，見ているもの，聞いているもの，触っているものが分からなくなる障害。

(3) 対 応

高次脳機能障害に対するリハビリテーションには，失語症や記憶障害などの障害そのものの改善を図るリハビリテーションと記憶障害に対するメモの利用など代替手段を身に着けるリハビリテーションがあります。代替手段を身に着けるために，次のような対応が考えられます。

① 注意障害
・注意を維持できる時間を決め，その時間内で作業が終わるようにする。
・危険な場面に遭遇しないよう作業環境を工夫する。
・十分な休息を取り，作業はできるだけ静かな場所を設定する。

② 記憶障害
・メモやスケジュール帳などの代替手段を取る。

③ 遂行機能障害
・仕事の内容を順序立てて掲示する。
・作業を単純化し，一つ一つこなしていくようにする。

④ 社会的行動障害
・突然の変化に対応しにくいことを周囲が理解する。
・感情のコントロールができず興奮している場合は，場所を変える，あるいは話題を変える。

⑤ 半側空間無視
・食卓では全体を見回す習慣をつける。
・左側は見落としやすい（注意が向かない）ことを自覚するよう促す。

⑥ 失語症
・ゆっくり，わかりやすく具体的に話す。
・長い文章は避け，短い言葉で話す。
・ジェスチャーやメモを使って話す。

第 4 章　各種障害の知識／症状と特性，対応方法

⑦　半側身体失認
・麻痺している手足を認識するような習慣を身に付けるよう働きかける。

⑧　地誌的障害
・一人で行動できる範囲を自覚してもらう。
・道に迷った時のために，連絡先を書いたカードや携帯電話を持ち歩く。
・自分の家の中では，主だった場所に，手掛かりになるマークや文字を書いておく。

⑨　失認症
・見て理解できない場合は，触ってみたり，音を聞くなど他の感覚を併用する。
・聞いて理解できない場合は，筆談や身振りを付ける。

5　統合失調症

(1)　概　要

　統合失調症は，心や考えがまとまりづらくなってしまう病気です。そのため気分や行動，人間関係などに影響が出てきます。統合失調症には，健康なときにはなかった症状が表れる陽性症状と，健康なときにあったものが失われる陰性症状があります。

　陽性症状の典型は，幻覚と妄想です。幻覚の中でも，周りの人には聞こえない声が聞こえる幻聴が多くみられます。陰性症状は，意欲の低下，感情表現が少なくなるなどがあります。

　発症の原因は正確にはよくわかっていませんが，統合失調症になりやすい要因をいくつかもっている人が，仕事や人間関係のストレス，就職や結婚など人生の転機で感じる緊張などがきっかけとなり，発症するのではないかと考えられています。

(2)　生活上の困難

　統合失調症の症状でよく知られているのが，「幻覚」と「妄想」です。
　幻覚とは実際にはないものをあるように感じる知覚の異常で，中でも自

149

分の悪口やうわさなどが聞こえてくる幻聴は，しばしば見られる症状です。

妄想とは明らかに誤った内容を信じてしまい，周りが訂正しようとしても受け入れられない考えのことで，嫌がらせをされているといった被害妄想，テレビやネットが自分に関する情報を流していると思い込んだりする関係妄想などがあります。

こうした幻覚や妄想は，本人にはまるで現実であるように感じられるので，病気が原因にあるとはなかなか気づくことができません。

そのため，いつも不安そうで，緊張している。悪口をいわれた，いじめを受けたと訴えるが，現実には何も起きていない。話にまとまりがなく，何が言いたいのかわからない，相手の話の内容がつかめない，身なりにまったくかまわなくなり，入浴もしない。他人の感情や表情についての理解が苦手になるなどの症状が出ることもあります。

(3) 対 応

治療によって急性期の激しい症状が治まると，その後は回復期となり，徐々に長期安定に至るというのが一般的な経過です。なかにはまったく症状が出なくなる人もいますが，症状がなくなったからといって自分だけの判断で中途半端な時期に薬をやめてしまうと，しばらくして再発してしまうことも多いので注意が必要です。主治医と相談することが大切です。統合失調症も糖尿病や高血圧などの生活習慣病と同じで，症状が出ないように必要な薬を続けながら，気長に病気を管理していくことが大切です。

6　アルコール依存症

(1) 概 要

大量のお酒を長期にわたって飲み続けることで，お酒がないといられなくなる状態が，アルコール依存症です。その影響が精神面にも，身体面にも表れ，仕事ができなくなるなど生活面にも支障が出てきます。またアルコールが抜けると，イライラや神経過敏，不眠，頭痛・吐き気，下痢，手の震え，発汗，頻脈・動悸などの離脱症状が出てくるので，それを抑えるために，また飲んでしまうといったことが起こります。

150

第4章　各種障害の知識／症状と特性，対応方法

⑵　生活上の困難

　アルコール依存症は，本人は病気を認めたがらない傾向にあります。一旦お酒をやめても，その後に一度でも飲むと，また元の状態に戻ってしまうので，強い意志で断酒をする必要があります。また，アルコール依存症が進むと，体や精神に悪いばかりではなく，飲酒運転で摘発されたり職場でのトラブルが重なって失業，というように社会・経済的な影響がだんだん大きくなっていきます。友人や家族との関係も影響をうけ，自分の内・外の世界で多くの大切なものを失うことになってしまいます。

　具体的には次のような症状がよく見られます。

　①　お酒を飲むべきでない時にも「飲みたい」と強く思う

　②　飲む前に思っていた量より，飲み始めるとつい多く飲んでしまう

　③アルコールがいつも体内にある状態が続くと，脳はそれが普通の状態だと認識し，アルコールが抜けてくると，様々な不快な症状が出ます。

　④　酔いがさめると，次のような離脱症状（禁断症状）が出ます。

　　　手のふるえ，多量の発汗，脈が早くなる，高血圧，吐き気，嘔吐，下痢，イライラ，不安感，うつ状態，幻覚

　⑤　離脱症状を抑えるために飲んでしまう

⑶　対　応

　依存症にならないためには，まずは日ごろから量をコントロールできる飲み方をする，1週間に1〜2日は飲まない日をつくる，という習慣を身に付けるようにしましょう。

　アルコール依存症の診断を受けた場合，治療は外来でも可能ですが，我が国では治療の主体は入院治療です。入院治療は次の3段階に分けられます。

　①　解毒治療：体とこころに起きている合併症の治療と，離脱症状の治療。

　②　リハビリ治療：個人精神療法や集団精神療法で，本人に飲酒問題の現実を認識して断酒の決断へと導く。退院後のリハビリ治療を視野に入れて自助グループへの参加なども始める。本人や家族に十分な説明

151

第1編　総論　～刑事司法・更生支援と福祉の関わり～

をした上で抗酒薬の投与も開始する。

③　退院後のアフターケア：ⅰ）病院・クリニックへの通院，ⅱ）抗酒薬の服用，ⅲ）自助グループへの参加

7　薬物依存症

(1)　概　要

薬物依存症とは，大麻や麻薬，シンナーなどの薬物を繰り返し使いたい，あるいは使っていないと不快になるため使い続ける，やめようと思ってもやめられないという状態です。こうなると日常生活に支障が出てもやめられない，また薬物を手に入れるためになりふりかまわなくなるといったことが出てきます。

欲しいという欲求が我慢できなくなる精神的依存，薬物がなくなると不快な離脱症状が出る身体的依存があります。また，体が薬物に慣れてくるため，同じ効果を感じるために薬物の量が増えてしまいます。

(2)　生活上の困難

常用者は薬物の効果が切れてくると，使いたいという強烈な欲求が湧いてきます。ある期間，あるいは，数か月やめていても，何かのきっかけで，使いたいという強烈な欲求が湧いてきます。

その結果，

①　薬物を入手するために，いくつもの病院，薬局を回る。

②　薬物を入手するためなら，万引きや強盗，売春などの犯罪もおかす。

③　使いたくない，今回はここでストップしたい，このくらいの量で終わりたいと思っても，コントロールが効かなくなります。

④　薬物の使用をやめたり，量を減らしたりすると，離脱症状（禁断症状）が出ることがある。

※　離脱症状：不眠，過眠，抑うつ，不安，焦燥，幻覚，筋肉や関節の痛み，妄想，けいれん発作，食欲亢進，脱力，嘔吐，下痢，異常な発汗。

⑤　1日の大部分を，薬物の入手，使用，回復のために使うようになります。結果的に，社会的，職業的，娯楽的活動が放棄されるか，軽ん

第4章 各種障害の知識／症状と特性，対応方法

じられてしまいます。

(3) 対　応

「薬物がどうしても欲しい!」という欲求が抑えきれなくなった脳は，半永久的に元の状態には戻らないといわれています。いくら本人の決意が固くても，ちょっとしたきっかけで薬物への強い欲求につき動かされ，また薬物を使ってしまう人が多いのです。

しかし，適切な指導を受け続けて，薬物を使わない生活を繰り返せば，社会人として何の問題もない生活をおくることができます。それを「回復」といいます。簡単なことではありませんが，「回復」は可能です。

薬物依存症を解消する特効薬はありません。

外来治療が基本です。一時的に薬物が手に入らない環境をつくる必要がある場合には，入院も必要になります。「治す」というよりは，薬物依存症を糖尿病や高血圧症のような慢性疾患としてとらえて，薬物を使わない生活を続けるという自己コントロールの継続が目標となります。そのためには，それまでの薬物使用に関係していた状況（人間関係，場所，お金，感情，ストレスなど）を整理・清算し，薬物を使わない生活を持続させることが必要です。

しかし，一人での決意はほとんど持続しません。持続させるためには，これらの整理・清算を認知行動療法を用いて体系的に習得させてくれる医療施設や相談所に通い続けるか，ダルク（Drug Addiction Rehabilitation Center）やNA（Narcotic Anonymous）などの自助活動に参加し続けながら，薬物を使わない生活と新しい仲間をつくることが大切です。

8　うつ病

(1) 概　要

眠れない，食欲がない，一日中気分が落ち込んでいる，何をしても楽しめないといったことが続いている場合，うつ病の可能性があります。うつ病は，精神的ストレスや身体的ストレスが重なることなど，様々な理由から脳の機能障害が起きている状態です。脳がうまく働いてくれないので，ものの見方が否定的になり，自分がダメな人間だと感じてしまいます。そ

153

第1編　総論　〜刑事司法・更生支援と福祉の関わり〜

のため普段なら乗り越えられるストレスも，よりつらく感じられるという，悪循環が起きてきます。

(2)　生活上の困難

　うつ病と診断する目安として，次のような症状のうちいくつかが２週間以上ずっと続く，というものがあります。一つ一つの症状は誰もが感じるようなものですが，それが一日中ほぼ絶え間なく感じられ，長い期間続くようであれば，もしかしたらうつ病のサインかもしれません。

- ・抑うつ気分（憂うつ，気分が重い）
- ・何をしても楽しくない，何にも興味が湧かない
- ・疲れているのに眠れない，一日中眠い，いつもよりかなり早く目覚める
- ・イライラして，何かにせき立てられているようで落ち着かない
- ・悪いことをしたように感じて自分を責める，自分には価値がないと感じる

うつ病では，自分が感じる気分の変化だけでなく，周囲からみてわかる変化もあります。周りの人が「いつもと違う」こんな変化に気付いたら，もしかしたら本人はうつ状態で苦しんでいるのかもしれません。

- ・表情が暗い
- ・涙もろくなった
- ・反応が遅い
- ・落ち着かない
- ・飲酒量が増える

　抑うつ状態に気付く前に，体に変化が現れることもあります。

- ・食欲がない
- ・体がだるい
- ・疲れやすい
- ・性欲がない
- ・頭痛や肩こり　など

第4章　各種障害の知識／症状と特性，対応方法

(3) 対　応

　薬による治療と併せて，認知行動療法も，うつ病に効果が高いことがわかってきています。早めに治療を始めるほど，回復も早いといわれていますので，無理せず早めに専門機関に相談すること，そしてゆっくり休養をとることが大切です。

　典型的なうつ病ならば薬物療法の効果が期待できます。性格や環境の影響が強い場合は精神療法的アプローチや時には環境の整備が必要になります。他の病気や薬が原因の場合は病気の治療や薬を変えることを考えなくてはなりません。休職についても，休養が必要な場合とむしろ仕事を続けた方がいい場合もあってこの点でも方針は一つではありません。

　うつ病と一括りに考えて治療を受けるのではなく，うつ病にはいろいろあって，治療法も一つではないことを知っておくことが大切です。自分のうつ病と，他の人のうつ病は違うものであり，治療法も一人一人違っていて当たり前なのです。

9　双極性障害 (躁うつ病)

(1) 概　要

　双極性障害では，ハイテンションで活動的な躁状態と，憂うつで無気力なうつ状態を繰り返します。躁状態になると，眠らなくても活発に活動する，次々にアイデアが浮かぶ，自分が偉大な人間だと感じられる，大きな買い物やギャンブルなどで散財するといったことがみられます。躁状態ではとても気分がよいので，本人には病気の自覚がありません。

　躁状態とうつ状態は両極端な状態です。その極端な状態を行ったり来たりするのが双極性障害なのです。

　気分の波は，誰にでもあります。幸せな感じがする時もあれば悲しい気分の時もあるのは当たり前です。嫌なことがあった時に落ち込んだり，楽しいことがあった時にウキウキしたりするのは，ごく自然なことで，病気ではありません。でも，周りの人たちが「どうもいつものあの人とは違う」と気付き，「ちょっとおかしいのでは？」と思えるほどその気分が行き過ぎていて，そのために家族や周りの人が困ったり社会的信用を失うほ

155

第1編　総論　〜刑事司法・更生支援と福祉の関わり〜

どであれば，双極性障害かもしれません。

(2)　生活上の困難

躁状態の時は現実離れした行動をとりがちで，本人は気分がいいのですが周りの人を傷付けたり，無謀な買い物や計画などを実行してしまいます。再発しやすい病気なので，こうした躁状態を繰り返すうちに，家庭崩壊や失業，破産などの社会的損失が大きくなっていきます。

また，うつ状態はうつ病と同じように死にたいほどの重苦しい気分に押しつぶされそうになりますが，躁状態の時の自分に対する自己嫌悪も加わり，ますますつらい気持ちになってしまいます。

こうした躁とうつの繰返しを治療せずに放置していると，だんだん再発の周期が短くなっていきます。

躁状態のサインとして次のようなものがあります。

・寝なくても元気で活動を続けられる

・人の意見に耳を貸さない

・話し続ける

・次々にアイデアが出てくるがそれらを最後までやり遂げることができない

・買い物やギャンブルに莫大な金額をつぎ込む

・性的に奔放になる

(3)　対　応

双極性障害の治療には薬による治療と精神療法的アプローチがあります。

「心の悩み」とは異なり，カウンセリングだけで回復が期待できるものではありません。薬物療法を基本に治療法を組み立てます。

【参考文献】

新井英靖『障害児者へのサポートガイド』（中央法規，2007）

杉山孝博『これでわかる認知症』（成美堂出版，2016）

『Q&A障害者福祉　支援の手引き』（新日本法規出版）

156

第4章　各種障害の知識／症状と特性，対応方法

福祉行政法令研究会『障害者総合支援法がよーくわかる本〔第4版〕』（秀和システム，2017）
厚生労働省「平成28年度厚生労働白書」
東京都福祉保健局「高次脳機能障害者地域支援ハンドブック」

第 **2** 編

ケーススタディ
～項目別・事例別に学ぶ実務のポイント～

第2編　ケーススタディ　〜項目別・事例別に学ぶ実務のポイント〜

第1章　入口支援における刑事司法ソーシャルワークの支援プロセス

　さて，刑事司法ソーシャルワークは被疑者・被告人の立場にある，個人を対象にしていることからミクロソーシャルワークと言えます。これから，その支援プロセスについて簡潔に述べます。具体的な実践での解説等は，次章以降で詳しく説明していきます。

第1　生活課題を抱えた対象者

　平成28年版犯罪白書によると，高齢者の検挙人員は，我が国の高齢者人口の増加率をはるかに上回る勢いで，平成20年までは著しく増加し，そのまま高止まりとなっています。高齢者の場合，認知症や精神障害が疑われる者も含まれ，その罪名別検挙人員は窃盗の割合が高い傾向となっています。女性の刑法犯検挙人員についても，やはり高齢化が顕著であり，罪名別に見ると，窃盗（そのうち約8割が万引き）の占める割合の高いことが特徴となっています。精神障害者等では，窃盗が最も多く，次いで傷害・暴行となっています。精神障害といっても統合失調症，感情障害，双極性障害等，様々ですが，服薬がなされず精神障害が重くなり犯罪に及んだ事案もあります。居住地については，住み込み寮を追い出された者，ホームレスで帰住先のない者等の様々な理由で住所不定となり無職である場合が多く見受けられます。

　では，実際の個々の事案の対象者はというと千差万別です。例えば，同じ女性高齢者の窃盗で括られても，一つとして同じ更生支援計画にはならないことからも，対象者本人は複数の生活課題を抱えているといえます。それは過去の生き辛さを抱えた環境を，現在まで引きずっている事も起因しています。したがって，支援計画は，対象者の生き辛さを少しでも解消していく環境作り，言い換えれば環境を変えることに他ならないのです。

第1章　入口支援における刑事司法ソーシャルワークの支援プロセス

第2　罪名と前科前歴

　現在，刑事司法ソーシャルワーカーは，基本的に罪を犯す高齢者や障害者を対象にしています。その軽微な罪といえば，窃盗，暴行，傷害，詐欺，器物損壊，住居侵入，恐喝，占有離脱物横領，偽造等があります。その中の窃盗には，万引き，自転車盗，自動車盗，オートバイ盗，空き巣，出店荒らし，事務所荒らし，車上ねらい，自動販売機ねらい，ひったくり等の手口があります。

　被疑者・被告人の中には，軽微な犯罪を繰り返している場合も多くあります。つまり，累犯のライフサイクルとなっているように見られるのです。障害が疑われ福祉的支援が必要であるにもかかわらず，福祉に無縁で孤立した生活をしてきた人も少なくありません。そのような生活が死角となって，福祉関係機関は，その存在を確認していないことも往々にしてあると思われます。

　そして，前科・前歴を見ると，本人の過去の困窮状況や生活の乱れ，精神状態等の情報を得ることが可能となります。初めて刑事司法に関わる支援者は，累犯者の人物像が具体的に明らかでない場合，被疑者が前科10犯と聞くと，「前科10犯って，どんな酷い事をしたのだろう。そんな恐ろしい人の支援はできない。実際，支援をして良いものか。また再び罪を犯すのではないだろうか。事件には関わりたくない。自分の責任になったら困る」等々，支援を躊躇してしまうかもしれません。しかし，実際に本人に接見してみると，軽微な罪を繰り返す，福祉につながりのない累犯障害者であることに気付かされる事もあり，そこで改めて積極的な介入の必要性を実感する支援者も多いと思われます。

第3　支援のプロセス

　ソーシャルワークは，人間の行動と社会システムに関する理論を利用して，人々がその環境と相互に影響し合う接点に介入すると定義されています。そ

第2編　ケーススタディ　〜項目別・事例別に学ぶ実務のポイント〜

の相談援助のプロセスはケース発見，受理面接（インテーク），問題把握，ニーズ確定，事前評価（アセスメント），支援目標，目標設定，支援計画（プランニング），介入，事後評価，モニタリング，終結の流れをたどるとされています。

　刑事司法ソーシャルワークも基本的に相談援助のプロセスと同じように展開します。ここでは，他機関他職種との連携の観点から，支援のプロセスを9項目に分けています。最初に弁護人からの依頼，情報収集・情報共有，接見・傍聴，アセスメント・見立て，支援会議の招集，行政機関との連携・調整，更生支援計画書の作成，情状証人として出廷，そして釈放後に福祉や医療につないで終結に向かっていきます。

　ただし，本人が逮捕され不起訴等により釈放されるまで，という時間的制限があることに留意しなければなりません。それは「第1編第2章　刑事司法手続の流れ」で示すように，本人の逮捕から勾留満期までに最長23日間ありますが，支援体制の構築に時間を費やす可能性が高いので，かなり迅速にかつ丁寧に活動することが望まれます。

1　弁護人からの依頼

　刑事司法ソーシャルワーカーは弁護人等から依頼された後，その弁護人と時間を調整して，なるべく早く打合せを行います。打合せ内容は次のようになります。現時点で把握している本人の情報提供，依頼の内容と取り決め，弁護人のこれからの活動予定，知り得た情報から予測される刑事司法ソーシャルワーカーの支援内容，初回接見予定日，本人からの福祉的支援の同意・個人情報開示に関する代理人への委任状等の書類の受け取り等です。

　捜査・勾留段階での弁護人は，本人から聞いた話を基に，本人の家族等の関係者からも情報を得ます。それを基に刑事司法ソーシャルワーカーも本人に接見し，やはり関係者等から必要と思われる情報を収集し，釈放後の本人を福祉につなぐ更生支援計画を立案するため，活動します。

　また弁護人は作成された更生支援計画書を刑事弁護に活用します。かいつまんで説明しましたが，つまり弁護人と刑事司法ソーシャルワーカーである社会福祉士は，互いの専門領域の知見を活かして協働していくということで

162

第1章　入口支援における刑事司法ソーシャルワークの支援プロセス

す。例えば弁護人が本人を施設に入所させてほしいと提案したからといって，刑事司法ソーシャルワーカーはそれに従うということではなく，支援の見立ての根拠を説明し，本人の人権保護を考慮しつつ，福祉につなげていくという専門職としての姿勢や提案を示していただきたいです。

2　情報収集・情報共有（心身の状態・生育歴・家族関係等）

本人に接見し，本人からの情報を基に家族や多機関等から情報を収集するのか，それとも先に弁護人や家族等関係者からの情報を基に情報収集をするかは，時間的タイミングの問題もあります。接見は時間も限られていますので，事案によっては，先に情報収集し，その後，平日に接見する場合も出てきます。もちろん，情報収集等は，様々な場面で行われています。

さて，必要な情報とは，例えば医療に関しては，受診記録・カルテ等の医療情報，中高校時の学校生活に関する事項の照会書類等があります。しかし，個人情報保護ということで入手できない場合もあります。また，家族や福祉関係者からの聴き取りは，本人との関係性に関するエピソードを聞き，本人像をイメージでき，新たな情報を得ることもできます。これらの情報はアセスメントや見立ての時に活用します。基本情報として，本人氏名，生年月日，住所，家族構成，現在の住所，手帳の有無，障害支援区分，介護度，経済状況，心身の状態，成年後見制度の利用の有無，福祉サービスの利用，生育歴，これまでの生活状況，家族関係を確認しフェイスシートを作成します。様々な情報を収集し，生活課題を把握することとなります。

なお，個人情報の取扱いには注意しなければなりません。

3　接見・傍聴

勾留場所，あるいは拘置所で本人に接見することは，ソーシャルワークでの受理面接（インテーク），問題把握，ニーズ確定の場面に当たります。基本的には，刑事司法ソーシャルワーカーが支援することへの本人同意の確認，本人からの情報収集，ニーズの確認（初期評価）となります。もちろん，刑事司法ソーシャルワーカーはラポールの形成に重点を置き，対等な関係を意識していきます。そのようなことから当然ではありますが，個別性の尊重，傾聴，非審判的態度で対話することで接見の目的を果たすことができます。

163

第2編　ケーススタディ　～項目別・事例別に学ぶ実務のポイント～

　接見の時間は30分を超えない範囲で各施設が定める時間となっています。面会は平日のみで，一般の面会者が多くて接見室が混んでいるため，ほとんどの接見は，30分未満で終了されます。接見の所用時間については，弁護士からの情報量によって違ってくるので，一概には言えませんが，実際に接見してみると，とにかく短く感じます。例えば，職種は違いますが，居宅介護事業所のケアマネジャーの相談面接の所要時間は，新規利用者の場合45分，アセスメントは105分とのアンケート結果が出ていることから考えても，接見時間は短いです。限られた時間を有効に使うため，あらかじめ質問項目を挙げておく等の事前準備が必要です。

　また，本人に障害がある場合，話す速度はゆっくりで，会話の進め方や内容の選択等は，その障害特性に応じた面接技法を用います。アクリル板越しで，難聴の高齢者は聞き取りにくいことがありますので，筆談のように紙に文字を書くことや，前もって絵を描いて準備して持って行くことも良いと思われます。接見時の聴覚障害者や難聴高齢者への配慮が望まれるところです。

　接見は必要によって数回行ないます。最終回の接見では，更生支援計画について同意を得ることになるのかもしれません。接見の詳細については本編3章の2で述べます。

　公判では必ず傍聴しなければならないということではありませんが，刑事司法ソーシャルワーカーとして事件の捜査内容を直接検事から聴き，新たな情報があれば今後の支援に役立てます。そして，本人の身体的状態を知ることや，家族や関係機関が傍聴に来るならば信頼関係を築く意味も出てきます。

4　アセスメント・見立て

　刑事司法ソーシャルワークは，特に本人と環境の交互作用に着目し，そこに介入することによって様々な問題を解決しようとします。人的・物理的環境における情報は，身体機能，精神状態，社会環境に分けてフェイスシート並びにアセスメントシートに記載し，その情報間の交互作用はどのような状態となっているのかを評価します。アセスメント情報が少ないと見立てることも困難，あるいは違った見立てとなる可能性もありますので，できる限り必要と思われる情報を収集します。そして，「なぜ，そのような生活になっ

164

第1章　入口支援における刑事司法ソーシャルワークの支援プロセス

たのか」,「なぜ,そのような犯罪を起こしたのか」等,事件の背景や生活の困難な状況等について,本人の全体の生活環境から問題点を把握し,分析します。

　釈放後の支援を見立てるときには,本人の生き辛さをなるべく解消する環境調整を考え,本人の希望や要求等に沿うように検討します。しかし,必ずしも本人の意に沿うとは限りません。そして,本人のストレングス（強さの面）と課題（マイナス面）を明確にして,支援方法を検討し,結果予測まで見立てます。そのような作業能力は,刑事司法ソーシャルワーカーとしての専門知識,社会保障制度,社会福祉制度,医療等の各制度政策や福祉サービスの受給要件等の様々な知識が必要とされます。

5　支援会議の招集

　支援会議等では支援先と情報を共有し,これまでの本人の生き辛さの問題点を検討・把握します。事案によっては,家族や施設等の支援先が単独であれば,支援会議（ケア会議とかケース会議とか言われるが名称にこだわらない）は二者間での開催となります。

　多機関多職種による更生支援の計画であれば,支援会議を招集し,刑事司法ソーシャルワーカーがアセスメントや見立てについて,根拠を示しながら説明します。そして,他職種の支援計画の提案を尊重しながら会議を進め,修正しながらも更生支援計画の内容の合意を図ります。支援計画の変更や新たな支援が見込まれるときは,再アセスメントが必要となるかもしれません。公判請求されるようであれば,支援会議は数回招集することは可能となります。各機関の役割分担を決め,本人釈放後に連携した支援を行えるように調整します。場合によっては,支援会議に家族が参加することもあります。

　不起訴等により,本人の釈放までに時間がなく,また,関係機関との時間的調整ができず,支援会議を開催したくてもできない場合は,キーマンとなる機関が決まっていれば,釈放後にその機関に再アセスメントも含め任せることもあります。支援会議の招集についてはケース・バイ・ケースとなります。

165

第2編　ケーススタディ　〜項目別・事例別に学ぶ実務のポイント〜

6　行政機関との連携・調整（生活保護・年金・手帳取得等）

　既に軽微な犯罪で逮捕された高齢者や障害者に関わっているという行政機関も多くあります。例えば，生活保護を受給中に逮捕され勾留された場合，生活保護は停止（あるいは廃止）されます。釈放後，本人は生活保護担当課に行き，保護開始の申請（あるいは改めて申請）を行うことになります。

　そして障害者の場合，障害者手帳を取得して，障害者年金受給の申請手続，障害支援区分認定の申請，福祉的な就労支援につなげること，また，グループホーム等の居住場所について，障害者支援担当課等に相談することも考えられます。高齢者の場合は軽度の認知症が疑われれば，高齢者支援担当課にて要介護認定審査の申請をして，介護保険サービスを利用するよう支援計画に盛り込みます。このような高齢者や障害者等へ制度として行われている福祉サービスは，本人の経済的安定と生活支援のために行政機関との連携を欠かすことはできません。

　直接行政機関が関わらなくても，委託事業先に協力を求めることもあります。その場合，委託事業先から行政機関に連絡されて，行政機関も把握していることが往々にしてあります。例えば，地域包括支援センターや障害者相談事業所は，行政の委託事業であるので行政機関にも報告され，情報を共有しています。

7　更生支援計画書の作成

　更生支援計画は，刑事司法ソーシャルワーカーが見立てを作成し，支援会議で検討し，構築していきます。したがって，今後の支援先である福祉関係機関等が招集された会議では，本人情報としてフェイスシートやアセスメントシートを配布し，本人の状況を共有します。それとともに，刑事司法ソーシャルワーカーが見立てとして記載した更生支援計画簡易版等を配布し，各自の具体的な役割等をより明確にしながら協議することになります。

　そして，最終段階で簡易版が完成し，その後は，計画に基づいて本人釈放後に福祉的支援を実行する段階となりますが，その支援内容について本人の同意を得ておくことが不可欠です。

　弁護人は，福祉的支援計画が実行されることで再犯を防止できることを立

第1章　入口支援における刑事司法ソーシャルワークの支援プロセス

証するため，改めて更生支援計画書の作成を刑事司法ソーシャルワーカーに依頼し，それを裁判所に証拠として提出します。更生支援計画書の記載内容は，まず，計画書作成者の自己紹介として，「刑事司法ソーシャルワーカー」が対応していることを，文頭で明記することは，この計画書の信頼性を高める上で重要です。

日本社会福祉士会（2015年報告書・25頁）では，刑事司法ソーシャルワーカーは，あくまで本人を福祉的支援につなぐ役割であり，司法判決には踏み込まない中立的な立場を堅持することを主張していますので，それに留意しつつ，更生支援計画書を作成していきます。

この更生支援計画書の位置づけは大きく，短期間にどれだけ情報収集ができ，本人の同意を含む計画が作成されるかはポイントとなっていますし，弁護人が説得力のある計画書の作成を期待する向きもあります。

他方，限定された関係性の中での計画の見立てであり，本人釈放後，その更生支援計画に沿って支援を始めても，全く違う方向に行くこともままあり，計画を修正しつつ支援していくことがあります。ときには，福祉の支援も関係しないこともありますし，スッと本人がいつの間にかいなくなること（行方知らず）も少なくありません。提出した更生支援計画は絶対とは言えないですし，釈放後，変更があり得ることも，関係機関において共通の認識としたいところです。

なお，更生支援計画書の詳細な記載内容については後者に譲ります。

8　情状証人として出廷

弁護士から情状証人として出廷を依頼されたら，刑事司法ソーシャルワーカーは，弁護士とリハーサルをするなど念入りな打合せをして法廷に臨みましょう。アセスメントと更生支援計画について証言することが多いので，これまでの振り返りを行い，証人として準備をします。また他事件の裁判を傍聴し，法廷の雰囲気を前もって知っておくことも良いでしょう。

証人尋問は通常，一問一答形式であり，質問されたことに対して端的に短く返答することを心がけなければなりません。丁寧に付け足して話す必要はありません。障害者への理解や介護保険制度の知識等を習得している検察官

167

第2編　ケーススタディ　～項目別・事例別に学ぶ実務のポイント～

も多く，反対尋問では福祉制度に関する質問を出されるかも知れませんが，そのような時も，端的に答えることを心がけましょう。

また，最初に裁判官から証人の属性を問われた場合，そこは社会福祉士会開催の研修を修了し，刑事司法ソーシャルワーカーとして登録・実践している旨を述べます。それ以外にも，各人の資格，所属や福祉への関わり等について端的に答えます。それから，支援の経過，アセスメントの内容，更生支援計画の内容，計画の実効性，釈放後の刑事司法ソーシャルワーカーの関わり方等が質問されます。

9　釈放後に福祉・医療等につなぐ

不起訴や執行猶予付き判決，罰金刑の場合，判決直後から更生支援計画に沿った支援が始まります。もちろん，この計画に関わっている福祉関係機関は，釈放されるのを待っていたのですから，予定通りの支援体制で本人を迎えることになります。福祉関係機関のみならず，医療につないでいくこともあるでしょう。例えば，家庭内暴力や家族が拒否的で他害行為もあるならば，一時的に任意入院し，その間に再アセスメントして，退院後は障害施設やグループホームに入所する計画もあり得ます。また，薬物中毒後遺症精神障害の立ち直りのリハビリを要する場合は，ダルクへ入所することもあります。

実刑になった場合，更生支援計画は実行できないため，弁護士と協働する刑事司法ソーシャルワーカーの支援は終了します。受刑期間という時間的経過により，計画されていた支援がとりあえず白紙になることはやむを得ないことです。

しかし，まだ事案数は少ないですが，更生支援計画書は裁判所の判決内容に記載されることもあります。その更生支援計画書が矯正施設に提供され，保護観察所に引き継がれ伝達されるならば，釈放時における本人の更生支援計画の下敷きとして，その資料は充分役立つと思われます。そのような事案では，服役後，再度，刑事司法ソーシャルワーカーが支援に関わる可能性はあります。

168

第2章　項目編

第2章　項目編

1 情報の収集
「統合失調症患者による殺人未遂事件（結果　医療観察法に基づく入院）」

第1　事案の概要

事件の内容

　40代の女性が，①朝，歩道上において草刈り作業をしていた高齢女性に対し，顔面や頭部等を拳骨で数回殴打する等の暴行を加え，よって，同人に加療約1週間を要する，顔面打撲，右腋下切創，左胸部切創の傷害を負わせ，②業務その他正当な理由による場合でないのに，包丁1丁を携帯していたという事案です。

弁護人接見時の様子

　本人が勾留された後，就任した国選弁護人が警察署で本人と初回の接見を行いました。

　本人は，容疑を認めているものの，動機について「大切な緑が傷つけられていて，頭に来た」等の意味不明な発言をしていました。弁護人が，本人に，精神疾患の診断名を尋ねたところ，「拒食症，摂食障害と診断されている」と答えるのみでした。

　本人は，弁護人の質問に対し，噛み合わない返答をしたり，突然，感情を高ぶらせて攻撃的な態度を取ったりすることがありました。弁護人は，本人に単なる摂食障害を超える重度の精神疾患を疑い，早期釈放に向けて，今後の方針を立てることにしました。

169

第2編　ケーススタディ　～項目別・事例別に学ぶ実務のポイント～

弁護士が押さえておきたいポイント

① 被疑者に関する情報収集

社会福祉士が押さえておきたいポイント

① 弁護人からの依頼内容を確認する。

② 被疑者に面会し事情聴取する。聴き取った内容を総合的に判断し，福祉的な観点から犯罪に至った要因を推察する。

③ 被疑者からの情報だけでなく，家族や必要と思われる関係者等からも客観的な情報を収集する。

第2　ポイント解説（弁護士編）

1　被疑者からの聴取

被疑者からできる限り事情を聴取します。聴取の際には，辛抱強く話を聞くことが重要です。優しい雰囲気，ゆったりとした口調で，専門用語を使わずに平易な言葉で話をします。質問する際には，一つの質問で一つの事実を聞き出すようにします（ワンクエスチョン・ワンファクト）。

社会福祉士や精神保健福祉士，精神科医等の福祉専門職に接見への同行を依頼し，事情聴取を行うことも一つの手段です。この場合，弁護人が福祉専門職に被疑者の個人情報・刑事事件の情報の提供を行うことについて，事前に，被疑者から同意書を取得します。福祉専門職を同行して接見を行う場合，一般面会扱いされることが多いですが，①一般面会時間を過ぎた時間を選んで，事前に特別面会の申入れを行う，②理由を付して事前に面会延長の申入れを行うなどの方法により，30分や1時間などある程度の時間を確保することができます。なお，被疑者に接見等禁止処分が付されている場合には，接見等禁止の一部解除の申立てを行う必要があります。

170

本件では，弁護人が福祉専門職に被疑者の個人情報・刑事事件の情報の提供を行うことについて，被疑者の同意書を得ることができました。ただ，この同意書を得るための説得に時間を要し，勾留10日目にようやく得ることができたという状況でした。

同意書取得後に，社会福祉士を同行して接見し，被疑者が精神科のある病院に2年ほど通院していたこと，直近3か月は通院していなかったこと，以前，同病院の医師が提案をしてくれた訪問看護を受けていたが，被疑者が嫌がって，現在は受けていないこと，現在，家族・親族からのサポートを受けていないこと，以前，処方された薬を飲まなかったことがあり，それが原因で2，3回入院したことがあること，留置施設内において薬（統合失調症用のもの）が処方されていること等の聴取ができました。

2　家族からの聴取

家族が被疑者の生活・入通院の支援を行っている場合には，家族からの事情聴取も行います。家族の連絡先は，被疑者から聴取したり，被疑者の携帯電話に連絡先が登録されている場合には，被疑者から携帯電話の宅下げ（警察署で，面会者が被疑者の持ち物を受け取る手続を言います。）を受け，確認をしたり，携帯電話が捜査機関に差し押さえられている場合には，担当検察官若しくは警察官に同家族の連絡先を開示するよう依頼を行ったりすることによって入手します。

本件では，被疑者の話からは，家族による生活・入通院の支援があるようにうかがえなかったため，家族からの聴取は行いませんでした。

もっとも，家族が現在被疑者に関わっていなくとも，ある時点まで関わっていたということも大いにあり得ますし，本件も，家族からの聴取を試みて良い事案だったように思います。

3　福祉関係諸機関からの聴取

被疑者が福祉関係諸機関からの支援を受けている場合，支援機関への事情聴取を行います。被疑者が生活保護を受けている場合には役所の生活保護課のケースワーカー，障害者手帳の交付を受けている場合には役所の障害担当課，その他福祉サービスを受けている場合には当該福祉機関に事情聴取を行

います。この場合も，事前に被疑者から，弁護人が福祉関係諸機関に被疑者の個人情報・刑事事件の情報を提供することについて，被疑者の同意書を取得します。

本件では，被疑者の同意書を得ることができました。ただ，取得の時期は，勾留10日目となってしまいました。被疑者が生活保護を受けていることから，生活保護課の担当ケースワーカーや，障害担当課に対し，聴取を行いました。その結果，被疑者の精神疾患の病名は統合失調症であること，被疑者が以前に，一度医療保護入院になったことがあること等が聴取できました。さらに，障害担当課が被疑者の通院先の病院のソーシャルワーカー（以下，「SW」といいます。）に照会をかけてくれました。その結果，現状4か月被疑者が通院しておらず，被疑者の現状が不明である，被疑者は興奮すると人の話を全く聞き入れないので，在宅での被疑者のコントロールは難しく，通院を確保することは困難と考えている等の情報を得られました。

4 医療機関からの情報取得

被疑者の通院先医療機関が分かれば，医療機関から情報を取得します。この場合も，事前に被疑者から，弁護人が医療機関に被疑者の個人情報・刑事事件の情報を提供することについて，被疑者の同意書を取得します。

情報取得の方法としては，主治医に事情聴取を行うという方法や，弁護士会照会（弁護士法23条の2）等を行い診断書やカルテを取得するという方法があります。もっとも，弁護士会照会での診断書・カルテ取得は，手続に相応の時間がかかるために捜査段階では間に合わないことが多いです。

本件では，被疑者の同意書を得ることができましたが，その時期が勾留10日目になってしまったこと，主治医の出勤日が少なく，勾留満期日までの面談実施が不可能であったこと，さらに，通院先病院のSWから被疑者の通院確保が困難との情報を得たことから，主治医への事情聴取や弁護士照会等は実施しませんでした。

第2章 項目編

第3 ポイント解説（福祉士編）

　本件については，国選弁護人から社会福祉士会に福祉専門職の関与を求める相談があり，千葉県社会福祉士会司法福祉委員会からのマッチング支援事業で，勾留中の被疑者の接見に弁護人と同行することになりました。

　捜査段階において，まず刑事司法SWとしてしなければならないことは，どのような状況にいた時に事件を起こしたのか，本人の心身の状態や置かれていた環境を明らかにするために情報を集めることです。

　では，被疑者の状況を理解する上で，どのような情報が必要でしょうか。岩間伸之（注1）は通常，事例を理解するための基本枠組みとして三つの視点を提示しています。①現状の客観的理解，②生活歴の理解，③本人からの理解です。

　①現状の客観的理解とは，データとして収集できるもの，例えば性別や年齢，居住地家族構成，経済状況，心身の状態，疾病，支援体制等です。②生活歴の理解とは，時間の経過を基軸とした理解，つまり加齢に伴う心身や障害の変化，家族構成や社会的役割等の変化です。③本人からの理解については，「……とりわけ3つめの本人からの理解，つまり本人自身が自分の世界から何を考え，何を感じているかを理解することが重要となる。……本人の世界から理解を深めることが求められる。」と，述べています。

　今回の接見においても，まず被疑者についての客観的な情報や事件の概要を得る必要があります。

1　弁護人からの依頼内容の確認と被疑者に関する情報の確認

　弁護人がどのような意図で刑事司法SWに依頼してきたかを確認するとともに，被疑者のこれまでの生活等について情報を集めます。

　今回の事件において弁護人からは，「精神疾患を持っているようで意思の疎通が難しいので，接見に同席し，話をしてみて欲しい。また，社会復帰後の支援計画を一緒に考えて欲しい。」という依頼でした。

　この時点での被疑者に関する情報は，社会福祉士会から送られてきたマッチング依頼書の内容（性別と年齢，事件の概要）と精神障害者手帳を持っている

173

らしいということのみでした。

2 被疑者からの聴取

通常，初回面接の主な目的は，①問題の概括的な把握，②信頼関係の構築にあります。そのためには，本人の話を傾聴することで抱えている困難や不安を支え，他者には話しづらい思いを語ってもらう必要があります。

今回の面接の目的は，岩間伸之（注1）が必要な情報として提示している，「本人からの理解」です。しかも，留置施設という非日常的な場所で，今の思いを話してもらわなくてはいけません。もし，生活歴や病歴，家族や福祉サービスの利用状況等についての事前情報があれば，面接の組立てを行い，今回とは違う内容の面接になっていたと思います。

ほとんど情報がない中で，まず本人に面会をしました。限られた時間の中で，事件の本質を見つけることは困難ですが，被疑者の精神状態を瞬時に感じて面接を進め，場面展開をしていかなくてはいけません。そして，事件の要因となった疾病や障害，社会的な背景について明らかにし，早急に更生支援計画を立てる必要があります。

「対人援助職の中核的実践は，対人援助の基本的な知識や技術を自在に応用してクライエントに照準を合わせて行う，極めてライブ性の強い〈面接〉にあるのは自明です。ですから，面接の出来如何がすべてを決めるといっても過言ではありません。」（注2）

今回の事例では，ドアを開けて入ってきた被疑者は，「お母さん？えっ，お母さん？お母さんかと思った。」と言いながら笑顔で椅子に座りました。初めての出会いは被疑者の勘違いから始まり，こちらの話しかけにも素直に応じてくれました。出会いが笑顔から始まったことを味方に，柔らかな雰囲気の中で進めることにしました。

客観的情報が少ないので，本人の話も真実なのかどうかの判断はできません。動機についての「大切な緑が傷つけられていて，頭に来た」というような意味不明な話であっても，本人の認識する世界を本人の言葉で聞き，事件を起こした当時の様子を推測するしかありません。本人の思いを全て受け止める，という傾聴の姿勢で面接に臨みました。また，面接の途中で，本人が

否定されたと感じるような言葉や雰囲気により，会話が中断してしまわないように気を付けました。

弁護人から内容の指示はなかったので，面会はあらたまった質問形式でなく，話しやすさを優先し，雑談のように進めました。勾留中の今の思い，事件を起こした頃の生活の様子，自宅にいた時の支援者や福祉サービス，キーパーソンとなる人の確認等をしながら，本人の生活を映像のように捉えたいと考えました。

話から見えてきたのは，孤独な被疑者の姿でした。

(1)　勾留中の生活について

　夜は眠れるの？「ゆうべは眠れなかった。2時頃まで起きていた。今日もそうだといやだな。」薬は？「薬は飲んでる。今の薬は誰が出してくれたのかなぁ。」誰か面会に来てくれた？お母さんは？「面会には誰も来ない。お母さんともずっと会ってない。」

(2)　自宅にいた時の暮らしについて

　友達はいたの？「たまにメールをするくらい。寂しがり屋だけど，一人が好き。」

　食事は？「朝，昼，3時のジュース，それでおしまい。」お酒は？「500㎖のビールを4～5本。」病院は？「A病院B先生，2年ぐらいになるかな。入退院を繰り返した。」誰かに来てもらっていた？「看護婦さん。2週間に1回。病院の先生が決めてくれたけど，辞めちゃった。」薬は？「毎日飲まなくちゃいけないのに3か月ぐらい飲んでなかった。」

(3)　心配なことや希望

　心配なことはある？「規則正しい生活ができるかな？」(これまでも過食と拒食を繰り返してきた)，「ここに来て10日以上たつけど，保護費（生活保護費）入るかな？」，「携帯，刑事さんに渡したけど返してもらえるかな？」

　気がかりなことを聞く中で，現状をどのように考えているか，今後の生活に対する思いを聞き出したかったのですが，明確な気持ちを引き出すことはできませんでした。ただ，規則正しい生活をしなくてはいけないこと，精神薬を服薬しなくてはいけないことは分かっていることなどは聴取でき

第2編　ケーススタディ　～項目別・事例別に学ぶ実務のポイント～

ました。

　被疑者の家を訪れるのは，生活保護担当のケースワーカーだけだったようですが，「良い人だよ」と話してくれました。また，それは医師に対しても同様でした。今回の事件は人に暴力を加えるという犯罪ですが，本質的なところでは，他者に対する穏やかな感情があるのではないかと感じました。

　話を聞いているうちに，雑然としたアパートで携帯電話をいじりながらビールを飲んでいる，孤独な被疑者の姿が浮かんでくるようでした。親族からもすでに見放されてしまったのだろうか。怠薬をもっと早く察知し，医療につなぐ方法はなかったのかと思いました。

3　本人を取り巻く関係者からの情報の収集

　被疑者から聴き取った内容は，本人の認識している現実ですが，さらに被疑者を取り巻く関係者から客観的な情報を聴取し，被疑者の置かれていた状況を両面から見ていく必要があります。本人の話から，事情を聴取する関係者として，生活保護担当ケースワーカー，医師，精神病院の医療SWが浮かんできます。また，情報を持っている機関として，市役所の障害福祉課に話を聞くことができると思われます。

　面会後，福祉的な観点から犯罪に至った原因を推察し，本人らしい，安定した生活を継続していくためには，今後どのような支援が必要かについて，弁護人と意見交換を行いました。

　今回の事件については以下のように犯行に至った原因を推察しました。

①　2年の間，入退院を繰り返しながら，今回も薬を飲んでいなかった。さらに，禁止されていたと思われるアルコールを多量に飲み，病状が悪化していた。

②　病状観察と指導という立場で看護師が来ていたが，それも断り，支援者による見守り体制がなかった。

③　家族や友人とのつながりがほとんどなく，相談できる人がいなかった。

　そして，今後については，入院による病状観察と薬の再調整が必要であること，退院に際してはデイケアや訪問看護，訪問介護等の医療・福祉サービ

176

第 2 章　項目編

スの導入が必要であることを刑事司法SWの意見として伝えました。

第4　事件後の流れ

　本件では，被疑者に病識が乏しく，また，これまで被疑者を支援してきた生活保護課，障害担当課，通院先医療機関の各意見が，今後，被疑者の在宅での支援を行うことは難しいとの意見でした。さらに，被疑者も今後の訪問看護等の福祉サービスを一切拒絶するとの考えであったため，被疑者段階での早期の更生支援計画の作成は困難な事案でした。

　勾留期間中に，被疑者について，簡易鑑定が実施され，勾留満期日に，検察官から，心神喪失等の状態で重大な他害行為を行った者の医療及び観察等に関する法律（以下「医療観察法」といいます。）42条1項の決定を求める申立てがなされました。

　鑑定入院期間中に本人と面会をしましたが，本人は，変わらず，訪問看護等の福祉サービスを一切拒絶する，母親等の家族の支援も受けたくないという意見のままでした。

　審判の結果，本人については，医療観察法42条1項1号に基づく入院決定がなされました。

【参考文献】
注1：岩間伸之『援助を深める事例研究の方法── 対人援助のためのケースカンファレンス〔第2版〕』（2005，ミネルヴァ書房）186頁
注2：奥川幸子『身体知と言語── 対人援助技術を鍛える』（2007，中央法規出版）266頁

177

第2編　ケーススタディ　〜項目別・事例別に学ぶ実務のポイント〜

2 更生支援計画書の作成と証人出廷 「知的障害者による窃盗事件（判決　実刑）」

第1　事案の概要

▌事件の内容

　30代男性が，未明に駅前コンビニ店でおにぎり2個を万引きし，店からの通報によって現行犯逮捕となった事案です。

▌身上経歴

　本人は都内で生まれ，当初は父・母・弟の4人家族でしたが，両親は15年前に離婚，現在，母は内縁の夫とアパートに同居中で，弟も近隣に居住しております。

　中学校を卒業後，ある製造会社へ就職の傍ら，定時制高校を卒業しました。20代半ばに右下肢に脱力感の症状により受診し，脳腫瘍が見つかり，開頭脳腫瘍摘出手術を受けました。翌年に退院以降，定職に就くことなく，自宅を出て放浪生活を送るようになりました。

　その後，万引きで捕まるものの，起訴猶予となることを皮切りに，以降本件での逮捕までに窃盗11回，占有離脱物横領2回を重ねていました。

　本件前年に窃盗により懲役1年執行猶予4年（保護観察付）の判決を受け，保護観察所へ1度だけ出頭し，その後，所在不明となり，今回の逮捕に至っています。本件は執行猶予期間中の犯行となります。

▌病　歴

　本件勾留中に実施された簡易精神鑑定によると，軽度から中程度の知的障害が認められます。過去の学業は不良でしたが，高校も卒業し，就労もできており，その時点まで犯罪歴もないことから，脳腫瘍の手術後，理解力，判断力や行動力を含む知的能力が著しく低下したと考えられ，脳腫瘍の術後後遺症としての高次脳機能障害（認知症）と診断され，行動制御力の低下による犯罪と結論付けられています。

178

第2章　項目編

社会福祉士 が押さえておきたいポイント

① 更生支援計画書の構成

　更生支援計画書は，社会福祉士が持つ専門性を生かし，被疑者・被告人が地域の中で安定した生活を送るための支援・環境整備を目的として作成されるものです。つまり，この更生支援計画書に沿った支援により，本人の安定した地域生活が可能となることを目指しています。

② 作成期限

　今回，社会福祉士が関与するのは，矯正施設へ収容される前の，いわゆる入口支援です。検察が起訴か不起訴を決める前までに提出の場合，逮捕から最大でも23日，また刑事裁判に提出の場合は，おおむね1か月の作成期限を考慮した上で，情報収集し更生支援計画書作成する必要があります。

③ 情報収集

　更生支援計画書の作成には，本人の生活環境，人間関係などをアセスメントし，地域の中で自立した生活を送るために必要な環境・支援体制構築に役立つ情報の収集が必要となります。情報の収集に当たっては，個人情報保護に留意しながら，本人や関係先及び公判資料などから入手することになります。

④ 証人出廷

　更生支援計画書を作成した社会福祉士が証人として公判へ出廷することもあります。普段あまり経験しないことであり，当日の流れや留意事項等について弁護士等とあらかじめ準備をしておくことが必要です。

第2 ポイント解説（福祉士編）

1 更生支援計画書の構成

　更生支援計画書は，刑事司法SWが持つ専門性を生かし，被疑者・被告人が地域の中で安定した生活を送るための支援・環境整備を目的として作成さ

179

第2編 ケーススタディ ～項目別・事例別に学ぶ実務のポイント～

れるものです。つまり，この更生支援計画書に沿った支援により，本人の安定した地域生活が可能となることを目指しています。

　本人が地域の中で自立した生活を送るために必要な環境・支援体制を記載します。釈放後の本人への支援体制や支援内容についても具体的に記載することが必要です。本人が安定した生活を営むことで，再び罪を犯す累犯障害者となることの防止にもつながると思われます。また，本人の障害特性への働きかけ方や支援策についての具体策を短期・中期・長期に分けて提案します。記載項目としては，①本人に関わる情報（障害・成育歴・職歴），②面談内容，③支援の具体的方法，④作成の経緯などがあります。

　本件の場合，簡易鑑定書で明らかなように高次脳機能障害が及ぼした犯行と思われますので，障害特性に対する対応が必要とされます。その特徴の一つとして，瞬間的に記憶が飛んでしまうことがあり，外出先からの帰宅ができず，放浪生活へつながるケースもあります。この特性への対応策として，帰住先の決定には見守りのあることが絶対条件となります。見守り体制の整った施設で食事も確保できれば，地域での安定した生活を続けることが可能となります。

　安定した生活を送りながら療育手帳を取得し，支援区分の認定調査を受け，その後福祉サービスへつなぐことで更なる充実した生活を送ることができます。そして，支援者として関わる，生活保護のケースワーカー，障害者福祉課の相談員，入居施設のSW，刑事司法SWが支援チームとなって，継続した支援体制を構築します。

2　作成期限

　今回，社会福祉士が関与するのは，矯正施設へ収容される前の，いわゆる入口支援です。検察が起訴か不起訴を決める前までに提出する場合，逮捕から最大でも23日，また刑事裁判に提出の場合は，1か月の作成期限を考慮した上で，情報収集し更生支援計画書を作成する必要があります。

　逮捕から48時間以内に検察官送致，その後24時間以内に勾留が決定されますが，その間に更生支援計画書を作成しての提出は，現実的には難しいと思われます。社会福祉士が対応するケースとしては，勾留後20日間で起訴・不

180

起訴を決定する検察へ情状証拠として，提出する場合があります。また，起訴となった場合には，その後1か月から1か月半で開かれる公判での情状証拠として，裁判長へ提出します。

本件において，弁護士の見立ては再犯でもあり，不起訴に持ち込むことは可能性が低く，せめて罰金刑により，釈放となれば上出来との考えでスタートしています。よって，逮捕されて3日目に弁護人から社会福祉士会経由でマッチング支援の依頼があり，公判までの約1か月間で更生支援計画書を完成させることになりました。

短期間での作成には，釈放後の支援者やキーパーソンを確保することが，支援計画書に盛り込まれた内容の実現を担保する最大の鍵となります。社会資源の活用に当たって，被疑者の住所地か逮捕・勾留された地域，場合によっては，担当する社会福祉士の活動する地域も考えられます。

本人の意向を尊重しつつ，関係機関の担当者が刑事司法SWと積極的に取り組んでいただける方であるかどうかの見極めが肝心と思われます。最初に見極めた方が釈放後の支援者等になるとは，必ずしも限りませんが，時間の制約がある中，まずは突破口となる窓口を見極めて，支援計画書の根幹事項である，帰住先や生活費の確保，そして支援体制の構築などに関して，確実に決めていくことが求められます。

3 情報収集

更生支援計画書の作成には，本人の生活環境，人間関係などをアセスメントし，地域の中で自立した生活を送るために必要な環境・支援体制構築に役立つ情報の収集が必要となります。情報の収集に当たっては，個人情報保護に留意しながら，本人や関係先及び公判資料などから入手することになります。

(1) 逮捕時の情報

弁護士は，捜査段階では事案について，捜査機関が把握している情報を持っておらず，起訴となるまでは入手できません。そのため，情報としては被疑者本人及び関係者から聴取した情報が中心となります。

本件で，弁護士から当方へ送られてきた「マッチング情報」に記載され

第 2 編　ケーススタディ　～項目別・事例別に学ぶ実務のポイント～

ていた内容は，以下の通りです。

- ・本人に病識はないが，不規則な行動，不確かな記憶，知的・精神障害の疑い
- ・出所後ホームレス状態で支援も受けておらず，福祉的アプローチが必要と思われる
- ・出所後 1 年未満の再犯につき，実刑判決が見込まれることから支援策が実を結ぶか不透明

ここには，高次脳機能障害の後遺症の疑いも記されておらず，原因に関して不明ながら，何らかの障害があるように感じ，支援を求め連絡してきたものです。

⑵　面談や関係者からの情報収集

聴取時の視点としては，

①　本人が本当に犯した犯罪なのかどうかの確認をする

本人とのアセスメントの中で，本当の特性を見極め，気付いた特性を確認しながらアセスメントを進めていきます。例えば，「オウム返し」の返事しかできない方や，聞かれたことに否定ができず，同意しかできない方は，取調べに際しても，誘導されやすいことを考慮した上で公判に臨むことになります。

②　犯罪の背景やその要因，つまり環境要因がどこにあるかを確認する

本人のライフストーリーを語ってもらうことの中から，見出すことになるので，まずはラポールの形成，傾聴に心がけ，話しやすい対応，相槌，共感，話の流れを中断せず，説明を遮らないことなどに留意します。

③　過去の支援策，支援機関との関わりがあったかどうかを確認する

本人から直接この確認をすることは，簡単ではありません。例えば「手帳を持っていますか」，「お金を誰からもらっていますか」など具体的な事実の質問形式や短い文章で質問します。そこで得た情報を基に，関係機関などで確認をとることになります。

ア　本人との面談

面会所に現れた時，足を引きずりながら登場してきました。足の具

182

合については,「調子良い」との返事でした。氏名・年齢・住所の確認に対し,淀みなく答えました。また,体調・睡眠も良好で,「ぐっすり眠れている」とのことでした。

　6日に勾留され,今日が14日,警察に何日間いるかとの問いに,「分からない」と,また即答でした。

　おにぎりを万引きした理由としては,お腹が空いたためとの証言でした。それまでは水で空腹をしのいでいたとの説明もありました。

　前科に関しては,万引きにより,刑務所に服役したとのことでしたが,その時期,期間について尋ねたところ,「分からない」との返事でした。

　好きなこと・嫌いなことについては,「TVゲームが得意であったが,計算が苦手」とのことでした。

　今までの人生で一番楽しかったことは,「彼女ができたこと」を挙げました。その時期に関しては明確ではありませんでしたが,「地元で知り合った35,6歳の年上の方で,今は交流がない」とのことでした。一番辛かったのは,「7年前に脳腫瘍で病院に4か月入院した時」とのことでした。今の希望は,「1人で住める住居で,生活をすること」のようです。就労に関しては,「座ってできる仕事」を希望していました。

　学歴,職歴に関しても名前・年齢・住所の確認同様,これまた淀みなくスラスラと答えることができました。

　万引きで捕まったのは,小学校5,6年ごろプラモデルを万引きして捕まったのが最初とのことでした。

　また,中学時代にいじめに会い,その時は母親がうまく対応してくれたとのことです。

　自分を理解してくれている人はいないと思っており,親友と呼べる人は,小学校時代にはいましたが,今は交流がないとのことです。

　父親とは,連絡をとりたくないと発言されましたが,これは自宅との関わりを拒絶したいとの意思表明をされたように感じられました。

第2編　ケーススタディ　〜項目別・事例別に学ぶ実務のポイント〜

　この面談により，分かったことは，知的・精神障害の原因として，脳腫瘍手術による高次脳機能障害が疑われました。また，自宅には戻りたくないとの意思を持っていると感じられました。見立てとしては，見守りと食事の提供される施設を帰住先として確保することが，安定した生活を送ることにつながると思われました。

　イ　関係者

　高次脳機能障害について調査すべく，手術した病院へ弁護人が問い合わせしたものの，病院側の個人情報保護の観点から情報を入手することはできませんでした（被疑者の身分証明書が存在せず，被疑者の同意書だけでは不可とのことでした。）。

　本人が親族との関わりを拒んでいることもあり，当方から家族へのコンタクトはしませんでした。

(3)　公的機関への問合せや訪問

　本人情報の収集と帰住先確保に向け，逮捕された市区町村及び本人証言の住所地の市区町村窓口へ保護実績や取得手帳について確認しました。その際は，本人の同意書を取得の上，訪問しました。

　本件では，逮捕されたＡ市のホームレス担当窓口に連絡し，保護実績を確認しましたが，該当はないとのことでした。その後，生活保護の窓口で帰住先確保について相談しました。しかし，ホームレスで知的障害が疑われる方を受け入れる先を見つけるのは困難でした。見守りのある施設に入居するには，療育手帳を所持することが前提となるのは，どの相談窓口でも共通しておりました。

　その後，弁護士が接見した際，本人から，「手帳を取得済で，年金も支給されている」との証言があり，その裏付け調査をすることになり，本人の同意書を取得し，本人供述の住所地の区役所を訪問しました。「身障手帳所持証明書」と月額5,000円受給の「○○区心身障害者福祉手当受給資格証明書」を入手できましたが，「療育手帳」に関しては未取得でした。障害者年金の取得に関しては，区役所の担当課や年金事務所を訪ねても確認できませんでした。「療育手帳」の取得には，居住先の確定が必要とさ

184

れ，勾留中では対応できないとのことでした。

　見守り付きの帰住先の確保に，A市が委託している2か所の福祉の相談窓口を訪問したのですが，療育手帳未取得者への対応はできないと断られました。そのため，再度A市福祉事務所を訪ね，帰住先の確定を急ぐべきとの観点から，安定した生活を送れるかどうかはなはだ不安ながら，見守りなしの簡易宿泊所を斡旋して頂きました。釈放が決まったらA市の福祉事務所で，生活保護の申請を行い，簡易宿泊所の担当者へ引継ぎを行うこととしました。

　公判の10日前になり，弁護人が以前から声をかけていた関係先からの紹介で，見守り付きの施設を確保することができました。

　一番の難題であった見守り付きの帰住先を確保できたことで，釈放となった場合，地域の中で安定した生活を送ることが可能となるように思われました。

⑷　公判資料

　公判が確定したことで，「簡易鑑定書」，「保護観察状況等報告書」など検察からの証拠資料が提示されました。特に，この簡易鑑定書に関しては，検察へ情報開示の上申書を提出しておりましたが，提出1か月後の入手となりました。

　これらの資料により，本人に関わる新たな情報が入手できました。前科前歴では，窃盗で10回，占有離脱物横領で2回検挙され，懲役10か月，執行猶予3年の判決が平成〇年11月と12月に併せて2回，また，平成△年6月には懲役1年執行猶予4年（保護観察付）の判決により保護観察中でありました。しかも，第一回目のB保護観察所への出頭日の翌日には，所在不明となっていたことなども判明しました。

　犯行当時被疑者は，脳腫瘍後遺症による高次脳機能障害で，行動制御力の低下の影響を大きく受け，善悪の判断能力が一部損なわれ，判断に従って行動する能力は著しく障害されていたために犯行に至ったと結論付けておりました。

第2編　ケーススタディ　～項目別・事例別に学ぶ実務のポイント～

4　証人出廷

更生支援計画書を，作成した社会福祉士が証人として公判へ出廷することもあります。普段あまり経験しないことであり，当日の流れや留意事項等についてあらかじめ準備しておくことが必要です。

(1)　弁護士との打合せ

弁護人から当日は，認印を持参するように依頼がありました。それは，宣誓書等の書類への捺印のためでした。

出廷の当日，13時30分からの公判前に，弁護士と昼食をとりながら公判の進行，被告人，証人への尋問は，弁護人，検察官，裁判官の順番で行われることの説明や，その際の想定問答などの打合せをしました。

弁護士からの説明の中で，本日の裁判官，検察官も被告人とは，調書などの資料を通しての関係であり，被告人と会うのは，今日が初めてであるとのことでした。既に接見済みの弁護側にとって，この点は有利な面で，自信をもって公判に臨もうと勇気付けられました。

弁護士から証人として発言する際の骨子について確認がありました。

- ・今回，更生支援計画書を作成・提出し，証人として出廷した経緯についての説明
- ・被告人の高次脳機能障害に伴う，行動特性についての説明
- ・被告人の犯行に関わる罪の意識について
- ・被告人にとって，望ましい生活環境

(2)　法廷に臨んで

公判では，刑事司法SWの社会福祉士が情状証人として出廷しました。提出した更生支援計画書に関わる質問が，弁護士，検察官，裁判長からなされました。その際は，本人の特徴や障害特性の把握とともに，本人の福祉的ニーズを満たす支援を行うことにより，本人が地域で安定した生活を送ることができ，それにより再犯を防止することが期待できることを強調しました。

また，その後に行われた弁護士による被告人に対する尋問の仕方が印象的でした。

186

答えを「会ったか」,「覚えているか」,「帰ったか」,「話をしたか」等で述べるような質問を積み重ねていき,最後には矛盾した答え,つじつまの合わない結果をあえて指摘することなく尋問が終了されました。聞いている者に対して被告人の理解力が低いことを際立たせる,その手法について感銘を受けました。

(3) 判決について

公判の1週間後に開かれた第2回公判での判決は,残念ながら懲役10か月の実刑でありました。

裁判長は,判決の中で実刑判決とした理由として,「福祉的支援が今回初めてでないこと」と,「入居施設契約書で所在不在になれば居室提供が終了となる」ことの2点を挙げていました。何らかの対応や手当をしていたならば判決は,違っていたのではないかと悔いが残りました。

保健師による支援が福祉的支援かどうかは,議論のあるところではありますが,裁判長の見解は,釈放後,社会福祉士などの福祉的支援を受けても前回判決後同様,所在不明となって犯行を繰り返す可能性が高く,むしろ本人に対し,犯した罪に見合う罰を与えることで,その重みを自覚し,再犯防止につながるとのことでした。

反省点として,第一に,公判資料として開示されるまで「前回の裁判で保護観察中にグループホームから飛び出した事実」を知らなかったことです。その原因としては,情報収集を本人並びに公的機関を中心とし,家族からの情報収集をしなかったためです。1か月の作成期間内で帰住先確保を一番の命題として,情報収集をスタートしました。本人の供述からは,家族との関わりを拒絶しているように感じられたため,家族とのコンタクトを避けました。そのため,情報収集を公的機関中心に実施しました。一番身近な家族に連絡をとり,本人の供述の裏付けを取っていれば,その事実を把握できたかもしれませんでした。また,その情報が開示されたのが年末でした。更生支援計画書の提出期限が年末年始休暇を挟んだ,年明け10日と迫っておりましたが,その時点で帰住先が決まっておりませんでした。そのため,飛び出たグループホームに関わる情報収集に時間を割く余

第２編　ケーススタディ　～項目別・事例別に学ぶ実務のポイント～

裕もなく，考えも及びませんでした。そこをたどることで，グループホーム入居の際に，保健師が関わっていた事実を把握できた可能性がありました。

第二の反省点としては，帰住先との契約書の契約条項をよく読み込んでいなかったことが挙げられます。釈放後の帰住先として，用意した施設は24時間の見守り付きの施設でした。そこの契約書に「利用者が所在不明となれば居室の提供が終了」との条項があったにも関わらず，対応策を準備していなかったことです。

本人は障害特性により，放浪・徘徊癖を繰り返し，再犯につながっています。前回の保護観察中に抜け出したグループホームの見守り体制が，どうであったかは不明です。再犯防止には，本人は食事付きの施設を希望していますが，再犯防止には，加えて24時間の見守り付きの施設を帰住先とすることが不可欠です。

今回は，弁護士の精力的な活動により，24時間の見守り付きの帰住先を確保できました。しかし，一般的に，十分な見守り体制の整った施設に入居するには，経済的に恵まれた方を除いては，「療育手帳」の所持が前提となります。「療育手帳」を所持せず，生活保護を前提とした方に，福祉事務所等から紹介されるのは，見守り体制の不十分な無料低額宿泊所だけです。もし，入居したとしても，放浪・徘徊癖のある方は，所在不明となるのは明らかです。

しかしながら，更生支援計画書作成に際しては，一番の肝である，帰住先が未定のままでは，計画そのものの信ぴょう性を欠くことになり，不十分な施設と思いながらも帰住先として採用せざるを得ないのが実情と思いました。

第3　事件後の流れ

公判では，犯行時の責任能力は，「心神喪失者」ではなく，「心神耗弱者」とされました。その判断基準の一つとして，犯行時の行動が指摘されていま

188

第 2 章　項目編

した。「本件犯行時に周囲を確認するなどし，おにぎりを万引きするために合理的な行動をとっていることは，万引きの善悪を認識していた」との判断を示しています。このような行動は，餌を狙う人間以外の動物にも共通の行動と思われ，動物も善悪を認識して行動をしているのでしょうか。若干の違和感を覚えました。

公判が終わり，弁護士は被告人へ一枚のはがきを差し入れました。宛先に弁護士事務所の住所だけが記載されたハガキです。被告人が刑に服す刑務所を知るためでありました。

被告人が出所後に，福祉サービスを受けやすくする「療育手帳」の取得があります。服役中に取得できれば，出所後時間をかけずに地域で安定した生活を送ることができやすくなります。

服役中の知的障害者の療育手帳の入手は，「居住実態がない」，「受刑中の交付は前例がない」など入手は，簡単ではないものの，是非，挑戦してみたいと思います。もし，服役中に「療育手帳」を入手できれば，刑期途中でも特別調整により刑務所から施設入所の可能性も残されているからです。

Column

マッチング情報

弁護士から社会福祉士会への福祉的支援の要請は，弁護士会・社会福祉士会で定めた「マッチング依頼書」を通して行われます。社会福祉士の支援が必要と考えた弁護士は，「マッチング依頼書」に必要事項を記載し，社会福祉士会の司法福祉委員会へFAXします。依頼を受けた社会福祉士会司法福祉委員会の担当者は，刑事司法SWとして登録している社会福祉士の中から，依頼内容に適する社会福祉士を選び，弁護士に紹介します。

記載内容としては，依頼弁護士の事務所情報，対象者情報として，①留置・拘置先，②同意書の有無，③性別・年齢・居住先・職業・収入・（公的給付）・障害（手帳取得内容）健康状態・入通院歴，④事件の概要（逮捕日時，勾留日等時系列で記載），⑤前科前歴，⑥希望する支援内容などです。

189

第2編　ケーススタディ　〜項目別・事例別に学ぶ実務のポイント〜

Column

法廷で証言される社会福祉士の方へ

　情状証人としてこれから出廷していただく社会福祉士の方に向けて，刑事裁判の尋問におけるルール，段取りなどを弁護士目線で説明します。

1　出廷の目的

　犯罪事実について証言する証人と異なり，情状証人を証人申請する訴訟当事者（検察官，弁護人）は，被告人の刑罰の計量を増減させることを目的としています。社会福祉士を弁護人が証人申請する場合であれば，例えば「裁判後のフォロー体制が整っているので，被告人は社会内で更生することが可能であるため，刑務所での服役までは不要である。」ことを裁判官に理解してもらい，より刑罰を軽くすることを目的としています。

2　尋問（形式面）

　法廷は，その大きさはともかく形状はテレビドラマ等で見ているものと同じです。中央に証言台があって証人はそこに座って尋問を受けますが，尋問者はその左右（検察官・弁護人）と前（裁判官）から尋問を発してきます。

　尋問は，フリートークを延々とする場ではありません。尋問者の問いに対応した答えを発していただくという手続となります。そのため，短文で回答ができる質問であるならば，「短く，答えだけ」を回答することが望ましいです。

　尋問は，まずは証人申請をした弁護人が行い（主尋問），次に検察官が行い（反対尋問），最後に裁判官が行う（補充尋問）ことが通例です。

　尋問のとき，証人はメモを見ながら証言することが原則としてできず，メモを見ることができるのは尋問者が示してきたときに限られますので，更生支援計画書の内容などはあらかじめ概略だけでも事前に頭の中に入れておいていただければと思います。

　尋問時間はまちまちです。1回の裁判で審理が終結してしまう事件ならば，情状証人の尋問時間は全体（三者からの尋問合計）で10分前後となりますが，これが裁判員裁判であれば全体で60分になることもあります。

3　尋問（内容面）

　弁護人の尋問の目的は上記のとおりですので，具体的な尋問事項としては，①自己紹介，②これまでの被告人との関わり，③社会復帰後の被告人との関

190

わり方（更生支援計画の内容の説明），といったことが中心となると思います。なお，主尋問では誘導尋問が原則として禁じられているため，法廷では，弁護人がいろいろ語るのではなく，社会福祉士の方から上記諸点を語っていただくほうが望ましいです。

実際の裁判の前に弁護人と打ち合わせ，リハーサルをすることがあると思いますが，それは裁判の日とは別の日にぜひ行ってください。なお，弁護人によっては，答えを思い出したような尋問になることを避けるために，あえて尋問事項メモを証人に渡さないという対応をする人もいます。

検察官，裁判官の尋問に関してはリハーサルができませんので，尋問事項を予測して法廷に臨むことになります。もっとも彼らの尋問の目的は，主尋問の内容を確認することにとどまらず，主尋問の効果を減殺させることにもありますので，被告人と社会福祉士との接点の薄さ，更生支援計画の不十分さ，それに対する被告人の不適合といった厳しい指摘の方向の質問がなされることもあります。わかりやすい例でいえば，被告人に居住先を確保したとしても，かつて福祉事務所が斡旋した住居での生活がうまくいかなかった過去があるならば，「前回と今回の違い」をうまく説明しないと，その支援計画の実効性は乏しいという評価になってしまうでしょう。

4　当日の持ち物と服装

持ち物は認印をお持ちください。証言に先立って読み上げる宣誓書や手続書類に押印するためです。

服装はあまりこだわらず普段のものでよいと思います。華美なものは避ける等常識的なものであればよいかと思います。

（土屋孝伸）

【参考文献】

一般社団法人東京TSネット編　更生支援計画をつくる　現代人文社

大阪弁護士会編　知的障害者刑事弁護マニュアル　Sプラニング

公益社団法人　日本社会福祉士会「司法分野における社会福祉士の関与の在り方に関する連携スキーム検討事業」平成27年3月

第２編　ケーススタディ　～項目別・事例別に学ぶ実務のポイント～

事件　万引き犯

○○○　○○　氏　更生支援計画書

平成○○年○○月○○日

氏名　○○○　○○
所属　千葉県社会福祉士会　司法福祉委員会
資格　千葉県社会福祉士会　刑事ソーシャルワーカー登録

1．本人	○○○○　昭和○○年○○月○○日生まれ　××歳
2．経過	平成○○年○○月○○日未明 ○○駅前のコンビニ店で，おにぎり2個を万引きし，店主に見つかり，その後連絡を受けた警察が駆けつけ，現行犯逮捕された。
3．障害の程度・診断	平成○○年○○月○○日に精神保健指定医の○○医療センター精神科○○医師が実施し，○○月○○日に提出された「簡易精神鑑定書」によれば，軽度から中程度の知的障害を認めている（前回の鑑定では，小学低学年程度と判断された）。過去の学業は不良であったが，高校も卒業し就労もできており，それまで犯罪歴もないことから，平成○○年○○月の脳腫瘍の手術後，理解力，判断力や行動制御力を含む知的能力が著しく低下したと考えられる。脳腫瘍の術後後遺症としての高次脳機能障害（認知症）と診断され，行動制御力の低下による犯罪と結論づけられた。それを裏付けるように，前科前歴は，平成○○年から今回まで○○件が立件されている。 身体障害者手帳（○○級）を取得している。
3．成育歴	誕生　○○区で生まれる（父・母・兄・弟の5人家族） 　　　父・母は15年前に離婚。現在，母は内縁の夫と○○区のアパートに同居中。弟もその近隣に居住。 ○○歳　○○区立○○中学校を卒業し，○○株式会社に就職，勤務の傍ら○○高校（定時制）に通った。 ○○歳　平成○○年○○月頃，右下肢に突然の脱力感の症状により受診，脳腫瘍が見つかり，○○月○○病院にて開頭脳腫瘍摘出術を受けた。 ○○歳　平成○○年○○月に退院。以後，定職に就かず，自宅を出て放浪生活を送る。平成○○年○○月，万引きで捕まるも起訴猶予。以後，今回の平成○○年○○月の万引きでの逮捕まで窃盗○○回，専有離脱物横領○○回を重ねた。
4．現在	○○拘置所で勾留中。 足を引きずっての歩行であったが，痛みはなく，睡眠も十分で元気とのこと。 本人としては，一人で住める居場所の確保と座ってできる作業での就労を希望している。
5．所見	平成○○年○○月に退院後，通院治療を自己中断により，適切な服薬管理がされていなかった。また，本人は母親と同居している内縁の夫と折り合いが悪く，同居できず家を出ての生活を強いられた。 保護観察中の平成○○年○○月には，○○福祉事務所の斡旋により住居を確保したが，2日目にはその家を空け，その後住所不定となった。 障害者施設の関係者によれば，高次脳機能障害の特徴の一つとして，瞬間的に記憶が飛んでしまうことで，外出先からの帰宅ができず，放浪生活につながるケースもあるとのこと。 居場所の選定にあたっては，本人を継続して見守るシステムが必要である。

192

6．今後の支援	短期 釈放後，○○福祉事務所にて，生活保護の申請後，NPO法人○○が運営するコーポ○○で新たな生活を始める。この施設は，専門スタッフが24時間365日生活の見守りを行っており，障害者にとっても安心して生活できる施設である。 　「療育手帳」「受給者証」の申請を行う。
	中期 「療育手帳」の取得後，障害者向け福祉サービスの一つ，福祉ホームなどの利用などを検討する。 就労継続支援施設B型での就労の訓練をする。 成年後見制度の利用も検討をする。
	長期 生まれ育った○○区での生活場の確保。 就労移行支援施設での実習により，適性にあった職場への就職。
7．支援体制	生活保護ケースワーカー　障害者福祉課 福祉施設SW 刑事司法SW
8．まとめ	高次機能障害者となってから，家族からの支援や福祉的支援は，その障害に見合うほど十分なものでなかった。 今回，本人の能力に見合った対応「安心できる住居と生活，そして食の確保」ができ，その後に続く福祉的就労により安定した生活が維持できれば，万引きすることはなくなると思われる。

第2編　ケーススタディ　〜項目別・事例別に学ぶ実務のポイント〜

3　刑事記録の確認と計画書の見直し 「知的障害者による未成年者わいせつ略取事件（判決　実刑）」

第1　事案の概要

▌事件の内容

　30代の男性が，朝の通学途中の未成年を無理やり車に乗せ，連れ去ろうとしたところを，通りがかった人が本人を取り押さえ，現行犯逮捕となったという未成年者わいせつ略取の事案です。

▌身上経歴

　本人は療育手帳（Bの1）を取得し，小学校の1年次より特殊学級で義務教育を受け始めました。基本的に学校は好きで，欠席することはなく学校生活を過ごしました。ところが，特別支援学校高等部在学中に，女児（小学生）の鞄に興味を示し，追い回すという困った出来事があったそうです。

　高等部卒業後は，食品の解凍作業・仕分け作業所に就職し，欠勤もなく，与えられた仕事は最後まで取り組む姿勢が見られました。その結果，年収200万円程度の収入となり，本人も喜んで働いていました。友人関係はほとんどありませんでしたが，性格は素直で穏やか，明るくカラオケで歌ったりもしていました。その反面，会社のルールを忘れて，トラックを勝手に運転し，会社の車庫にぶつけて破損させてしまうという突飛な行動が見られました。

　生活面では，グループホームに14年間入所しており，着替えを行わず同じ服を数日着続けることや居室の掃除が不十分で，身の回りのことが1人ではできないようでした。またゴミ収集所から，子どものおもちゃ，ランドセル，教科書を拾ってきてしまう等の収集癖が見られましたが，社会的問題を起こしたことはありませんでした。

　これまで，本人は女児や女性に執着した関心を示しておらず，性的欲

第2章　項目編

望が制御不能となったことはありませんでした。精神科医療受診歴も一般医療受診歴もなく，薬物使用歴，非行歴，犯罪歴もなく，暴力行為も見当たらず，借金もない優等生的な行動状況でした。

　そのような本人の状況において，今回の未成年わいせつ略取は，本人の関係者らにとって寝耳に水の驚愕した事件でした。

その他

　国選弁護人から社会福祉士会にマッチング支援の依頼があったのは，第1回公判が差し迫った頃でした。その依頼を受け，知的障害等の分野に詳しい社会福祉士が刑事司法SWとして弁護人と協働することになりました。

弁護士が押さえておきたいポイント

① 　資料収集

　更生計画案の策定に必要な資料収集が弁護人の重要な役割となります。

② 　資料の検討

　必要な資料や，収集可能な資料がどこにあるかといったことを検討するため，刑事司法SWやほかの支援者らと早期に資料収集の計画について協議することが有用です。

③ 　更生支援計画の見直し

　公判前整理手続や任意開示請求の活用などで捜査機関から広く資料収集を行うとともに，より積極的に公務所照会や弁護士会照会などを利用して医療機関や福祉機関などからも資料収集を行うことが重要です。

④ 　無罪可能性などに配慮しつつ活動する必要があります。福祉支援対応だけに注意をとられて，障害の特性による自白の可能性などを忘れないようにしましょう。

195

第2編　ケーススタディ　〜項目別・事例別に学ぶ実務のポイント〜

社会福祉士 が押さえておきたいポイント

① 捜査記録を確認し，障害に関する経歴を把握するのみならず，生育歴・事件の経緯・家族からの聴取記録等から，障害特性を把握する。

② 刑事司法SWは，弁護人が聞き取った本人・家族・関係機関等からの情報を確認しつつ，必要があれば福祉の視点で情報を再収集し支援内容を検討する。

③ 特に居住先の確保について途中で予定が変更することが予想される場合，計画を適宜見直し，修正していく。

第2 ポイント解説（弁護士編）

1 資料収集について

(1) 積極的な資料収集が必要

刑事司法SWやその他の支援者らと協働して更生支援計画の策定を行う際に，弁護人に期待される重要な役割として必要な資料の収集があります。

刑事手続内での資料収集に加えて，弁護士会照会（弁護士法23条の2）や，任意に委任状を取得して代理人として資料収集するといった方法が可能なのは，基本的に弁護人に限られるからです。

なお，検察官から公判期日の前に開示される取調べ請求予定の証拠も重要な資料になることは間違いありません。しかし，同証拠は，基本的な方向性として検察官が意図する有罪性の立証ないし情状に関するものですから，適切な更生支援計画の策定に当たって必ずしも十分な資料が含まれているとは限りません。

そこで，弁護人は，単に開示された記録を検討するだけでなく，積極的に資料収集活動を行うべきであるといえます。

(2) 資料収集の準備

通常の刑事事件では，公判期日までの時間的制約がありますし，資料の開示請求手続そのものに一定の時間が必要な場合があることなどを踏まえ

ると，適切な更生支援計画の策定に向けて，どこにどういった資料が存在している可能性があるのか，また，更生支援計画の策定にはどういった資料の入手が必要なのかといったことについて，被告人やその親族などからの聴き取り調査の結果を基に，なるべく早い段階で刑事司法SWやその他の支援者らと協議して整理をしておくことが望ましいといえます。

　本事例での更生支援計画書の作成には，弁護人と刑事司法SWのほか，行政の障害者支援部署の担当者，中核地域生活支援センターの職員，障害者相談支援センターの職員，グループホーム支援ワーカーなど複数の専門職が参加しています。そうした専門職と協議をすることで，弁護人だけでは気付けない資料の所在が判明するということが期待できるといえます。

(3)　資料収集の具体的方法

　ア　捜査機関が保有している資料の収集

　　検察官から公判期日前に開示される取調べ請求予定の証拠があります。

　　それに加えて，検察官に対して任意開示を積極的に働きかけるなどして捜査機関が保有している資料類を取得することもあり得るでしょう。

　　鑑定請求をすることで，鑑定の結果を取得することもあり得ます。

　　さらに，裁判員対象外の事件でも，あえて公判前整理手続の請求（刑事訴訟法316条の２第１項）を行い，同手続に基づく類型証拠開示請求等を行うことも考えられます（公判前整理手続の活用は，事案によっては事件そのものの早期終結との兼ね合いについて悩ましい場合があり，十分な検討が必要かもしれません。）。証拠一覧表交付制度（刑事訴訟法306条の14第２項）の活用も重要です。

　イ　被告人本人からの聴き取り

　　被告人本人からの聴き取りも有効な資料収集の方法です。

　　被告人本人からの聴き取りに際しては，被告人の特性に配慮して開かれた質問（オープンクエスチョン）を意識的に活用するなど，辛抱強く十分に耳を傾けるよう心がけることが有用です。

　　刑事司法SWと同行しての一般接見なども活用し，被告人本人との円滑なコミュニケーションができるよう配慮する必要があります。

第２編　ケーススタディ　〜項目別・事例別に学ぶ実務のポイント〜

ウ　その他の資料の収集

　医療関係については，主治医からの面談ないし電話での聴き取り調査，カルテなどの診療記録の開示請求をすることなどが考えらます。弁護士会照会（弁護士法23条の２）を活用するほか，被告人本人の代理人として委任状を作成し，直接請求することも考えられます。

　また，児童相談所のケース記録や，知的障害者更生相談所の判定記録（行政文書なので刑事訴訟法279条（公務所照会）の対象となります。）などの取り寄せや，福祉事業所のサービス利用記録の請求をするといったこともあり得ます。

　生活保護を受けていた場合には，担当ケースワーカーからの聴き取りもあり得ます。

　学校関係の成績や，出席状況などの照会をすること，可能であれば担当教員からの聴き取りを行うこともあり得ます。

　また，過去に受刑歴がある場合には，受刑者全員に対してCAPAS能力検査（知的能力測定検査の一種）が実施されていることから，その結果の開示を請求することが考えられます（弁護士会照会で取得可能です。）。

　就業先・親族など，被告人本人とかかわりのある人からの聴き取り調査も積極的に行うべき資料収集の候補となり得るでしょう。

　別のケースでは，近隣在住の民生委員からの聴き取りにより，窃盗事件を起こした知的障害を有する被告人が詐欺被害にあって生活資金に窮するようになっていたという経緯が初めて判明したということがありました（女性など複数の人物が頻繁に出入りしてお金を取っているようだということが近隣の噂になっていたようです。）。生活資金に窮した被告人が，近隣の施設の掃除をするのと引き換えに，食事を食べて帰っていたなどの生活状況も初めて明らかになりました。被告人本人は，そもそも詐欺被害にあったという認識自体が十分になかったため，捜査機関の取調べなどでも一切話していない事情でした。警察が作成した調書では，単純に無計画な無駄遣いをしたので生活に窮したという旨の記載がありました。

　本事例では，残念ながら医療機関への受診歴がまったくありませんで

したのでそうした資料は取得できていません。しかし，両親，居住して
いたグループホーム職員，元勤務先会社などからの詳細な聴き取りが行
われています。その結果，被告人が刑事ドラマを非常に好んでいたこと，
本件の被告人の行動に刑事ドラマ内での各種事件の手口を模倣したと思
われる経緯があることなどが判明しています。そのことは，本事例の手
口にみられる知的障害特性の端的な表れとして更生支援計画書の中で詳
しく言及されています。

　さらに，事件から20年近く前に障害者相談センターで実施された田中
ビネー知能検査の判定結果の取得もなされています。その結果は，本件
でなされた簡易鑑定での知能検査結果と異なるものであり，弁護人が簡
易鑑定の結果（完全責任能力）に疑問がある旨を主張する際の資料として
使われています。

2　資料の検討について

(1)　客観資料の重要性

　知的障害・発達障害のある被告人の場合，被告人自身の認識や表現につ
いて十分な配慮と吟味が必要です。言語コミュニケーションを苦手とする
ことが多く，周囲の人の言うことに迎合的な反応をしてしまう可能性があ
ることを常に念頭に置く必要があります。そのため，自白調書は，取調担
当者の誘導に従っている可能性があって，基本的に信用性が低いものとい
う前提で対応する必要があります。

　したがって，弁護人という立場としては，まず，無罪である可能性を踏
まえて客観証拠の検討吟味をすることが，通常事件以上に必要かつ重要と
なります。

　あらためて指摘するまでもないことかもしれませんが，弁護人としては，
無罪である可能性を踏まえた検討・吟味をすることを優先して考える必要
があります。知的障害・発達障害のある被告人の事件だからといって，福
祉的な支援の確保にばかり注意がいって，無罪である可能性そのものにつ
いての検討・吟味が不十分になるようなことがないよう十分配慮しなけれ
ばなりません。

第2編　ケーススタディ　〜項目別・事例別に学ぶ実務のポイント〜

　本件については，事件実行の準備としてのレンタカーの借り出し記録，抵抗防止のために睡眠薬入りジュースが用意されていたこと，教師を装うために教員用名札や小学校の教科書やノート類が用意されていたことなどの客観証拠が存在していたほか，そもそも逮捕経緯として，現場を通りかかった目撃者による被害者の救出がなされたといった事情もあるものでしたので，外形的な行為そのものについては争われませんでした。

(2)　更生支援計画との兼ね合い

　更生支援計画の策定に当たっては，被告人本人の特性の把握が前提として必要です。

　そうした必要性の結果，純粋に刑事手続の観点からみると，不利益な事情が顕出してしまうことがあり得ます。

　本件の場合，被告人が高校生のときに女児のカバンに興味を示して追い回したことがあるといった事情や，就職後にごみ収集所から子どものおもちゃ，ランドセルなどを収集していたという事情が顕出しています。

　こうした場合には，当該事情の重要性などの検討が必要になるといえます。

3　更生支援計画の見直し

　資料の収集に伴い顕出する事情に応じて，被告人にとって適切な支援の在り方の修正が必要となる場合があります。必要に応じて，更生支援計画の修正や見直しが必要となる場合があり得るでしょう。

　また，顕出した事情により，受け入れ先などとの関係を再検討しなければならなくなることもあり得ると思われます。

4　支援者との記録の共有と守秘義務の関係

　収集した資料類については，更生支援計画の適切な策定のために役立てなければなりませんから，刑事司法SWやその他の支援者にも内容を共有する必要があります。

　そのため，大前提として，被告人本人（あるいは後見人など）の承諾を明確に得ておく必要があります。基本的には，書面による承諾を得ておくのが通常でしょう。

200

第2章　項目編

　また，資料の管理についても弁護人が責任をもつ必要があります。共有の際に適切なマスキングを施す（被害者情報など）ことや，共有した資料の回収などに十分配慮する必要があります。

第3　ポイント解説（福祉士編）

1　刑事記録の確認

(1)　記録の入手方法

　一般に，第1回公判期日までに，検察官は取調べ請求予定の証拠・記録等を弁護人に開示します。この事例においても，公判段階に入り，既に弁護人は検察官から捜査記録等の証拠を開示されていたので，刑事司法SWも各記録等を読み込みました。

(2)　記録の種類・内容

　一般に，捜査機関が取得した書類等の資料は，事件の経緯等勾留質問調書，供述調書，簡易鑑定書，障害等の診断書，行政機関からのケース記録や判定記録，家族からの生育歴等の聴取，就労先からの勤務態度等の聴取，グループホームの世話人からの調書，前科・前歴等の犯罪歴等といったものが挙げられます。勾留質問調書，供述調書，簡易鑑定書については用語録を参照ください。なお，判決が確定し支援終了時点で，速やかに捜査記録等を弁護人に返還します。

　この事例ではこれら全ての資料について入手することができました。

(3)　記録確認のポイント（障害特性，犯行の背景，今後の必要な支援等）

ア　障害特性や犯行動機への気付き

　各取調べ記録等の中で，「その人らしさ」の点に着目すると，本人の障害特性や犯行の動機，そして今後の福祉的支援方法や生活環境に対する注意点等がわかることが多いです。調書に障害特性による言動がうかがえれば，その点は弁護人に説明し共通の認識としましょう。

　この事例では，簡易鑑定，障害等の診断書，行政機関からのケース記録や判定記録並びに家族からの生育歴等の聴取により，中程度の知的障

201

害を確認することができました。供述調書において，本人は「性欲的なものが強く，大人の女性がいなかったので……。」と述べていました。しかし，本人はこれまで性に関する問題行動は起こしていませんし，過去に性的欲求を満たすような対象人物もいませんでした。また，自室においてアダルトビデオを観賞していた形跡もなかったのです。このような本人の実態と供述との差異は，知的障害によるコミュニケーション特性である被誘導性・迎合性の表れと捉えることができます。

　本人との接見では，罪を犯したことへの思い，これまでの日常生活の過ごし方や就労状況，今後どのような生活を望むのか等，更生支援計画に向けての質問をしました。本人は感情についての理解が乏しいため，適切な感情表現ができず，他者の感情を想像することもできないという知的障害の特性も顕著に見られました。そのため，例えば，ソーシャルスキルトレーニング等の訓練プログラムを実践する必要があると思われました。

イ　今後の支援を考えるために

　さらに，障害者特性が顕著にみられる本人にまつわるエピソードからは，今後の支援の注意点が浮かんできます。刑事司法SWは，障害特性を含む本人らしさに着目し，なぜ犯行に及んだのか等の犯罪の背景を探るとともに，今後の必要な支援を考える等のアセスメントを行い，加えて，実際に本人・家族・関係者に会って情報を収集します。

　例えば，この事例では，就労先からの勤務態度等の聴取において，本人は会社のルールを忘れて，トラックを勝手に運転し，会社の車庫にぶつけて破損させてしまうという突飛な行動について聞いていました。「トラックの運転くらい，自分にもできる。」ということを他の人に印象付けようとし，それは逆に障害を隠そうとするところからの行動とも考えられます。

　そして，グループホームの世話人の供述調書によれば，日常生活面では，本人は着替えを行わず同じ服を数日着続けること，居室の掃除が不十分なこと等が見られ，不衛生な生活状況が見られました。

また近くのゴミ収集所から，子どものおもちゃ，ランドセル，教科書を拾ってきてしまう等の収集癖があったことも挙げられていました。私生活においては，ランドセルや低学年の教科書に執着・愛着があり，それらをゴミ収集所から拾って来るという限られた興味とも言えます。本人は，「小学校時代は楽しかった」との記録もあり，その楽しい思い出は，ランドセルや教科書の収集に象徴されているかのようです。

本人は一般企業の福祉就労枠で就職していましたが，もしかしたら職務内容が本人の能力に合っていなかったかもしれません。また日常生活上の善悪について正しく判断できないところもあったのではないかと思われます。

2　情報の再収集

(1)　本人からの承諾を得る

起訴後，刑事司法SWが支援を始める前に，弁護人は，本人に承諾を得て個人情報使用同意書及び代理人への委任状（刑事司法SW宛）に署名押印をもらいます（刑事司法SWが直接本人から同意・委任を受けるときも同様で，書面は必要である。）。その後，刑事司法SWは本人に接見することになります。

(2)　福祉の視点で行う情報収集

ア　再収集の意義

ところで，情報を再収集するに当たり，捜査機関が既に聴取した相手を再び聴取することについて，「相手が嫌がるだろうか」，「実際に聞き出せる情報は変わってくるのか」等の疑問が出てくるかと思います。刑事司法SWは，司法判断に踏み込まない立場で福祉的支援を行うことから，情報を収集する場合においても，罪の軽減を意図した情報収集は行わないのが原則となります。あくまでも，本人の障害特性を理解し，それが犯行に及ぼす影響を考察し，本人の生き辛さを少しでも解消していく環境をつくるために，情報収集は今後の社会復帰支援に役立てることが目的となります。

したがって，この事例では，情報収集先である両親，元勤務先会社，グループホーム世話人に対して，事件に関係する事柄だけでなく，本人

第2編 ケーススタディ ～項目別・事例別に学ぶ実務のポイント～

の障害特性を含むその人らしさに着目し，本人の持っているストレングスを見出す質問もしました。

その結果，両親宅への訪問では，本人の生育歴，病歴，家族との関係，友人等からのいじめの有無，障害福祉サービスの利用歴，達成感・劣等感に関する出来事，そして犯罪の背景と今後の本人への支援について両親から本人のいろいろなエピソードを聞くことができました。

この事例では，本人が運転免許証を取得するために10回以上受験していたことなど，かなり運転に執着していたことがうかがえますし，合格まで忍耐強く勉強していたことがわかりました。免許取得後は，よく父親とドライブに出かけていました（友達関係等はありません。）。そして，刑事ドラマが好きで，TVやDVD（100本以上を所持していました。）をよく観ていました。

ドラマのシナリオについて，「次はこうなる」とか「やっぱり犯人は××だ。」などと，常に父親に話しかけてもいたようです。このようにテレビを一緒に観ることなどの一面からも，父親と本人の関係は良好と捉えることができます。今回の事件の計画については，刑事ドラマ等の視聴覚により事件のシナリオを学習していたとも思われます。同じような事件の犯行を見て，「自分だったらできる，成功する」との気持ちから短絡的に実行してしまったのかもしれません。刑事ドラマのシナリオには，およそ車の運転場面がありますし，本人は運転することを得意と思い込んでいました。このようなこだわりの傾向や犯人になりきるなどの行動異常・不適切な行動等は，受動的社会相互交渉パターンと捉えることができ，精神遅滞と合わせて自閉症障害の行動に類似しているように思いました。

また，就労していた会社を訪問し，無遅刻無欠勤である本人の勤務状態等の情報を確認しました。居住していたグループホームでの生活態度については世話人に話を聞きました。

刑事司法SWは，犯罪に至った要因について本人自身に起因するもの，家族環境，社会環境等に起因すること等，多面的に情報を収集整理し，

204

第2章　項目編

支援内容を検討します。

イ　再収集での注意点

公判記録によって知り得た情報のうち，本人が知らない情報，あるいは知らせなくて良いと思われる情報は，不必要に本人に伝えないようにします。例えば，簡易鑑定書，就労先からの勤務態度等の聴取，グループホームの世話人からの調書等の内容が考えられます。今後の福祉的支援のために，捜査機関が取得した書類等の情報を知らせる必要があるならば，弁護人に相談します。

また，各対象者から情報を収集しながら，本人のアセスメントシートを作成し，支援の見立てについても見当づけていきます。

3　計画の見直し

本人が住みたい地域に住めるよう配慮することは当然ですが，居住場所の指定は困難な場合が少なくありません。更生支援計画では，本人の希望に沿うことも必要ですが，本人の生活課題・犯歴等により，必ずしも当初の計画・立案通りにはならないこともあります。

この事例の支援会議では，釈放されてから3か月程度の短期的な更生支援として，主に本人が必要と思われる地域の社会資源の確保，関係機関等との連携，居住場所の確定について検討しました。

まず，障害者福祉サービスを利用するため，病院に受診し医師の意見書をとり，障害者支援区分認定調査を申請し，また，成年後見制度の利用申請を行うことが挙げられました。

しかし，肝心な本人の居住場所はなかなか決まりませんでした。自宅で両親と過ごしたいという本人の希望は，両親が高齢であり本人の見守りができないという理由で，各福祉機関から反対されました。また，グループホームという話もありましたが，それでは犯行前の住まい環境と同じで，再犯に陥りかねないということで，環境を変えることを検討することとなりました。結局，当面は数か所の施設の短期入所を2週間ずつ順繰りに利用していくこととしました。そこで，受け入れてくれる短期入所施設を探しましたが，1か所のみしか決まらず，したがって輪番による短期入所の実現には至りませ

205

第2編　ケーススタディ　〜項目別・事例別に学ぶ実務のポイント〜

んでした。

　判決日が近くなり時間的な余裕がなくなってきた頃，ある障害者支援専門員から，受入れ可能な遠方にあるグループホームの紹介を受けました。取りあえず，そこに入所することで本人に説明し了解も得ました。また，入所後に相談員による再アセスメントを行い，支援計画の再調整も必要と思われました。

第4　事件後の流れ

(1)　弁護士との初回打合せ，親族からの委任

　本件では，刑事司法SWは，公判の段階から関わりました。弁護人との初回打合せ時では，聴取資料等の情報を共有し，今後の刑事司法SWの活動について，大まかな流れを説明しました。本人の個人情報収集並びに福祉的支援についての権限に関して，さらに本件では，刑事司法SWは実父から委任を受け，これにより刑事司法SWの報酬は実父に請求することになりました。

　その後，本人と接見し，事件状況について確認しました。また，両親宅を訪問し，本人の生育歴や最近の様子を両親にうかがいました。そして，勤務していた会社から本人の勤務状況等について情報を収集した。グループホームの相談員には，自立した日常生活が営まれていたのか確認しました。刑事司法SWは，本人，両親，勤務先会社の社長，グループホームの相談員等から情報を再収集することで捜査記録を確認し，生育歴等の情報から事件に至った経緯等について分析しました。

　この時点で，刑事司法SWは国選弁護人からの情報を再収集するとともに，今後，地域で生活する時にどのような支援が必要なのかを見立てました。

(2)　更生支援会議の構成メンバー・活動内容

　今後の本人の居場所と出番を見立て，刑事司法SWがその関係福祉機関を支援会議の構成メンバーを決めます。

206

第2章　項目編

　この事例では，本人に必要な国選弁護人，両親，行政の障害福祉課，障害者相談支援センター，グループホームの空室情報を把握できる中核地域生活支援センター，犯行直前まで利用していたグループホームの施設長，そして刑事司法SWが支援会議に参加しました。会議は合計4回開催し，各機関との情報交換・支援調整等を図りました。

　支援会議では，具体的更生支援として，今後の生活全般の相談支援と個別支援計画の中心的推進者は障害者相談支援員が担当することになりました。また，弁護人による成年後見人制度利用の申立てをすることにもなりました。居住場所は，いくつかの障害者福祉施設の短期入所事業をつないで利用し，生活の見守りを強化できる居所を確保していく提案が出て，本人と両親も，短期入所サービスを利用することに同意しました。しかし，最終的にグループホームに入所することになりました。

　そして，公判において刑事司法SWは，更生支援計画を裁判所に提出し情状証人として出廷しました。

　なお，裁判所の判決は実刑となりました。

第5　もしものケース想定

【医療機関等への受診があれば（保釈による受診可能性を含めて）】

　本件では，医療機関等への受診歴がなかったため，収集できた医療記録や検査記録が十分でなかった事情があります。本件を担当した弁護人は，県の障害者相談センターの検査記録などに基づいて責任能力を争う主張をしましたが，その記録が古いことなどが理由とされて鑑定結果を覆すには至っていませんでした。

　継続的な医療機関等への受診などがあれば，十分な医療記録等に基づくより説得的な主張が可能であったかもしれませんし，主治医による意見書ないし尋問などにより，被告人の特性についてより十分な理解を得られた可能性があったかもしれません。

　また，こうした事件に関わる被告人や家族などは，経済的に困窮している

207

第2編　ケーススタディ　～項目別・事例別に学ぶ実務のポイント～

場合があり，保釈制度の利用に困難を来すことがあります。

　保釈して身柄解放がなされれば，直接医療機関等への受診を実施して，医療記録等を新たに作成することや，私的鑑定の実施などにつなげることができた可能性もあります。

　なお，保釈についていえば，身体拘束が続くことで当初の障害に加えて，拘禁反応などの二次的な障害が生じることも危惧されます。その結果，弁護人や刑事司法SWとの円滑なコミュニケーションに支障が生じたり，公判廷での防御に支障を生じることがあり得ます。弁護人としては，身柄解放に向けた対応を十分検討しなければならないでしょう。

【国選弁護人複数選任があれば】

　既に述べた通り，こうした事案では積極的な資料収集活動を実施しつつ，多数の接見を重ねて被告人との円滑なコミュニケーションを確立できるよう努力することが必要です。また，刑事司法SWやその他の支援者とのケース会議協議を通じた連携活動をする必要もあります。他方，弁護人として無罪可能性に配慮して慎重な証拠検討なども必要です。

　全体として，通常事件よりも多くの労力を必要とする傾向がありますので，できれば国選事件であっても複数選任を認めてもらいたいところです。

　複数選任は，労力の分担のみならず相互に協議しつつ事案処理を進めることで，単独では気付かなかった事項を発見することや，異なる見方により新たな対応の切り口を発見できるというメリットがあります。

　実際の本件では，国選弁護人が単独で対応しており，非常に大きな負担がかかっていた様子がうかがえます（なお，当該国選弁護人が控訴審も単独で対応しています。）。結果的に，原審は実刑判決，控訴審は控訴棄却となっており，複数選任で対応できていたらと感じるところもあります。

208

Column

本事例のエコマップ

【犯行前の生活】

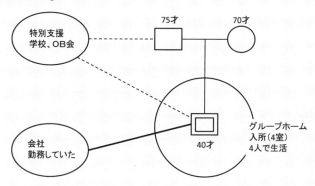

【逮捕直後】

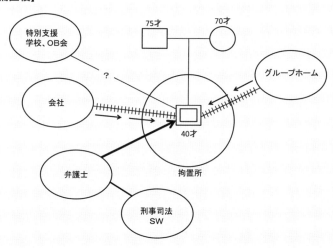

第2編　ケーススタディ　～項目別・事例別に学ぶ実務のポイント～

【更生支援計画作成時】

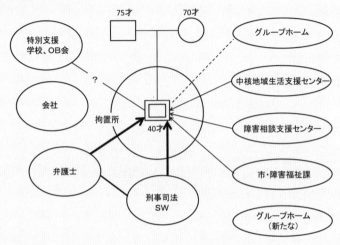

【環境との結合の表記】

―――――　……実線の太いものほど重要もしくは強い結合
- - - - - - -　……希薄な結合
++++++++++　……ストレスのある，もしくは葛藤のある関係
――――▶　……資源・エネルギー・感心のフロー

（大浦明美）

第2章　項目編

更生支援の実施計画書

　本計画書は，本人の同意を得て作成しています。

目標	・本件の原因となった障害特性を精査する。 ・安定した地域生活を送れるようにする。 ・日中活動の展開を支援する。 ・福祉支援により，再犯可能性を低減する。 ・本人にあった就労を提供。
期間・対策 実施機関	短期（～3か月）【生活環境整備】 (1)　今後の生活全般の相談支援と個別支援計画の中心的推進者を選定。 　：障害者支援センターの相談員・管理者が本人と拘置所にて面会済み。 (2)　当面の居住先の確保。 　：本人は実家で両親と同居し，自分を見つめ直す時間を取りたいと言う。しかし，両親は高齢のため本人の生活管理ができず，本人の居場所とすることには困難が伴う。そこで，グループホームに居住するため，中核地域生活支援センターが，受け入れ先のグループホームを探す。 (3)　障害福祉サービスを利用する。 　：障害者福祉サービス受給者証を申請するため，市役所障害福祉課は支援程度区分調査を速やかに行えるよう用意している。 (4)　日中活動の場の確保 　：相談員の打診により，就労B型の事業所が本人と拘置所で面会。 (5)　成年後見制度の利用 　：父親が成年後見制度利用の申請書を提出し，補助人には身上監護を中心に行う社会福祉士を候補とする予定。 (6)　障害領域の確認 　：親および相談員が同行の上，精神科医・臨床心理士等に通院し，障害領域の診断を受ける予定。 (7)　本人の生活の見直し 　：刑事ドラマのDVD観賞は止める。人との直接的つながりを増やし，サークル等の人が集まる関係・空間に居るようにする。（独りで休日を過ごさない） (8)　支援会議の定期的開催

211

第2編　ケーススタディ　～項目別・事例別に学ぶ実務のポイント～

	：参加者は，本人，両親，市役所障害支援課，障害者支援センターの相談員，中核地域生活支援センター，補助人。 中期（～2年）【再犯可能性を低減し，安定した生活を維持】 ・グループホーム移行への準備，支援等。 ・就労の場の確保。 ・家族との関係を断ち切らず，居場所の一つとして確保。 ・仲間づくりや余暇活動の充実。養護学校OB会（月1回）に参加。個別支援として移動支援サービス（外出動向ヘルパー等）を利用し趣味による楽しみを見つける。 ピアサポート等の援助を受ける。 ・本人の行動異常に敏感に察知し対応できるよう，支援者を増やす。 ・支援会議の定期的開催。 長期【再犯可能性を低減し，安定した生活を維持】 ・本人の行動異常に敏感に察知し対応できるよう，支援者を増やす。 ・支援会議の定期的開催。
協力機関 協力者	・弁護士　・市役所障害福祉課 ・グループホームの支援ワーカー ・障害者相談支援センターの支援員 ・中核地域生活支援センターの地域総合コーディネーター ・両親 ・刑事司法ソーシャルワーカー（更生支援計画書の作成者）

作成日　平成　　年　　月　　日　　　　　作成者　刑事司法SW　　　　　　印

第2章 項目編

4 証人尋問「知的障害者による傷害致死事件（判決 実刑）」

第1 事案の概要

事件の内容

軽度知的障害のある20代の男性が，年長の知人と一緒になって被害者に暴行を加え，死なせてしまった事案です。

身上経歴

本人は軽度の知的障害を持って生まれました。母親にも知的障害があり，その母親は7人の子を産み育てましたが，子どもたちに教育を行き届かせることは難しい人でした。父親は，本人が小学生の頃に母親と離婚していなくなりました。

その後，母親は別の男性と再婚しましたが，その再婚相手はあまり働かず，お金にルーズでした。借金が膨らみ，夜逃げした挙句，家族全員で水道もガスもないコンテナの中で暮らしたこともあります。

本人は，15歳の頃，児童相談所に保護され，児童養護施設で暮らすようになりました。親と離れ，生活は落ち着き，特別支援学校では応援団長を務めるなど活躍しました。

しかし，本人は，18歳になり児童養護施設を退所した後，実家に戻ってしまいます。一度つながった福祉との関係は途絶えました。その後，本人なりに働きましたがうまくいきません。失業し，お金に困って人の家に侵入するという事件まで起こしました。

事件までの経緯

本人は，20代後半のときに，母親の再婚相手ともめて，ついに家出をし，ホームレスになりました。障害者用の公衆便所の中で寝泊まりしていたようです。

そのようなホームレス生活が1か月過ぎたとき，路上で40代くらいの中年男性から声をかけられました。

213

第2編　ケーススタディ　～項目別・事例別に学ぶ実務のポイント～

その中年男性は，本人を自宅に泊め，1か月間，生活の面倒を見てくれました。県会議員に連絡し，議員を同行させて，本人の生活保護の申請を支援してくれました。

本人は，その中年男性のおかげで，生まれて初めてアパートを借りました。また，建築関係の仕事まで見つけることができました。

本人の人生が中年男性と出会って変わりました。本人は，中年男性を「恩人」として慕うようになりました。

本人とその中年男性には，共通の知人に，本件の被害者となる初老の小柄な男性がいました。この小柄な男性は元ホームレスで刑務所に入った経験があります。中年男性，本人，小柄な男性3人とも，生活保護を受けている者同士でした。

あるとき，中年男性は，小柄な男性が自分や妻の陰口を叩いていることを知り，それが許せないようでした。本人は，中年男性の怒りを聞き，陰口を叩いた小柄な男性が悪いのだと，恩人である中年男性に同調しました。中年男性はそれから，小柄な男性の家を訪ねて殴りつけたり，それまでに自分が世話をした分をお金にして払えとお金を要求したりするようになりました。本人も同調して中年男性と一緒になって行動していました。そして事件が起きました。

事件の経緯

ある日，本人と中年男性は中年男性の家でお酒を飲んでいました。中年男性は飲みながら，小柄な男性のことを話題にし，怒り始めました。小柄な男性を家まで呼び出し，詰問して挙句に殴り始めました。フライパンで小柄な男性を何回も殴りました。中年男性が殴り疲れた後，本人も中年男性と一緒にやるべきだと思ったようです。そして，小柄な男性に根性焼きをしたり，プロレス技をかけたり，顔を殴ったりしました。

そして，小柄な男性は，頭部への強い打撃で，側頭部と後頭部にかけて広い範囲で皮下出血を起こし，急性硬膜下血腫を生じた結果，死亡してしまったのでした。

第 2 章　項目編

弁 護 士 が押さえておきたいポイント

① 刑事裁判の中で福祉職の関わりが期待される領域

② 司法は福祉職にどのようなことを期待しているか

③ 証人尋問における心得

第2 ポイント解説（弁護士編）

1　刑事裁判の中で福祉職の関わりが期待される領域

　刑事裁判の中で，福祉職が専門職として関わるのは，裁判所に専門職としての知見を証拠として提供する場面です。証拠の提供方法としては，①書面にして提供する場合と，②証人として証言をして提供する場合があります。この点，書面を証拠とする場合は，裁判官（裁判員）や他方当事者（検察官又は弁護人）が法廷のその場で書面の作成者に対して書面の内容について尋問して吟味することができませんから，そのような吟味を要すると判断された場合は，書面を証拠とせず，作成者を証人として法廷に呼び出すことがあります。なお，証人は，証言の内容について，法廷のその場で分かり易く言い換えたり，説明を補足したりできますし，裁判所も当事者も不明確な点や疑問点をその場で証人に尋問することができますから，分かり易さという点で書面よりも有効な場合があります。特に裁判員裁判では裁判員に対する分かり易さの点から証人尋問が選択されることもあります。したがって，今後の刑事裁判の中では，福祉職は「更生支援計画書」などの書面の提供で関わることはもちろん，専門家証人として出廷し証言することも期待されているといえます。

　本件も裁判員裁判でしたが，社会福祉士に専門家証人として出廷の上，証言してもらいました。

2　司法は福祉職にどのようなことを期待しているか

　司法の関心は有罪か否かにありますが，有罪であることが争われない場合，関心は量刑（刑の重さ）にあります。そして，刑の重さを判断する要素とし

215

て重視されているのは，犯行動機，犯行態様，被害結果などその犯罪に密接に関わる事情（「犯情」と表現されます。）です。本人の内省や更生に関する環境調整の結果などは一般的な事情（「一般情状」と表現されます。）であり，量刑判断の上では調整的な要素と位置付けられています。

　福祉職が，刑事事件の中で司法と連携する場合，福祉職の関心は，専ら被疑者・被告人のその後の人生をどのように支援すればよいかにありますから，上記に沿って言えば，福祉職の関わる領域は一般情状に位置付けられることが多いでしょう。

　もっとも，その犯行が障害特性の現れであると思われる場合，本人の努力ではいかんともしがたい事情が犯行に影響しているという面もあり，事情によっては非難の程度が減じられる場合もあります。これは，上記でいえば，犯情に位置付けられる事情です。

　もちろん，障害特性の現れが犯行に影響しているメカニズムについては，臨床心理士や精神科医の専門領域であり，福祉職がこれについて証言することは基本的には難しいと思われます。しかし，福祉職も，その学識や職歴によっては，障害特性の現れ方について，専門的な経験に基づく意見を述べ得る場合があると思われます。

　本件では，社会福祉士に対し，情状証人としての出廷を依頼し，刑事裁判後の本人に対する更生支援について証言してもらうと同時に，本人の障害特性が犯行に影響している可能性について証言してもらいました。具体的には，本人が拘置施設に勾留されている間，社会福祉士が頻回に面接し，ソーシャルスキルトレーニングのワークブックに取り組み，そこで得た障害特性の傾向を証言したというものです。

　社会福祉士の障害特性に関する証言は，弁護人の最終意見陳述においても引用し，判決では，「被告人には知的障害等により周囲に流されやすい傾向があったことは同被告人の責任の重さを軽減する方向で考慮すべきである」と判断されました。

3　証人尋問における心得

　証人尋問においては，尋問者と事前打合せをすることが必要ですが，それ

第 2 章　項目編

は，尋問者の意図に合わせて証言事項を事前に覚え込むためではありません。福祉職としてその事件や被告人についてどのようなことを証言し得るのかを尋問者に伝え，自己が証言しようとする知見を理解してもらうためです。福祉職の方は，証人尋問に出廷することになった場合は，尋問者の意図に迎合する必要はなく，自己の専門的知見を中立の立場から証言すればよいのです。もっとも，証人尋問は時間も限られ，事件と被告人に関するあらゆる事情を証言する時間はありませんから，証言事項を絞る必要はあります。事前に，短く簡潔に，なるべく平易な言葉で説明できるように練習をした方がよいでしょう。

第3　実際に証人として出廷した社会福祉士Aさんに対するインタビュー

（以下，弁護士Bさんを「弁」，社会福祉士Aさんを「福」とします。）

弁　この事件の証人出廷について。

福　正直なところあまり思い出したくないですね（笑）。

弁　あれ？なぜですか。

福　私にとってあの証人尋問が初めてで経験もなかったですし……。まあ，本音を言えば，被告人のX君の心理的な面について証言するのがとても難しかったのが原因です。

弁　なぜ難しかったでしょうか。

福　私たち福祉職が，知的障害のある方と長年接してきた経験を基に，知的障害のある方の心理的な特性について話せることはあると思います。しかし，心理の専門職のように確信を持って証言することができず，強い不安を感じました。法廷の証言台の前でX君の心理面について尋問されたとき，私は自分の証言に自信が持てませんでした。心理面については，専門職のように用語を正確に使えないという思いもありましたし。

弁　私たちとしては，Aさんは，大学で福祉を専攻なさったあと，長年知的障害者と接してきた豊富な経験を持っていらっしゃいますし，専門家証人として，知的障害者の心理的な特性についてもお話ができると考えていま

217

第2編　ケーススタディ　～項目別・事例別に学ぶ実務のポイント～

した。この点については，裁判官や検察官との裁判前の打合せにおいて，事前の了解も得ていたのです。しかし，私たち弁護士がＡさんに無理を強いたのかもしれませんね。

福　証人尋問が終わった瞬間，「私の役割は何だったのだろう？どうすればよかったのだろう？」と考えてしまいました。今日初めて打ち明けるのですが……。

弁　私たち弁護士の主張に証言を合わせる意識がありましたか。

福　私は弁護士の方が申請している情状証人という立場でしたし，「チームＸ君」の足並みを乱してはいけない，という意識はあったかもしれません。

弁　私たち弁護士としては，Ａさんに弁護人の意見を押し付けるつもりはなく，専門職として率直な意見を述べていただければ，と思っていたのですが。

福　私としても，Ｘ君の支援に関わりましたから，Ｘ君の障害特性や生き辛さなど，福祉の現場にいるからこそ気付ける事情を裁判所の方に伝えたいという思いはありましたよ。そういう意味では，弁護士の方の主張と重なる部分はあったと思います。

弁　弁護士との間で考えにずれがあったということはありましたか。聴くのが怖いですが。

福　ありましたよ。裁判までの間に弁護士の方ともメールのやりとりをしましたよね。弁護士の方が「Ｘ君の今回の事件の背景には……があると思われる」みたいな感じでメールを送ってくるのですが，う〜ん，という感じで（笑）。

弁「う〜ん」とはどういうことでしょうか。

福　弁護士の方の意見について，「そうだ！」という感覚はなかったですね，正直なところ。私は，長年福祉の現場で，対象者と一対一で向き合いながら，様々な生活上の課題の解決に取り組んできましたが，物事全体について仮説を立てて説明するような思考の経験は少なかったかもしれません。

弁　弁護士は，量刑に影響する事情に注目しますし，事件の原因に障害の影響があるのではないかと，突きつめて考えるところはあります。考える

218

うちに，いつの間にか仮説を信じ込んでしまう場合もあるかもしれません
ね……。

　福祉の現場でも，対象者に行動問題がある場合に，その原因を検討して
対策を考えるという作業はしますよね？私たち弁護士も，事件の事情から
事件の原因を考えて，同じような事件が二度と起きないよう対策を考える
という点では似たような思考をしているように思いますが，いかがでしょ
うか。

福　確かに，対象者に行動問題がある場合に，その方の性格，理解力，障害
特性，生育歴などを総合的に検討することはあります。でも，似ているよ
うで違う気もします。弁護士の方の思考は事件に焦点を絞っていて，その
事件をきれいに説明する感じですが，私たちの現場では，個別の事象を解
き明かすというよりは，その人のその後の生活をどうすればよいのか，知
恵を絞るという感じなので。私たち福祉職は，より具体的な支援の場面を
想定しているように思います。

弁　なるほど。お互いに関心のある領域や思考回路に違いがあるのでしょう
ね。

　証人尋問の準備について振り返ってみるといかがでしょう。

福　私自身は，事前に更生支援計画書という形式で書面をまとめたのは，自
分の考えをまとめる上で役に立ったと思います。ただ，それを証言という
口頭表現で表現するのはまた別の難しさがあります。弁護士の方と事前に
打ち合わせる中で，答えやすい尋問の表現や証言として裁判員の方にも分
かり易い表現というものをすり合わせるのは大事なことだと思いました。

弁　さて，もう一度同じように証人尋問に応じるとすると，今度はどのよう
に臨みますか？

福　そうですね。福祉の専門職として，自分の知識や経験に基づいて証言で
きる領域を事前に整理して臨みたいです。弁護士の方との打合せの中で専
門職としての得意・不得意をきちんと伝えたいと思います。それは私たち
の専門性を考える作業でもあります。そして，法廷では，被告人の支援を
担う一員として，私たちだからこそ知り得る，気付ける事情を裁判官や裁

第2編　ケーススタディ　～項目別・事例別に学ぶ実務のポイント～

判員の方に伝えたいと思います。また，刑事裁判における証言の機会は，裁判官や裁判員の方に更生における多機関連携の必要性を知っていただく良い機会だと思いますし，事件の背景に福祉の課題があれば提言もしたいとも思います。他方で，私たち福祉職も，公の場で自分の考えを伝えるトレーニングを常日頃から積まなければならないと思っています。

第4　事件後の流れ

　被告人は，懲役7年（求刑9年）の実刑判決となりましたが，判決に知的障害等の影響が記載されたためか，障害者に特化したユニットを有する矯正施設であるPFI刑務所（社会復帰促進センター）に収容されました。被告人と社会福祉士は，服役中も継続的に文通をしており，出所時に更生支援の引継ぎを期待できる環境が整えられています。

Column

刑事裁判における証拠のルール

　刑事裁判における証拠のルールについても一般の方にはなかなかなじみにくいものかもしれません。この点は，第1編第2章（23～25頁）にも記載がありますが，改めて弁護士目線で説明します。なお，ここでいう「証拠」とは，「資料」という意味でご理解いただければと思います。

1　保有情報の違い

　裁判が始まる時点において，裁判官，検察官，弁護人のそれぞれが持っている情報の内容，量はまったく異なります。

　検察官が元々持っている証拠は「請求証拠」「開示証拠」「手持ち証拠」の三つに分類することができます。「請求証拠」とは，裁判官に取り調べてもらうべく請求しているものでこれはあらかじめ弁護人に見せなければなりません。「開示証拠」とは，「請求証拠」ではないけれど弁護人に見せてくれたもの（見せる義務がある場合もあります。）のことです。これに対し「手持ち証拠」とは，検察官が手元に置いているけれど弁護人に見せていないものとなります。

220

なお，弁護人が元々持っている証拠も上記同様三つに区分されます。

このように，裁判が始まる時点において検察官と弁護人が見ている証拠は，一部は重なりますが完全には重ならないことになります。

また，裁判官は，予断排除のため，裁判開始前には起訴状に書かれている事項以外の情報を何も持っていない（持ってはいけない）ことになっていますので，何一つ情報・証拠がない状況で裁判の審理に臨むことになります。

2　証拠になるもの

ここでいう「証拠」とは，裁判官が事実の存否を確定するための「資料」という意味でご理解いただければと思います。

証拠は，「物証」と「人証」に分かれます。「物証」とは有体物のことで，凶器のナイフなどが含まれますが，多くの場合，書面のことを意味し，更生支援計画書も「物証」となります。「人証」とは関係者を尋問するという証拠方法で，情状証人も「人証」となります。

検察官・弁護人が「物証」「人証」の証拠請求をし，証拠採用がされた場合には，その後，裁判官は初めてこれら証拠・証言の内容を知ることになります。しかし，裁判官がその証拠採用を認めない場合には，裁判官は証拠の中身を知ることはなく，これは裁判官の判断材料に含まれないことになります。

例えば，弁護人が証拠請求した更生支援計画書が証拠採用されなかった場合，検察官も弁護人もこの計画書の内容は知っているけれど，裁判官だけはその中身を知らないという事態も起こります。このままでは計画書の内容が裁判官の判断材料に含まれないことになって弁護人は困りますので，別の方法，例えば「社会福祉士の方の情状証人尋問の中で計画書の中身を証言してもらう」という方法，つまり「人証」でもって，計画書の中身を「証拠」にするように努めることになります。

3　隠し玉もある

検察官は，広大な捜査権を持っていますので，「手持ち証拠」としても，実にたくさんのものを有しており，その質量は弁護人の比ではありません。この「手持ち証拠」の内容を弁護人（当然，社会福祉士も）は知らないまま裁判に臨みますので，ときとしてそれが隠し玉となって，いきなり尋問時にその材料を突きつけられることもあります。

例えば，本件前にも裁判を受けたことがある被告人の場合，前回の裁判での被告人や情状証人の発言内容などは，検察官は「手持ち証拠」として持っ

221

第2編　ケーススタディ　～項目別・事例別に学ぶ実務のポイント～

ています。そして，前回の裁判で被告人のきょうだいが情状証人で出廷して監督を誓約していたものの，きょうだいの監督が行き届かずに再犯したような事案において，情状証人として出廷した社会福祉士に対しては，たとえ経過を知らなくても，検察官が反対尋問で「前回，きょうだいの監督を受けると述べていたのを知っています？」（①の尋問）「きょうだいとうまくいかなかった理由をどう理解していますか？」（②の尋問）「今回の支援計画では，そのあたりどう手当がされているのですか？」（③の尋問）などと切り込んでくることもあり得るのです。

　きょうだいのことを知らなかった場合，いきなり①の尋問を受けると意表を突かれ，動揺してしまうかもしれません。また，これに対して「知らなかった」と証言することは，社会福祉士としての自分の調査に手落ちがあったと思われるのではないかと不安に思ってしまうかもしれません。しかし，法廷で嘘はいけませんから知らないことは「知らない」と答えるほかはありませんが，それでも③のような尋問に対して，更生支援計画の実効性が説明できれば問題はありません。

　実際のところ，このような「手持ち証拠」に基づく尋問がなされることは多くはありませんし，事前の準備としては関係資料を読み込み，十分に弁護人と打合せをするということ以上のことはできません。その上で尋問の場面では，自分が見聞きした範囲について自信を持って尋問に臨むことが必要です。

（土屋孝伸）

Column

弁護士の社会福祉分野への関わり

　ご存知のとおり，21世紀初頭の司法制度改革により，弁護士数が増加し，多様なバックグランドを持った弁護士が活動するようになりました。また，弁護士においても，社会生活上の困難を抱える人々に対して，単に刑事手続といった法律分野の支援だけでなく，幅広く対象者に必要な援助を行う必要性を感じたことで，福祉分野に対する関心が高まってきております。そうした中，「社会福祉士」の資格を持った弁護士も増えてきています。そうした福祉分野に精通した弁護士が，弁護人として刑事弁護活動に関わることが増

第2章　項目編

えてきていますし，刑事司法ソーシャルワークの観点から望ましい傾向にあります。その結果，弁護士一人で，刑事弁護のみならず，帰住地調整を行うなどの出口支援といったソーシャルワーク活動もすることがあります。

　もっとも，国選弁護事件を担当する弁護士は，名簿に登録して機械的に事件の配点を受けて活動していきます。福祉分野に精通する弁護士が弁護人となるかは，制度的に担保されていません。弁護士一人で，司法分野と福祉分野の両方の活動を行うことはまれなことです。

　そのため，弁護士は，社会福祉士などに対して，福祉分野に関する情報提供や支援を期待して連携を模索しています。

（南川　学）

第２編　ケーススタディ　～項目別・事例別に学ぶ実務のポイント～

更生支援計画書（平成25年６月26日時点）

第１　はじめに

　支援対象者は，現在○○歳であるが，乳幼児期から家族関係が崩壊し，養育者が何人か変わる経験をしてきている。また，安全安心とは程遠い劣悪な生活環境で過ごしてきた。支援対象者は，乳幼児期に培われなければならない様々なことを習得する機会を持てなかったことに加え，知的障害があることで，言語や概念の習得，対人関係や社会性，日常生活スキルの習得が妨げられ，自力では習得できなかったと思われる。

　支援対象者は，このような成育歴の中で，児童相談所，児童福祉施設，特別支援学校，行政機関と関わり，その都度支援について検討されてきた。

　まず，支援対象者が15歳のとき，児童相談所で一時保護された際は，「将来の社会適応を考慮すると，障害児教育が必要であり，自立に当たっては障害者援助の制度を活用することが必要となる」旨，判断された。

　また，児童養護施設入所後１年後，支援対象者が16歳のときの心理診断では，「本児は知的障害があり，将来，独立自活は困難であると思われること，また，家庭は依然として養育・監護能力に欠け，家庭引き取りをすれば施設で身についた生活習慣も失われ，自堕落な生活を送ることが予想される」ため，「将来的には福祉施設で職業訓練を受けさせ，知的障害者の援護ルートに乗せていくことが適当と思われる」旨，判断されていた。

　しかし，支援対象者は，実際には家庭引き取りという形で自宅に戻り，福祉支援が届かない状況に戻ってしまった。その後，支援対象者は，アルバイトを転々とし，安定した就労状況を実現できず，収入の乏しい生活を送ってきた。そして，家族（継父）から働くよう責められて自宅を出，その後にホームレス生活に陥ったことが，今回の事件につながっている。

　支援対象者は，過去には教育，行政，福祉の支援を受けていたのに，最終的には何の支援も受けずにホームレスとなり，そのときに優しく受け入れてくれた人物と今回の事件を起こしてしまったのである。

224

第2章　項目編

　そのように考えると，支援対象者に対する関わりが継続していれば，今回の事件を防ぐことができたかもしれないと思わざるを得ない。

　高等部卒業後，社会人としての基礎を培う機会を失っていた支援対象者が，今後社会適応して生きていくためには，家庭的な落ち着いた環境と人間関係・社会に適応するための教育が不可欠である。

　そのために，障害福祉サービスを利用した生活環境の確保や社会に適応するための支援について，以下のとおり提案する。

第2　支援対象者

　　○○　　○○（昭和○○年○○月○○日生・○○歳）

第3　調査活動（平成○年○月○日時点）

　1　支援対象者との面会状況

　　　初　　　回：平成○年○月○日

　　　合計回数：○○回実施

　　　面会時間：1回当たり約15分間

　2　支援対象者との文通状況

　　　受信通数：○通

　　　発信通数：○通

　3　関係者との面会状況

　　　両親（○○市在住）を訪問（平成○年○月○日）

　4　参考資料

　　⑴　検察官開示証拠一式

　　⑵　弁護人接見メモ

　　⑶　事情聴取報告書2通（○○児童養護施設職員，○○特別支援学校教諭）

第4　支援対象者の成育歴や現在の状況など

　（略）

　2　現在の状況

第２編　ケーススタディ　～項目別・事例別に学ぶ実務のポイント～

(1)　支援対象者との面会時の関わり

　　面会では，ソーシャルスキルトレーニングのワークシートを媒介と
した課題活動を行い，本人との関係を築くことと本人像を把握するこ
とを目的とした。

ア　関係構築について

　　１回の面会時間が約15分間で，初対面の関係から関係性を深めて
いく難しさを感じたため，週１回の継続した面会を続けていく方法
をとった。短い時間でも回数を重ねることにより，課題に共同で取
り組む中で，お互いを近い存在として認知していった。

イ　本人像の把握について

　㋐　事件を振り返ることに関して

　　　毎回ではないが，今回の事件を話題に挙げ，振り返りを行った。
　　　表現方法は幼いが，本人なりの言葉で，被害者への謝罪や自分
　　が犯した行為を悔やむ内容の日記を書き始め，続けている。

　㋑　認知の傾向について

　　　支援対象者は，一見すると知的能力が低いことはわからないが，
　　課題活動や手紙の内容から，言語や概念の習得に困難があること
　　がわかった。

　　　例えば，抽象的な言葉の理解は難しく，表面的な理解，字面の
　　理解に留まり，深いところの理解には至らない。

　　　また，自己の経験の範囲内でしか応答ができない上，経験不足
　　のためわからないことが多い。

　　　意思を伝えるときには言葉と文字や絵を組み合わせることが有
　　効，長文読解では読み聞かせの対応が有効であった。

　　　算数は，一桁の加減算は可能，掛け算・割り算の計算は不可。

　　　文字の模写は細部まで注意を傾けることが難しく，正確な文字
　　を書くことができないなどである。

　　　以上から，日常生活の中で自分で判断できないことが多かった
　　り，仕事などの場面で指示がわからなかったり，細部への注意集

226

第2章　項目編

中ができなかったりするなど，実際の生活において，支障や不利
益が生じていた状態が想像できた。

ウ　支援対象者の課題について

支援対象者は，自分の将来について不安を持ち，これから自分が
どうなっていくのか先が見えない状況である。

罪を償い，一生懸命生きていく気持ちがあるのであれば，当職が
将来について一緒に考えていく立場であることを伝え，支援対象者
の将来への気持ちをつなげている。

同時に，うまく生きてこられなかったことを振り返り，適応して
いくために何が必要かを共に考えている。

日常生活スキル，対人関係，勤勉に働くこと，日常的な読み書
き・算数など，様々な領域における学習・習得の必要性は明らかで
あり，今後の福祉的支援は不可欠である。

そのため，支援対象者には，療育手帳の理解を促し，働き，生活
していくときに援助を受けるための道具であることを伝えている。

(2)　文通状況など

前項の面会を開始して1か月後あたりから，手紙のやり取りが始
まった。発信されたことには必ず応答することを心掛け，何でも話せ
る関係を築けるようにした。

手紙には，面会時間には語られなかったことが書かれ，文字や文章，
話題などからも本人像が想像でき，相互理解する上で大きな役割を果
たした。

(3)　保護者について

支援対象者と面会などでやり取りをする中では，保護者については
多くは語られなかった。

支援対象者は，家族に関しての質問には，非常にきっぱりとした態
度で今は答えたくないと意思を表している。

反面，母親に対しては「生んでくれて感謝している」という言葉が
聞かれ，相反する気持ちが共存している。

227

第2編　ケーススタディ　～項目別・事例別に学ぶ実務のポイント～

　　この点，当職は，平成25年○月○日に○○市を訪ね，実際に継父と
母親に会い，家族の歴史や現在の生活の状況について話を聞いている。

　　その時の印象であるが，継父は，知的障害とそれに伴う生活のしづ
らさを想像できず，支援対象者が怠け者であるかのような理解の仕方
であった。支援対象者への厳しい対応は終始そのような考え方に基づ
くものであり，支援対象者は家庭にいても働けと責められ，居心地の
悪さを感じていたと思われる。

　　母親は，自分で物事を判断する能力に欠ける印象で，何事も継父に
従う感じであった。

　　支援対象者は就職を機に○○児童養護施設から家庭に戻っているが，
両親（特に継父）には，知的障害の息子の自立を支える視点は全くな
かったし，現在もない。

　　支援対象者が刑期を終えた後，帰るべき場所としては不適当といわ
ざるを得ず，障害理解と支援のある環境が適当である。

第5　支援対象者の障害特性

1　知的障害に関する一般的知見

（略）

2　事件の原因につながる要素

(1)　支援対象者は，軽度知的障害で，療育手帳「B‐2」を所持してい
た。田中ビネー式IQは72で境界域のレベルである。

　　知的障害は一般的に状況判断の能力が低いため，周囲の影響を受け
流されやすい傾向にある（『乳幼児から学童前期のこころのクリニック　臨床
小児精神医学入門』）。

　　本件のような共犯による事件においては，支援対象者が共犯者の言
動に影響を受け，流されるように事件に関与した可能性を指摘できる。

(2)　また，本ケースの場合，支援対象者は，成育歴から，親子関係，家
族　関係の崩壊した中，生活環境も劣悪で，絶対的な安心感の中で
育っていないことをうかがい知ることができる。

228

第2章　項目編

　乳幼児期は子どもと養育者の間に身体的・精神的結びつき（愛着関係）が形成される時期であり，愛着関係はその後の安定した人間関係の基礎となるばかりか，道徳性の発達の基礎となる。

　しかし，「愛着形成が不全の場合，拒絶や見捨てられることを恐れ，相手の顔色をうかがい，それに合わせて行動しがちで，その結果，相手に逆らえないということがしばしば見られる。明らかに不当なことを要求したり，自分のことを都合よく利用しようとしている相手に対してさえも，それをはっきり拒むことが難しい。」（岡田尊司『愛着障害──子ども時代を引きずる人々』（光文社，2011））。

　この点，支援対象者は共犯者がどんな人間かを判断できないまま，世話になっているから流れに乗らないとまずいという判断をしてしまった可能性がある。

　実際，支援対象者の性格的特徴を裏付けるエピソードとして，支援対象者は，面会時の課題活動において，「いつもお金を貸しても返してもらえない人から，『お金を貸して』と言われたらどうするか？」という問題については，「世話になっている人だったら，返してもらえないとわかっていても断ることはできない。」と答えた（平成○年○月○日面会記録）。

　支援対象者には，自分を救ってくれた人には逆らえない気持ちが強く影響する傾向が認められる。

　このように，養育環境や親子関係から生じた性格傾向が事件に影響した可能性もある。

3　更生の際に考慮する要素

　軽度ではあるが知的障害があることは考慮すべきことである。

　社会への適応行動を改善するためには，障害特性を理解してそれに見合う方法で支援対象者にアプローチする必要がある。

　なぜなら働きかけが本人に伝わらなければ教育の意味がないからである。

　また，知的障害者は，経験や知識を応用することが苦手であるため，

229

第2編　ケーススタディ　～項目別・事例別に学ぶ実務のポイント～

現実の場面で経験を重ね，それを「いいね」と評価され，また修正すべきところをその都度具体的に示される必要がある。

そして，困難な場面では，自力で解決できなくても，寄り添って介添えをしてもらい，課題解決する経験が必要である。

支援が必要な場面での見守りや直接的支援は，支援対象者が社会適応していく初期の段階で，とりわけ不可欠である。

第6　今後の更生支援計画

支援対象者は，今後の生活について，きちんと働いて生活したいと希望している。

この点，支援対象者は，これまで，就労経験やアパートでの一人暮らしの経験はあるものの，現状では，安定した生活を送るための生活技術，生活習慣や就労を継続するための態勢が未熟で，希望を実現するためには，基本的な態勢を整える必要がある。

そこで，支援対象者は，障害福祉の支援を受け，安定した生活環境の中で社会適応行動の改善を図る必要があると考える。

そのためには，障害福祉サービスを受けられるように，まずは「療育手帳」の再取得が必要である。

支援対象者は少年時に療育手帳を取得しているが，更新せず，現在は所持していないため，受刑中に再取得に向け手続を進める必要がある。

出所後の生活環境に関し，帰住先として，継父と母の元へ戻ることは前記のとおり不適切と判断する。障害者施設が望ましい。

具体的には，夜間や休日に共同生活を行う住居で，日常生活の相談も受けられる知的障害者の「グループホーム」が望ましい。

グループホームでは，知的障害に理解のある世話人の助言を受け，集団での決まりごとを守り，身の回りの整理，掃除，洗濯など簡単な家事を習慣化することが期待できる。

就労支援に関し，一定期間，就労に必要な知識及び能力向上のための必要な訓練を行う「就労移行支援サービス」若しくは「就労継続支援サービ

230

第2章 項目編

ス」の利用が考えられる。

　支援対象者については，家庭的な落ち着いた環境で規則正しい生活を送らせ，生活の安定を図り，安心安全な場所で落ち着いた生活を体験実感させながら，就労の準備を整えていけるように支援していく。

第7　おわりに

　支援対象者は，今回行った事件に関して，何でこんなことになったのだろうと悔やんでいることがわかる。

　しかし，自分が犯した罪は償う必要がある。

　支援対象者の更生については，かつて「知的障害があり，自立するには障害者支援のルートに乗っていく道が適当である」と判断され，実現しなかった反省を踏まえ，今後は，支援プランに示したように，障害福祉支援によって，その人らしい自立が図られるものと考える。

以　上

添付資料

1　経歴

2　面会記録（平成○年○月○日から同年○月○日まで）　○通

231

第2編　ケーススタディ　～項目別・事例別に学ぶ実務のポイント～

5 入所後の関わり・退所後を見据えた地域との連絡調整
「自閉症スペクトラム障害の未成年者による窃盗事件（結果　少年院送致）」

第1　事案の概要

▍事件の内容
　10代後半の未成年者による窃盗事件です。

▍身上経歴
　本人は幼少期から複雑な家庭環境の中で育ち，小学校高学年の頃から不登校となり，引きこもり生活を続けていました。本人の特性として，もともと強いこだわり行動がみられ（少年院において自閉症スペクトラム障害と診断），生活の様々な場面で困難を生じさせていたようです。そして加齢に伴い家庭内暴力といった形で虞犯行動が現れるようになりました。本人の親族は少年のために献身的な関わりをしていましたが，次第に疲弊していき，最終的には本人の養育に限界を感じていなくなってしまいました。本人は見捨てられてしまったという思いを抱き，自暴自棄となりコンビニで万引きを行い，それがきっかけで警察に逮捕され刑事事件となりました。

　なお，本人は幼い頃から長期間不登校・引きこもりの生活を送り十分な学習や社会経験の機会を欠いていたことから，事件当時の時点で軽度精神遅滞相当のIQであり，文字の読み書きや基本的な生活習慣も身についていない状態でした。かつては児童相談所が支援に関わっていた時期もあったようですが，少年の虞犯行動の強さもあり福祉の枠組での支援にはなかなか馴染まず，最終的には福祉機関の関わりも途絶えていました。

▍付添人としての関わり
　本人が起こした刑事事件そのものは軽微な内容でした。付添人としては，審判段階では福祉機関とも協議しながらなんとか地域社会で支援し

232

第2章　項目編

ていく方策を検討していましたが，本人には保護者となるべき存在や受入可能な福祉機関がないこと，そして少年が抱える生活課題の大きさゆえに，有効な支援をすることはできず，地域社会での生活は困難であり安全の保たれた枠組の中での矯正教育が必要と判断され少年院入院となりました。

少年院入院後

　本人は，少年院入院後しばらくの間は，少年院内でのルールに馴染むことができず，反則行為を繰り返して保護室への収容や懲戒を受けることが続いていました。しかし，その後は徐々に少年院での生活にも慣れるようになり，それまでの失われた時間を取り戻すかのように少年院での日課を順調にこなして，読み書きや基本的な生活技術を学習していきました。少年院入院から半年程経過した頃には，事件当初とは見違えるくらいに明るい表情をみせるようになりました。

　しかし，本人の少年院出院に向けた帰住先調整が具体化してきた段階で再び問題が生じるようになりました。本人の状態像や家庭環境から考えれば，本人には地域の福祉施設で障害者福祉サービスを利用しながら生活していくことが望ましいようにみられましたが，本人は，施設での生活を望まず家族との生活を強く希望していました。しかし，これまでの経緯から本人の家族も本人の受け入れには強い抵抗感を示しており，家族の引受けは現実的に困難な状況でした。また，仮に本人の福祉施設利用を前提に考えても，本人の複雑な生活課題やニーズに対応できる福祉施設は極端に限られており帰住先調整が難航しました。

　少年院では成人の刑務所と異なり刑期という概念がなく，帰住先調整がつかない限りは基本的に出院することができません。そこで，少年の帰住先調整の方針を検討するため少年院，保護観察所，地域生活定着支援センター，市役所障害福祉課といった関係機関が集まり会議が重ねられることになりました。

233

第2編 ケーススタディ ～項目別・事例別に学ぶ実務のポイント～

弁護士が押さえておきたいポイント

① 矯正施設収容中の元被告人，少年との関わり

② 処遇や帰住先調整に関する情報の共有・会議への参加

③ 矯正施設退所に向けた弁護士の役割

社会福祉士が押さえておきたいポイント

① 矯正施設収容中の刑事司法SWとしての関わり

② 帰住先調整困難ケースにおけるSWの役割と留意点

③ 矯正施設退所以降のSWの関わり

第2 ポイント解説（弁護士編）

1 矯正施設収容中の元被告人，少年との関わり

通常，刑事手続における弁護人，少年事件における付添人（以下，刑事手続と少年事件を合わせて「刑事手続等」と，弁護人と付添人とを合わせて「弁護人等」といいます。）としての弁護士の任務は判決，審判が出された時点で終了します。そのため，刑事手続等後，矯正施設に入った被告人・少年（以下，合わせて「被告人等」といいます。）と弁護士が関わることは制度上予定されていません。

しかし，短い期間とはいえ刑事手続等を通じて本人のために献身的な関わりをしてきた弁護士は本人にとって信頼の置ける支援者のひとりです。特にこれまで支援機関とのつながりがなく社会で孤立して生活を送ってきたような人にとっては，唯一頼れる支援者が弁護士だけということも珍しくありません。

実際上は矯正施設に入っている段階で弁護士が直接的に本人のためにできるようなことはほとんどありませんが，弁護士が本人との面会や文通を通じて本人の社会復帰に向けた勇気付けや相談役になることには非常に重要な意

234

義があるといえます。もっとも，法テラス等を利用した出張法律相談という形式を採る以外は，こうした面会や文通による関わりは弁護士がボランティアとして行っているのが現状であり，どこまでの協力ができるかは個々の弁護士の判断に委ねられています。

本件においても本人は親族に見捨てられたという絶望的な思いを抱く中で，ようやく信頼できる対象として弁護士との関わりを持つようになった経緯もあり，継続的な関わりが必要であると判断して面会を継続していました。特に少年院入院当初は，本人が少年院での生活に馴染むことができず心が折れそうになっていたため，本人への励ましを続けるようにしていきました。

2　処遇や帰住先調整に関する情報の共有・会議への参加

矯正施設入所後，主に矯正施設や保護観察所主導のもとで退所に向けた帰住先調整が進められます。家族等の引受けが見込めず，福祉的支援が必要と判断される場合には「特別調整」という，地域生活定着支援センターが中心となって市区町村の担当課等の地域の機関とも連携して行われる帰住先調整が進められることがあります。こうした調整が進められる中で従前の関わりがある支援者に対しても協力依頼がなされることがあります。ケースによっては矯正施設や保護観察所からの呼びかけを待つだけではなく，支援者の側から積極的に矯正施設や保護観察所に情報提供や協力を持ちかけるといったことも検討してみる必要もあるでしょう。

矯正施設には司法機関から本人に関する基本情報が引き継がれていきますが，全ての情報が伝わるわけではなく，重要な情報が抜け落ちていたり正しく伝わっていなかったりすることがあります。特に刑事手続等の中で作成される資料は，司法機関が中心となっているせいか，福祉の観点からみて重要な成育に関する情報やインフォーマルなキーパーソンに関する情報が見落とされがちな印象です。この点，弁護士は，本人の刑事手続の中で本人の成育歴や生活状態等の詳細な情報に接したり，本人の家族や関係機関とも密な関わりを持ったりすることが少なくありません。こうした情報の中には，公的な記録には記載されないフェイス・トゥ・フェイスの関係だからこそ把握できる機微な情報も存在します。本人のより良い処遇や帰住先調整のためにこ

235

れらの情報を活用していくことが有用です。

　ただし，刑事手続等において入手した記録に関しては，原則的には刑事手続等に必要な範囲でのみ利用することを前提としていますので，本人の出口支援の関係でどの情報をどこまで提供するのが適切であるかについては，本人の意向や資料の性質に留意しながら慎重に判断していく必要があるでしょう。

　本件においては，本人の障害特性や成育，家族関係の把握と理解が支援上も重要となりましたが，本人の事件以前の成育に関わる情報は公的記録にはほとんど残されていませんでした。そのため刑事手続等の際に，本人の親族や児童相談所の当時の担当ワーカーから聞き取った本人の成育に関する情報の共有が意味を持ちました。

3　矯正施設退所に向けた弁護士の役割

　矯正施設に収容されている人は借金を抱えている，年金等を管理している預金通帳等を第三者に不当に管理・搾取されている，戸籍や住民票が職権により消除されてしまっている，成年後見制度等の利用が必要といった福祉制度のみでは解決が困難な法律問題を抱えていることが珍しくありません。こうした問題状況が本人にとっての社会復帰後の不安要因となり，結果として社会復帰に向けたモチベーションにも悪影響を及ぼしたり，帰住先調整が難航したりするようなこともあります。特に戸籍や住民票が削除されてしまっているような場合には，公的サービスにつなげること自体が難しくなってしまいます。こうしたケースについては弁護士が早期の段階から関わり，法的手続を進めることで問題を解消していく関わりが期待されます。

　また，困難なケースの場合，必ずしも公的サービスの枠組みだけでは課題に対応できないこともあり，法外のインフォーマルな手段を検討するようなこともあるでしょう。こうした制度の枠外の支援では違法のリスクとも隣り合わせですし，責任の所在も不明確になりがちです。こうしたグレーな領域の中で弁護士が権利関係や適法性の判断，法的リスクマネジメントをしながら立ち回ることで出口支援がより円滑に進んでいくことでしょう。

第2章　項目編

第3　ポイント解説（福祉士編）

　本件では刑事裁判の段階ではSWの関わりはありませんでしたが，少年院入院後は地域の様々なSWが関わりを持つこととなりました。そこで以下では，一般的に入口支援で関わった刑事司法SWや地域のSWに期待される役割を述べた上で，本ケースで実際に地域のSWが行った関わりを紹介していきます。

※地域のSW：受刑中や出口支援の場面で主に関わるSWとしては地域生活定着支援センターや各自治体障害・高齢担当課，生活福祉課の他に，対象者の課題やニーズによって相談支援事業所，入所施設，児童相談所，医療機関，社会福祉協議会等様々な機関所属のSWや独立型のSWの関りが考えられますが，ここではこれらを包摂して地域のSWとします。

1　矯正施設収容中の刑事司法SWとしての関わり

　上述した弁護士の矯正施設収容中の本人との面会や文通，会議への参加といった関わりは刑事司法SWにおいても同様に期待される役割といえます。刑事司法SWの入口支援はもとより，刑罰を軽くするための支援ではなく，社会的なつながりが絶たれていた本人に対して，支援のつながりを紡ぎ続けることで，本人に希望を与えエンパワメントしていくことが真髄です。入口支援を行ったが残念ながら実刑となってしまったケース，実刑が見込まれる中で支援をしていたケースであっても，刑事司法SWが本人と継続的な関わりを持ち続けることでその後のより良い支援につながっていくことでしょう。このように出口段階を見据えて，入口段階から継続した関わりを続けていくことが，刑事司法SWに期待される役割ではないでしょうか。

　また，刑事司法SWの役割は本人との関わりだけに留まりません。例えば本人の家庭復帰が見込まれるケースであれば本人にとってキーパーソンとなり得る家族に対して本人が矯正施設に収容されている段階から関わりを続け，家族の不安や悩みにも耳を傾け，本人を受け入れられる体制を整えていくことが期待されます。また，本人の家庭復帰が困難であり地域の社会資源での受入れが必要とみられるケースについては，早期の段階で受入先の候補とな

237

り得る社会資源の開拓に努めることも求められるでしょう。

　本件では，本人の支援方針が定まらない状態が続いていましたが，地域の SWが少年院まで出向いて面会を行い，本人との関係性構築に努めるとともに，様々な事態を想定して受け入れ先となり得る地域の社会資源の調整や本人の家族との関わりを協力して行っていきました。

2　帰住先調整困難ケースにおけるSWの役割と留意点

　本人の帰住先調整については基本的に刑務所や少年院，保護観察所，特別調整が必要なケースについては地域生活定着支援センターが主として進める形になります。そして，必要な場合には，各種公的サービスとの調整が行われ地域の市町村担当課や福祉施設も関わるようになります。地域生活定着支援センターができたことにより，特に障害者や高齢者の帰住先調整が円滑に進められるようになりました。

　一方で，全ての事案において円滑に帰住先調整が進められるとは限りません。本人の抱えるニーズや課題が大きすぎて本人の帰住予定地の地域で対応できる社会資源が存在しないケース，明確な障害認定ができないケース，金銭的な問題から福祉制度のみでは対応が困難なケース，客観的には支援が必要な状況にもかかわらず本人が福祉制度の利用を望まない等の理由で特別調整の対象とならないケースが挙げられます。帰住先調整がスムーズに進んでいるように見えたケースであっても，本人が退所直前になり翻意して福祉制度の利用を拒んだり，あるいは退所後間もないうちに施設を出ていってしまうような事態に至る例も少なくありません。

　矯正施設に収容せざるを得ない状況にある人の中にはもともと複雑なニーズや課題を持ち合わせていて，既存の福祉制度に馴染みにくいケースが少なくありません。また，矯正施設収容中の本人との面談では，福祉の支援者との間であっても上下の構造的な関係に陥りやすいこと，面談の機会や基礎となる情報が限定的であることによるアセスメントの難しさがあります。そのため，SWは帰住先調整に当たってこれらの事項に十分に留意していく必要があります。きちんと回数を重ねて本人のニーズやリスクをアセスメントできているか，他機関の情報を鵜呑みにしすぎてはいないか，既存の公的福祉

第 2 章　項目編

制度の枠に当てはめるだけではなく，場合によって枠をはみ出た支援やイン
フォーマルな社会資源の活用と行った支援の幅を用意できているか「必要な
ところに必要なものをつなぐ」SWとしての力量や柔軟さが求められます。
そしてなにより，本人の意思や気持ちを大事にした支援ができているのかに
留意する必要があります。本人の再犯防止といった観点から客観的な安全の
確保や支援の確実さにばかり関心がいき，肝心の本人の意思や気持ちが置き
去りの支援計画とならないようにしましょう。たとえ受刑者であってもバイ
スティックの原則を忘れず，本人が主体的に選択と自己決定していけるよう
なプロセスを意識して関わっていかなければいけません。

　本件では，本人が家族への強いこだわりを捨てきれないでいることが一つ
の課題でした。結果，家族をキーパーソンとして据えた支援を進めていくの
か，あるいは家族と完全に切り離した支援を進めていくべきか，支援者間で
も対応にぶれがありました。振り返って考えてみると，支援者側の思惑ばか
りが先行して押し付けられていて，本人の気持ちへの配慮が十分ではなかっ
たように思います。

3　矯正施設退所以降のSWの関わり

　矯正施設退所後から，その人の地域社会での生活が再開します。出所の日
にまず誰が矯正施設まで迎えにいくのか，初日の帰住先の確保はなされてい
るのか，所持金は十分にあるのか，薬の控えは十分にあるのか，出所直後か
らの具体的なシミュレーションを重ねて行く必要があります。くれぐれも出
所直前になって福祉サービス利用の準備が整っていないことが判明する等と
いうようなことがないようにしましょう。実務的には，こうした準備は各支
援者がそれぞれ臨機応変に分担しながら行っていく必要があります。

　多くの受刑者は通常の福祉施設利用の場合と異なり，体験入所のようなス
テップを踏むことなく施設入所となります。施設入所してしばらくは，本人
は問題なく生活できているようにみえても，実際には緊張状態から過剰適応
しているだけであり，数日経過してから無理が生じて突然問題が顕在化する
こともあります。施設入所からしばらくの間は，何かが起きて当然という心
構えでいつでも対応できるように体制を整えておく必要があります。こうし

239

第2編　ケーススタディ　～項目別・事例別に学ぶ実務のポイント～

た見通しが甘いと，施設入所までつなげても結局その後のトラブル対応を全て受入施設が背負い込むことになってしまいます。せっかく受け入れに協力して頂いた施設から今後の受け入れを断られてしまうということにならないように，受入施設への事前の情報提供とフォローアップを欠かさないようにしましょう。

　家庭復帰ケースの場合であっても同様に家族に全てを任せて終わらせてしまうのではなく，リスクアセスメントを行い，適材適所で支援していく必要があります。特に家族の場合は，自分達の家族の問題という意識から抱え込み第三者にSOSを発しにくい構造にあります。家族は第二の被害者的立場でもあることに留意して，家族が気軽に相談できるような地域の相談体制をあらかじめ確保していくようにしましょう。

　本件では，結局，少年院在院中に，帰住先調整や出院後の調整が未了のまま出院を迎えました。もっとも関係者間で事前に会議を重ね想定していたプランに従い，少年院から地元の市役所といった形で少年を住所地にまで送り届けることに成功しました。また，家族とも密に連絡を取り合い，支援方針を共有しつつ相談体制を明確にしていきました。

4　社会復帰後の展開

　矯正施設退所後，本人は地域社会の中で生活を送っていくことになります。そして，本人の生活態様の変化に伴い，関わる支援者も変化していきます。ここで刑事裁判に関わった弁護士や刑事司法SWがいつまで関わり続けるべきかは難しい問題です。ひとりの支援者にできることには限界がありますし，いたずらに本人に関わり続けることはかえって本人の自立を阻害してしまう恐れもあります。抱え込みや共依存的な支援関係に陥らないように「つながり」で支援をしていくことを意識しましょう。

　一方で，本人と長い関わりを続けてきた支援者にしかできない役割も残されていると思います。矯正施設に長期収容されていた方々は，社会に対して不安や恐怖を抱きながら生活をすることになります。何気ない言葉のやり取りやすれ違いが，本人の気持ちを刺激して不安定にさせてしまうこともあります。そんな本人の微妙な気持ちの揺らぎを察して支えることができるのは，

第2章　項目編

従前から本人と伴走してきた支援者でしょう。そのため私見としては少なくとも矯正施設から退所してしばらくの間は，伴走者としてフォローアップとして関わり，本人が新たな生活環境や支援関係に定着していくのを見守るような関わりをしていくのが良いように思います。

　とはいえ，社会から孤立，排除され犯罪にまで至った方を再び社会につなぎとめることは容易なことではなく，支援者が思い描くようになかなか事が運ばないのが現実です。ケースによっては，支援の途中で本人の行方がわからなくなってしまったり，残念ながら再犯に至ってしまったりすることもあります。支援者達の間で「あれだけの支援をしたのに……。」という落胆した思いや無力感で包まれることもあるでしょう。

　しかし，そのような場合であってもすぐに本人に見切りをつけてしまったり，支援そのものが無駄，失敗であったと決めつけてしまったりするのではなく，本人に対する支援者の関わりや関心を途切れさせないようにしていくことが大切です。関わる支援者の気持ちが折れてしまわないように，日頃から支援者同士での励ましやスーパーバイズを心がけましょう。本人の問題行動や失敗にばかりとらわれるのではなく，本人ができていたことについても適切に評価するとともに，支援者のアセスメントのどこに不足があったのかという視点で，支援計画の再評価をしていきましょう。そうした積み重ねをしていけば，たとえ関わる支援者が変わっていったとしても支援者の想いが受け継がれ，支援は続いていきます。そして，それがいつか本人のより良い明日につながっていくことでしょう。

　本ケースの本人も少年院出院後も実際に様々な困難に直面しており，現在も様々な支援機関が関わりを続けています。刑事手続期間の中での私たちの見立てや関わりが良かったのか悪かったのか，支援として成功だったのか失敗だったのかを短期的に評価することはできませんが，少なくとも本人の生きる力と支援のつながりを支える一助になれたのではないかと思っています。

241

第2編　ケーススタディ　～項目別・事例別に学ぶ実務のポイント～

第4 もしものケース想定

【成人ケースの場合の留意点～支援困難事例を想定して～】

　今回は主に少年のケースを前提とした解説でしたが，成人のケースであっても矯正施設入所後の関わりに基本的な違いはないと考えます。もっとも，教育的な目的が重視される少年院の場合と比較して，刑務所の場合には手続の目的，位置付けが異なるため，矯正施設内での福祉的な関わりも少年院と比較すれば薄くなります。そのため，成人のケースでは，より外部の支援者による関わりが重要になってきます。

　成人のケースの中には，少年の頃から犯罪を繰り返し，地域社会と矯正施設を行き来しているような方もいます。そうした方は少年のケースと比較して，より問題が複雑化していて社会的に孤立した状況に陥りがちです。既にいくつかの地域の社会資源で失敗を経験していて，地域の社会資源の側から支援困難者として支援を断られてしまうようなこともあります。もとより福祉にできることは限られているため，全ての人に対して支援を届けるようなことはできませんが，そうした支援困難者に対して，いかにして支援を届けるのかを考えるのがソーシャルワークの役割でもあります。成人のケースでは特にそうした葛藤の中で支援をしていくことになるでしょう。

　公的な支援サービスに馴染みにくい方の場合に考えられるインフォーマルな社会資源として，当事者支援団体によるピアサポートが挙げられます。支援者がどんなに本人に寄り添う関わりを心がけていても，支援する者と支援される者という関係を乗り越えることは難しく，本人としても過去の支援の失敗経験からそうした支援関係自体に抵抗感を抱いていることがあります。そうした方であっても，同じ境遇を経験したことのある当事者団体の関わりが特別の意味を持つこともあるでしょう。もっとも，インフォーマルな社会資源の活用を検討する場合に，本来公的支援が担うべき役割まで丸投げしてしまわないように気を付ける必要があります。

　依存症等の課題を抱えている人に対しては，治療や生活訓練といった課題解決を優先したステップアップ型の支援計画が考えられがちであり，本人の

住む場所も本人の希望とは反した地域の施設になることがあります。そうした支援計画は本人の課題解決という意味では合理的ですが，本人は常に治療や生活訓練を意識させられることになり心が落ち着かず，仮に挫折した場合には直ちに住まいを失ってしまうリスクを含んでいます。治療や生活訓練が求められるケースであっても，まずは本人の安心安全が実感できるような住まいの確保を第一に考える『ハウジングファースト』の視点も必要ではないでしょうか。

　更に本人の社会的孤立を防ぎつつ持続的な生活環境を確保するためには，特定の支援者，支援機関とつなぐことや本人の問題を解決するという視点だけではなく，地域社会全体を再構築する街づくりの視点も必要となってくるでしょう。社会モデルの視座に立ち，犯罪は本人だけでなくその地域社会の問題でもあり，本人を取り巻く地域社会の構造的な問題にも目を向けつつ，地域社会との関係の中で本人の生活や役割を考えながら支援していくことが真の意味での『回復』にもつながっていくのだと思います。

Column

少年（未成年者）のケースの難しさ

　少年のケースの難しさとして，障害等の判断の難しさが挙げられます。本人の問題行動は障害からくるものなのか疾病によるものなのか，あるいは生育の影響なのかが熟練した医師やSWであっても見極めるのが難しく誤った判断がなされることもあります。

　誤った判断に基づく支援計画は本人の生きづらさを助長してかえって再犯リスクを高めてしまうおそれがあります。本人の障害受容の問題もあります。10代の年齢はいまだ自己のアイデンティティ形成の途中であり，様々なものに影響，刺激を受けながら揺れ動く年齢です。地域生活の中であればある程度時間をかけ本人のペースで障害受容を進めていくことができますが，刑事手続となるとなかなかそのような丁寧なプロセスを確保することが難しいです。障害等の判断に当たっては，ジェノグラムや家族関係といった成育情報だけでなく，家庭や学校，施設等からの日々の細かな生活エピソードの聴取

第2編　ケーススタディ　〜項目別・事例別に学ぶ実務のポイント〜

が重要となってくることもあります。

　また，少年のケースにおいては，幼少期からの虐待経験に起因する発達上の課題を抱えていて文字通りの『育て直し』が必要となるケースにしばしば接します。20歳代，30歳代の成人になっても自分が体験できなかった「家族」への未練を抱き続けていることも少なくありません。現実的には家族のもとへ戻るのがリスクやデメリットしかないような状況でも，本人にとってその選択はかけがえのないものであったりします。こうしたケースでは，本人の地域生活の支援に加えて，地域社会の中での『育て直し』と家族との再統合を検討することが求められます。しかし，過去につまずきを経験している家族関係の修復は容易ではなく，家族自体が課題や葛藤を抱えているようなこともあり，家族のエンパワメントも必要となるため，途方もなく長い時間が必要となることもあります。そのため，支援者にはただ本人の気持ちに寄り添うだけではなく，あえて構造的な関わりを用いて本人に対して過去への諦めと，未来への動機づけによる気持ちの整理を促していくといった関わりも必要になります。福祉的な寄り添いの中で支援をしていくべきか，構造的な関わりの中で支援をしていくべきか，特に少年のケースにおいては判断に悩むことが多いです。適切な判断と対応をしていくためにも，丁寧で充実したアセスメントと支援者間での役割分担を心掛けるべきでしょう。

　こうした幼い頃の成育情報の収集や家族再統合に向けた関わりを進めるに当たっては児童相談所や児童養護施設といった児童福祉機関との連携が重要となってきます。司法と福祉の連携は，主に成人領域を中心に議論されて，障害者や高齢者，あるいは精神保健の領域との連携・協働はかなり進んできたという実感ですが，児童福祉領域との関わりはいまひとつと感じます。今後は児童福祉機関が刑事司法ソーシャルワークにより積極的に関わっていけるような仕組みづくりが進んでいってほしいですし，そうすることで，やがては地域の虐待や貧困予防の取組にもつながっていくでしょう。

第3章　事例編

第3章　事　例　編

1　支援体制の構築・関係機関との連携／アセスメント
「知的障害者による強姦事件（判決　実刑）」

第1　事案の概要

▌事件の内容

　40代男性による強姦の事案です。

　ある夏の深夜，本人は，自転車で通りかかった商店街近くの路上で，前を歩く好みのタイプの若い女性を見かけました。本人は，女性に近づいて「ナンパって興味ある？」と声をかけたほか，「お金をあげるから。」などとしばらく言い寄った後，女性の腕を引っ張って近くの空き地に連れ込み，女性を座らせ，背後から女性の首に腕を回して，「いいじゃん。」などとしつこく言い寄りました。挙句，「ここで殺すの簡単なんだぞ。」と言ったのです。

　本人は，抵抗できない女性に対し，その場で乳房などを触る行為に及び，さらに空き地の奥に女性を連れて行き，その場で性交に及んだという事案です。

▌身上経歴

　本人は，事件のあった当時は，両親と３人暮らしでした。

　両親は，本人が小学生のころから知的な遅れに気付いていましたが，出来の悪い子，覚えが悪い子くらいに捉えていました。また，近所に対しては，本人の知的な遅れについて，あえて話題にせず，ひっそりと暮らしてきました。したがって，本人は福祉的な支援を受けたことはありませんでした。

245

第2編　ケーススタディ　～項目別・事例別に学ぶ実務のポイント～

　本人は，中学校卒業後，土木作業員などの仕事を見つけて働いてきました。これまでに10回以上転職しています。それでも長く無職だった期間はなく，給与も母親が管理したために，この事件で逮捕された時，本人の預金は300万円に達していました。

　本人は，土木作業員などの仕事をするうちに，本人が「あっち系」と称する暴力団風の男性らに出会い，その男性らと性風俗店に行くなど行動を共にすることがありました。本人は，その男性らの女性に対する言動を見て，「ナンパ」は売春と同じ意味であると捉えるようになりました。

┃その他

　本人は，事件翌日，事件の時に聞いた女性の勤務先や自宅をわざわざ訪問し，対応した従業員や家族に対し「（女性と金銭支払について）約束しているので（訪問した）。」などと述べました。本人は，女性の家族の通報により，警察官に逮捕されました。

　その後，検察官が精神科医に依頼した精神鑑定の結果，本人の知能指数が47であるなど，知的障害があることが判明しました。

弁 護 士 が押さえておきたいポイント

①　全く福祉的支援を受けてこなかった被疑者・被告人に対して支援体制を作る難しさ

②　支援体制の構築は，誰が，どのように進めるのか

③　支援体制の構築に当たって，弁護士が担う役割は何か

第3章　事例編

社会福祉士が押さえておきたいポイント

① アセスメントを支援体制の構築につなげてゆくこと

② 地域の支援者を集めて持続可能な支援体制を作ること

③ 更生支援計画を立てるだけでなく支援チームが現実に動き出せるよう調整すること

第2　ポイント解説（弁護士編）

1　ゼロから支援体制を作る難しさ

　弁護士が，刑事事件の中で出会う障害のある被疑者・被告人の中には，これまで福祉も医療も何も関わりがないという方がたくさんいます。そして，それは被疑者・被告人がそのような人生を選択したというよりは，本人の生育の中で家族が世間体を意識して福祉や医療を遠ざけたり，本人が社会人になってからの世界が狭く，ときに孤立化しており，福祉や医療に関わる機会を逸しているということが多いようです。

　弁護士は，しばしば，このような支援ゼロの本人に対し，情状弁護の観点から，福祉や医療の支援体制を作りたいと思いますが，弁護士にはそのための知識も経験もなく，何から手を付ければよいか，途方に暮れてしまいます。それに，ゼロからの支援体制構築には，行政機関における手続にもかなり時間と手間がかかったり，本人自身が初めての福祉や医療に警戒心を持ったり，難しいところがあります。弁護士にとってゼロからの支援体制構築は高い壁です。

　この事案においても，本人は，これまでに全く福祉や医療と関わりがなく，本人も福祉や医療がどういうものなのかわからない状態でした。弁護士としては，本人の知的障害の程度や家族の困惑からしても，福祉の支援が必要であると感じ，刑事裁判ではそれを強調すべきだと思うものの，どこから手を付けていけばよいのかわからない状況でした。

　刑事事件の中で出会う被疑者・被告人の中には，刑事事件を機に初めて福

247

祉や医療の支援を得て劇的に人生が変わる方が多くいます。その意味で，刑事事件は障害のある方が福祉や医療の支援を受ける「好機」ともいえます。しかし，その「好機」に直面している弁護士の多くは，障害のある被疑者・被告人に出会っても，その方にこれまで福祉や医療の関わりが何もない場合，どこから手を付ければよいかわからず，砂漠の中に放り出されたような心細い状況に置かれます。弁護士が福祉や医療の支援を得るための適切な道を進み始めなければ，結局，福祉や医療の支援を得る貴重な機会を失うのは被疑者・被告人です。そして，それは障害のある被疑者・被告人の生活課題が解決されず，再犯などの問題を再発させるリスクを温存してしまうことになります。

　砂漠の只中にいる弁護士を助けられる一番手は，社会福祉士など福祉職です。福祉や医療の支援が何もなかった障害のある方に対し，アセスメントを行い，適切な支援計画を立て，各資源を調整の上，計画を実行してゆく能力を持っている（もしくは持つべきである）専門家は福祉職だからです。

　その意味では，各地域において弁護士から福祉職に連携を依頼しやすいシステムを整えることが重要です。この事案で弁護士が利用した千葉県社会福祉士会のマッチング支援事業もそのようなシステムの一つといえます。

2　支援体制の構築を進めるとして，誰がそれを進めるのか，どのように進めるのか

　先に述べたとおり，多くの弁護士は，障害のある方の支援について，アセスメントの能力もなく，各分野の支援者を集めるネットワークも乏しく，福祉や医療の支援体制を調整するコーディネートの能力もありません。弁護士という肩書のために，チーム支援の中でリーダーを期待されることもありますが，多くの場合，それは良い結果を生まないと思います。餅は餅屋で，障害のある方に対する支援体制の構築の際は，福祉職が専門職としてリーダーシップを発揮し，多職種の支援体制を作り上げてゆくべきでしょう。福祉職が地域の中で機能し得る支援体制を築くためには，その福祉職が地域の実情に通じ，地域の福祉機関などとネットワークを持っていることが重要です。そして，福祉職が，リーダーシップを発揮して地域の支援者らを集めること

第3章 事例編

が期待されます。他方で，弁護士は，刑事事件の中で裁判記録など豊富な資料を把握し，本人とも頻回に接見してコミュニケーションをとり得る立場にありますから，支援体制の中で，支援に必要な情報を提供する存在として，また，本人に対して福祉や医療の支援の内容をわかりやすく伝えるメッセンジャーとしての役割が期待されるでしょう。

　この事案では，弁護士が，千葉県社会福祉士会から紹介された社会福祉士に支援を依頼し，支援体制の構築を委ねました。その社会福祉士は，本人の生育環境や地域の実情に基づいて福祉の支援体制を構築してゆきましたが，そのようにスムーズに物事が進んだのは最初から福祉職に支援体制の構築を委ね，福祉職主導で支援体制づくりが進んだからだと思います。

3　支援体制の構築に当たって，弁護士が担う役割は何か

　先に述べた通り，弁護士には，支援に必要な情報を支援者らに提供することや，本人に福祉や医療の支援の内容をわかりやすく伝える役割が期待されるでしょう。

　そのほかにも重要な役割があります。刑事司法ソーシャルワークでは，被疑者・被告人は刑事手続の只中にいますから，弁護士は，支援者らに対して，刑事事件の進行状況や見通しなどを明確に伝えておかなければなりません。支援者らは刑事事件の状況を踏まえて支援体制を構築するわけですから，弁護士は刑事事件の進行状況や見通しを随時わかりやすく伝えなければなりません。また，弁護士は，刑事裁判において，支援体制が構築された事情を情状として主張したいわけですから，連携する福祉職に対し，いつまでに，どこまでのことを実現してほしいのか，何を記録化（証拠化）しておいてほしいのかを，明確に連携する福祉職に伝え，刑事弁護活動に配慮してもらえるようにする必要があります。

　この事案でも，弁護士は，社会福祉士に対し，刑事事件の手続の中で期限を区切りながら，更生支援計画書の作成，情状証人としての出廷を依頼し，社会福祉士もこれら期限を意識しつつ，本人に対する支援体制の構築を進めてくれました。

249

第2編　ケーススタディ　～項目別・事例別に学ぶ実務のポイント～

第3　ポイント解説（福祉士編）

1　弁護士との連携の開始

(1)　弁護士からの協力依頼

　刑事事件を担当する弁護士から，私たち社会福祉士に連携要請が来るのが，司法福祉連携のスタートの典型的な場合です。

　この事案では，国選弁護人である弁護士から，千葉県社会福祉士会のマッチング支援事業を利用したいとの依頼があり，刑事司法SWが千葉県社会福祉士会から推薦されて，協力することとなりました。

　このマッチング支援事業というのは，千葉県社会福祉士会が運用している制度です。千葉県社会福祉士会では，刑事司法ソーシャルワーカー養成研修を修了した者が登録できる「刑事司法ソーシャルワーカー登録員名簿」を作成し，弁護士から連携要請があれば，マッチング担当者が事件性・地域性・障害特性等を考慮して名簿登録者に声をかけ，声のかかった名簿登録者が地域，罪名，その人の障害の内容など諸事情を勘案して連携要請を受諾するか否かを決めるのです。

　社会福祉士といえども，各人の知識や経験にはばらつきがあります。マッチング支援事業では，例えば，知的障害者の支援に長く関わった経験があるなど，そのケースに応じた知識，経験を持つ社会福祉士が推薦されるように配慮されています。この事案の刑事司法SWは，30年間あまり，知的障害者と起居を共にした知的障害者支援の経験が豊富だったことが推薦の理由だということでした。

　弁護士から協力を依頼されるタイミングは，様々です。早ければ，まだ本人が警察署に留置されている段階で依頼があります。また，弁護士が本人と面会を重ねる中で後から障害などに気付く場合もありますので，遅い時点だと既に起訴され刑事裁判になった段階での依頼となることもあります。

　この事案では，本人が逮捕されてから既に2週間くらい経過した時点での連携要請でした。既に本人への取調べなど様々な捜査がなされたようで

250

第3章 事例編

したが，検察官がさらに本人の精神鑑定を行うということで，精神鑑定が終わるまで3か月間ほど留置期間がとられているということでした。本人は，その当時は刑務所の拘置施設にいました。

⑵ 弁護士との顔合わせ

そして，弁護士と刑事司法SWの初顔合わせがあります。弁護士事務所や警察署・刑務所での顔合わせが多いと思います。

この事案では，最初に弁護士事務所で顔合わせを行いました。そこで，事件の概要を弁護士から聞きました。弁護士は，本人については，意思疎通がそれなりに円滑であるものの，会話がぶつ切りの感じで違和感があること，「はい」，「はい」とは言うものの理解しているか疑問に感じることや，今まで就労を継続してきたものの転職が多いことなどから知的障害があると感じたということでした。とにもかくにも，まずは本人に面会しないとアセスメントもままなりませんから，すぐに本人との面会について，弁護士との間で日程を決めることになりました。この点，警察署や拘置所では，平日の日中の時間しか面会が許されないので日程調整に苦労します。そうして苦労して面会をしても，拘置施設側から面会時間を15分などと短時間に設定されてしまうこともあるのが，アセスメントの上では問題です。

2 アセスメント

⑴ アセスメントとは

アセスメントとは，クライアントに関する「課題解決」のための情報収集・分析です。事前評価とも言います。「主観的情報」と「客観的情報」を相互に裏付けながら，クライアントを取り巻く生活上の問題点を理論的に分析することがアセスメントです。アセスメントは，クライアントが抱える問題点や解決の優先度を判断し，今後の生活支援の方向性を明確化することにつながります。

アセスメントを行う際，まず，本人がどのような課題を抱えているのかを把握すること，そしてそれが生活全般の中のどのような状況から生じたのかを確認することが必要となります。刑事司法ソーシャルワークに即していえば，本人の生活課題を把握するとともに，事件の要因となる生活課

251

第2編　ケーススタディ　〜項目別・事例別に学ぶ実務のポイント〜

題があったのか否か，すなわち本人の生活課題と事件の結びつきの有無やその内容も検討することになります。このアセスメントによって，事件を起こしてしまった本人の更生に必要なニーズを把握し，本人に合った更生支援計画の作成を行い，支援を提供するという流れになります。

⑵　**本人との面会による聴き取り**

　この事案では，刑務所拘置施設で本人と面会しました。面会時間は弁護士の拘置施設への事前申入れによって30分間ほど認められることになりました。

　面会では，本人は弁護士とは多少のコミュニケーションができていましたが，初対面の私に対しては，目を合わせられず，コミュニケーション自体も，語彙が乏しい，自分の要求のみ伝える，こちらが少し複雑な話をすると理解できずに苛立つ，急に話を横道にそらすなどの特徴がみられました。そこで，私の感覚としても本人には知的障害が疑われると思いました。私は，本人のコミュニケーション能力を考えると，何度か面会を重ねて本人のニーズや強み弱みをじっくりと理解してゆく必要があると感じました。そこで，私は本人と定期的に面会を重ねることとしました。

　その後の面会でも興味深いエピソードを聴き取ることができました。例えば，本人の就労活動に関する次のようなエピソードです。本人は，これまで就労先を探す際に，漢字が書けないことから，ハローワークに行って仕事を探したり，面接の際に履歴書や経歴書を提出したりというような普通の就労活動をしたことがありませんでした。本人が採った方法は，自分が働きたいと思った職場（建設会社など）に，直接約束も無しに出向いて「自分を雇って下さい。使って下さい。」と口頭で交渉を行い雇ってもらうというものでした。このエピソードは本人の知的障害の程度やそれが実際の生活にどのような支障を生じさせているのかを示すエピソードですし，本人の就労先の選び方が運任せで，仮に一時的に採用されたとしても，これでは本人の能力について雇用主から理解を得ることも難しいでしょうし，本人のコミュニケーションについても同僚らから誤解されてしまう危険があると思いました。そうした状況の中で，本人が，（表面的に）仲良くして

くれる素行の悪い同僚に交友を求めてしまうということも十分にあり得ると思えたのでした。

(3) 家族との面会による聴き取り

アセスメントにおいては，家庭訪問などを行い，家族から，本人の成育歴や現在の生活状況を聴き取ることも重要です。ただし，家族は，どうしても本人を客観的に見ることができなくなる傾向があるので，本人と家族の関係性やその家族の本人に対する捉え方も頭に入れて，判断することが大切です。

この事案では，本人の母親から次のようなエピソードを聴き取りました。本人は幼少の頃から，明らかに知的な遅れがあったものの，母親はそれを表に出すことを避け，福祉にはつなげず，「単に出来の悪い子」というふうに扱ってきたこと，本人は小学校の頃は不登校もなく通学していたが，成績は悪く学力の積み重ねができてなかったこと，中学校の頃はいじめられ，中学校3年生の時には登校日数が足りず，卒業式にも出席せず，卒業証書授与が2か月遅れになったなどのエピソードです。

また，本人には普段から強いこだわりがあり，例えば，ジャンパーを購入する際，気に入った服があると，その売り場にある同じ服の色違いを全て購入し，その後に全部着用するわけでもなく，段ボールに仕舞い込んであるということでした。また，本人は，自分の物に触れられることを極度に嫌う，食事の際にキノコ類を極端に嫌う，などのエピソードを聴くことができました。こうした強いこだわりは知的障害者にしばしば見られるものです。

(4) 臨床心理士の本人の障害特性に関する専門的意見

この事案では，本人の障害特性を詳しく知るため，知人の社会福祉士から紹介された臨床心理士に，本人の障害特性について分析してもらうことにしました。そして，臨床心理士の専門的な意見は，アセスメントの上でもとても有益な情報となりました。例えば，臨床心理士は，本人の二次障害として，①コミュニケーションにおける障害のために孤立化し，人間の成長に欠かせない他者との交流の機会を逸し続けてきたこと（不良交友のみ

第2編　ケーススタディ　～項目別・事例別に学ぶ実務のポイント～

が継続されたこと），②本人が疎外されるかもしれないという不安の中，他者とのコミュニケーションにおいて心理的な意味で無理をして応えていることなどが指摘されていました。こうした臨床心理士の意見も，アセスメントや支援方針の検討の上で有益な資料となりました。

(5)　当該事案のアセスメント

　これらの情報を分析し，臨床心理士とも意見交換し，アセスメントを行いました。本件では，本人が中学校の頃から地域で孤立し，健全に成長する機会を失ったまま，無防備に様々な職場（主に建設現場）を転々とする中で，素行の悪い人間と行動を共にし，背伸びをして付き合う中で，異性に対する偏った（誤った）考え方に影響され，本件につながったと考えるに至りました。

　そこで，本人の強い就労意欲を本人の強みとしつつ，これまでのように運任せで職場を転々とするのではなく，障害者の就労支援の枠組みの中で，理解のある雇用主や就労後のフォローや相談ができる環境を整えるという支援方針を立てました。

3　支援体制の構築

(1)　支援体制の作り方

　刑事司法ソーシャルワークにおいては，本人，家族のほか，多種多様な専門職，行政職員などを集めて支援チームを作ります。刑事司法SW 1人でできることには限界があります。刑事司法ソーシャルワークは，刑事事件という形で課題が噴出する困難なケースであり，多種多様な支援者らからなるチームで対応し，知恵を持ち寄り，役割を分担しなければ，力のある支援を行うことはできません。すなわち，いかに地域の支援者らを集めてくるか，そしてチームとしてお互いを補完し合いながら支援できる体制を構築できるかが刑事司法ソーシャルワークの重要なポイントになります。

　本人の障害の内容や本人の生活課題の内容によって求められるチームのメンバーは変化するでしょう。とにかく，地域からなるべく多くの支援者らを集め，地域で実際に機能するチームを作ることが重要です。そのためには，刑事司法SWとして，地域の実情を知り，地域の福祉機関などと具

254

体的なネットワークがあることが強みになります。そして，刑事司法SW
は，自らチームリーダーとなって，若しくは地域の福祉職にチームリー
ダーを委ね，チームリーダーは各支援者らに具体的な役割を与え，支援を
現実に動かしてゆかなければなりません。ケース会議を開くときも，会議
のための会議で終わらないように，チームリーダーは会議前に，各支援者
に割り当てる役割を検討し，会議ではその案をたたき台として，実際の支
援の動かし方を支援者間で具体的に議論できるようにすべきです。

(2) 当該事案における支援体制

　この事案では，本人が懲役刑判決を受け刑務所に行くことが確実視され
ていたので，刑事裁判後に直ちに動き出す支援チームを作ることはせず，
出所後に上記のような支援チームづくりを担える中核地域生活支援セン
ターに支援を依頼することにしました。

　この中核地域生活支援センターは千葉県独自の福祉機関で，あらゆる福
祉相談に対応する強力な相談機関です。そして，地域において各福祉機関
と強いネットワークがあり，地域で自ら支援体制を構築できる力がありま
す。本件においては，出所後の本人を地域で継続的に支援してくれる相談
機関が必要だと思いましたので，本人の住所地を管轄する中核地域生活支
援センターと連携することとしました。

　そこで，まず，刑事司法SWが作成した本人についての更生支援計画書
を携え，弁護士とともに，中核地域生活支援センターの担当者を訪ねまし
た。そして，本人が出所後に地域に戻ってくる際に，中核地域生活支援セ
ンターに支援の橋渡しをし，出所後の支援を担ってもらえるよう依頼しま
した。中核地域生活支援センターの担当者は，私の更生支援計画を理解し，
その後，刑事司法SWとともに本人と面会し，出所後の支援を引き受けて
くれました。

　この事案では，刑事司法SW自身が支援体制づくりをするというよりは，
刑事司法SWが刑事事件から出所後まで本人のフォローを続け，出所時に
中核地域生活支援センターが支援を引き継ぎ，同センターがチームリー
ダーとなって支援体制を作るという方法にしたのでした。

第2編　ケーススタディ　～項目別・事例別に学ぶ実務のポイント～

第4　事件後の流れ

　刑事裁判では，刑事司法SWが，更生支援計画書を作成した上で，情状証人として出廷し，受刑中の支援の継続と出所後の中核地域生活支援センターを中心とした支援体制について証言しました。判決では，「（被告人は）社会復帰後は福祉の支援を受ける旨を述べており，その支援の手立ても具体的に検討されている」と評価されました。検察官の求刑7年に対し，裁判所の判決は懲役4年6月でした。

　その後は，刑事司法SWが，本人の受刑中も，本人及びその母親と連絡を取り合い，本人の受刑先まで面会に行くなどして支援を継続しました。また，中核地域生活支援センターは，出所の少し前から具体的な支援を開始し，受刑中に療育手帳取得を支援し，本人は出所前に療育手帳を取得することができました。

　現在，本人は，刑事裁判時の計画どおり，中核地域生活支援センターの支援を得て，既に就労を開始しています。

　刑事事件を機に，弁護士が刑事司法SWに支援体制作りを依頼し，刑事司法SWの継続的な関わりのもとで，支援体制が出所後に引き継がれ，実際にそれが出所後に機能したことは，本人の生活課題に取り組む上で非常に有効であったと考えます。

256

第3章 事例編

更生支援計画書

平成○年○月○日

社会福祉士　○○　○○

1．更生支援計画作成依頼の経緯

　被告人○○○○（以下「本人」という。）の弁護人である弁護士○○（○○法律事務所）より，千葉県社会福祉士会を通じ，本人の更生支援計画作成を依頼された。

　なお，当職の経歴については別紙参照。

2．更生支援計画作成のための調査活動

(1)　本人との面談：4回
　　①　9月5日　　8：45〜9：15
　　②　10月1日　　9：00〜9：30
　　③　12月11日　14：15〜14：30
　　④　3月5日　　12：00〜12：30

(2)　本人との文通：3回
　　※　質問形式の手紙を利用。

(3)　母親に対する事情聴取：1回
　　◎　12月11日　10：00〜11：45
　　※　家庭環境を確認。子供の頃のエピソードや本人の特性などを聴取。

(4)　関係者との打ち合わせ：3回
　　①　8月27日　　9：00〜10：00（○○弁護士）
　　②　9月5日　　8：30〜9：30（○○弁護士）
　　③　10月1日　　8：30〜10：00（○○弁護士・○○臨床心理士）

(5)　その他参考資料
　　検察官請求証拠全て（被害者の供述調書，精神鑑定書など）
　　本人の小中学校時の成績表

257

第2編　ケーススタディ　〜項目別・事例別に学ぶ実務のポイント〜

3．本人に関する所見

(1)　コミュニケーション能力の乏しさ

　　本人の成績表や両親から聴取したところによると，本人は幼少の頃から知的に遅れが見られたものの，両親が特別支援を選択しなかったため，単に「学力の劣った子」として育ってきたようである。

　　本人は，一見するとコミュニケーションスキルが高いので，家族を含む周囲には社会性が高いように見え，知的障害が目立たなかったのかもしれない。

　　しかし，本人と面談した印象では，少し複雑な会話や表現になると理解できずにいら立ったり，急に話を横道にそらせたりする傾向が明らかであった。

　　本人は，コミュニケーション能力が十分であるとはいいがたく，勤務先や異性間のコミュニケーションに関し，難しさを感じていたと思われる。

(2)　こだわりの強さ

　　母親からの聴取によると，本人には強いこだわりがあるようである。

　　たとえば，ジャンパーを購入する際，気に入った服があると，その売り場にある同じ服の色違いを全て購入するという。しかも，その後全部着用するわけではなく，段ボールに仕舞い込んであるという。また，本人は，自分の物を触れられることを極度に嫌う，食事の際にキノコ類を極端に嫌う，などのこだわりを見せるという。こうした強いこだわりは知的障害者によく見られる。

(3)　道徳心の欠如

　　本人や弁護人から聴取した事情によれば，本人は，近年あまり素行のよくない者たちと交際していたようである。また，女性に対するアプローチ方法なども，素行のよくない知人のやり方を見よう見まねで学習したそうである。

　　この点，本人は特別な支援もなく社会生活を送っていたために，交友関係に偏りが生じた可能性がある。知的障害者が孤立し，不良交友に流されることはしばしば見られるところである。

　　そのため，本人は，偏った道徳的環境に置かれ，誤った考え方にさらされていたと思われる。

(4)　就労における生真面目さ

　　知的障害者の就労に関する長所として，時間に遅れない，陰ひなたなく働く，休まない，真面目であるなどの特徴がよく挙げられる。

　　母親や本人から聴取した事情によれば，本人も，職場では，休まずに真面目に働く傾向が見られ，上記評価が当てはまる。

第3章 事例編

4．障害特性を踏まえた更生支援計画

(1) 支援の指針

前項の障害特性を踏まえ，以下の指針に沿って，更生支援計画を作成すべきものと考える。

① 本人の就労意欲及び勤勉さは最大限に評価すべきものであり，本人が今後充実した生活を送り，かつ安定的な良好な人間関係を構築するためにも，継続的な就労支援を支援の中心に据えるべきである。

② とはいえ，本人が，コミュニケーション能力不足やこだわりの強さを抱えつつ，通常の勤務先において安定した社会生活を送ることは困難である。

これまでは，この困難を放置し，かえって，本人の不良交友を助長し，誤った道徳的環境の中に本人をさらしてしまう結果となっていた。

福祉支援を導入し，障害の程度に見合った就労，本人の障害を理解し雇用してくれる職場，自己の能力でありのままに生きていける環境を整えることが必要である。

③ これに加え，本人は，素行の良くない者と交際するなど，常に望ましくない環境に入り込む危険を抱えているので，本人に対する継続的な相談支援を行い，本人の生活の指針となる助言を与えられる支援者が必要である。

(2) 具体的な更生支援計画

① 出所後に利用できる資源

・住居は自宅とする

・療育手帳の取得（千葉県更生相談所）

・障害程度区分の申請（○○市役所障害支援課）

・障害基礎年金の申請・受給（日本年金機構）

・中核地域生活支援センター「○○」を継続的相談支援者として紹介

・一般就労としての障害枠（法定雇用率）を利用しての就労，または障害者総合支援法上の障害者福祉サービス，就労支援を利用する

・当職が上記支援のコーディネーターを担当

② 当面の支援活動

今後，本人が服役する間，支援者は面会や手紙の交信といった方法で交流を継続し，出所後の支援に向けて準備する。

なお，出所後の生活環境の変化などによって，本計画が変更される余地もあることを付け加える。

259

第２編　ケーススタディ　〜項目別・事例別に学ぶ実務のポイント〜

2 面談・聴取と支援の限界
「医療保護入院後の窃盗事件（判決　実刑）」

第1　事案の概要

事件の内容

40代男性が，精神科病院受診の帰り道にスーパーで万引きをし，店からの通報によって現行犯逮捕となったという事案です。

身上経歴

本人は高校卒業後にガソリンスタンド，スーパーマーケットで就労をしましたが，20歳過ぎに初めてわいせつ行為で逮捕されました。このあと，窃盗などで刑務所への服役が複数回ありました。

この間に両親が離婚し，家族とは疎遠になっていきます。

30歳頃に精神科病院の受診歴がありますが，数回通院したのみで継続した治療にはつながりませんでした。

40歳過ぎにわいせつ行為で逮捕されたときは，勾留時に「女子風呂に入ったのは自分の身体がワープした」「自分は神様だ」「神様や先祖の声が聞こえる」などの言動があり，不起訴となっています。そのときは，不起訴処分後，精神科病棟に医療保護入院となり，２年間ほど入院することになりました。その際の診断は統合失調症でした。

事件当時の生活状況

退院時から中核地域生活支援センター（以下「支援センター」という。）が本人の生活を包括的に支援しました。具体的には，アパート入居，生活保護受給，障害福祉事業所通所，訪問看護導入，精神科病院通院を支援しています。

一人暮らしを始めた当初は，頭痛や腹痛を訴えることが時々あり，支援センターや訪問看護ステーションがその都度対応してきました。ほどなく新しい生活に慣れると，自分で弁当を作って障害福祉事業所へ持参

260

第3章　事例編

するようになり，同所での農作業に活き活きと取り組むようになりました。

　精神科病院通院は，当初は支援センター職員が同行しましたが，退院後2か月目頃からは一人で通院を続けることができていました。障害福祉事業所が休みのときには，街に買い物へ行ったり，カラオケ大会に出場したりして生活を楽しんでいるようでした。

　本件が起きたのは，退院して6か月目，生活が順調に回り始めたように見えていたときでした。

▌事件後のこと

　事件後，本人を逮捕した警察署から支援センターに身元照会の電話があり，支援センターは事件の発生を知りました。そして，数日後に，支援センター職員は，本人が留置されている警察署まで面会に行きました。

　本人は精神的に混乱している様子で会話がままならない精神状態でした。そのためか，国選弁護人の選任がなされていない状態でした（注 起訴前の段階の国選弁護人は，原則として被疑者の裁判所に対する請求によって選任手続がなされる（刑事訴訟法37条の2））。

弁 護 士 が押さえておきたいポイント

① 　初回接見の留意点

② 　被疑者に障害がある場合の留意点

③ 　捜査機関や留置施設に対する申入れ

社 会 福 祉 士 が押さえておきたいポイント

①現在困っていること，心配なことを聞き，必要な支援を行う

②ライフサイクルを見据えた支援を行う

第２編　ケーススタディ　～項目別・事例別に学ぶ実務のポイント～

第2 ポイント解説（弁護士編）

1　はじめに

本件では，被疑者は，障害があったにもかかわらず，国選弁護人が付けられることもないまま，捜査機関に対して単独での防御を余儀なくされていました。このような事態は公正な司法を実現するために望ましくありません。

ここでは，仮に，本件において早期に国選弁護人が選任されていれば，弁護人はどのような点に留意して弁護活動を行って，障害のある被疑者の正当な利益を守っていくかということを解説します。

2　初回接見時の留意点

(1)　味方であることを伝え，信頼関係を構築する

対象者は，逮捕・勾留され，警察官など多くの人々に事情を聞かれ，身体を拘束され，精神的に混乱していることも多いです。中には，捜査機関によって厳しい取調べを受けていることも少なくなく，初対面の相手に対して，警戒心を抱いていることもあります。

そのような状態で，面会の最初から事件の話をすることは，得策ではありません。まずは，弁護人が被疑者の味方であることを伝え，体調に対する気遣い，留置施設での食事や生活の不便さや趣味などについて話すことで，話しやすい空気を作ることを優先しましょう。

今回の対象者であれば，例えば，カラオケでは何を歌うのか，どこを散歩するのが好きなのかなど雑談も信頼関係の構築には有効です。

(2)　基本的な手続の枠組みを具体的かつ簡潔に説明する

逮捕後48時間以内に検察官に会うこと，その後24時間以内に裁判官に会うこと，勾留期間は10日間で，さらに最大10日間の延長がなされることなどを説明する必要があります。しかし，法制度を詳細に説明しても対象者を混乱させてしまう可能性もあります。とすれば，具体的に，何月何日の何曜日までこの警察署にいるのか，裁判になるかどうか決まるのはいつかなど，具体的に簡潔にこれからの手続を説明する必要があります。

本件でも，紙のカレンダーを準備して，対象者の目の前で，口頭で説明

262

しながら，逮捕された日，勾留される日，裁判になるかどうかが決まる日
などを紙のカレンダーに書き入れ，これをさらに対象者に差し入れるなど
の工夫が必要でしょう。

(3) 事件直後の初期供述を記録化する

　対象者は，捜査が進むにつれ，証拠の一部を捜査官から示されたり，捜
査官から捜査官の事件についての見立てを繰り返し聞かされたりして，そ
の供述が変容し汚染されてしまうことがあります。そうなると真相は見え
にくくなります。

　そこで，弁護人は，初回の接見で，たとえ事件の詳細まで聞くことは難
しいとしても，対象者が事件直後の段階で何をどのように記憶していたの
かを早期に確認しておかなければなりません。そして，その後の供述の汚
染のリスクも踏まえ，対象者の初期供述を記録化しておく必要があります。

　本件でも，初回接見において，事件当日の1日の流れ，事件当日の心身
の状態，万引事件そのものについての記憶の有無，記憶があるとして入店
前から時系列に沿って記憶しているなど，なぜ逮捕されるに至ったかとい
う生の事実を対象者から聴き取る必要があります。

3　被疑者に障害がある場合の留意点

(1) 難しい言葉遣いや専門用語の使用を避け，平易な言葉を使う

　知的障害がある方や精神症状が出現している方は，知らない言葉や難し
い言葉を理解することが難しい状態にあります。

　弁護人は，法律家として日常的に用いている「勾留」「起訴」「保釈」
「準抗告」などの専門用語を避けるべきです。弁護人が，そのような言葉
を使えば使うだけ，対象者は，弁護人との距離を感じざるを得なくなりま
す。できるだけ，平易な言葉を使うことが重要です。

(2) 福祉職や福祉機関などに協力を求める

　弁護人は，障害のある方の特性やコミュニケーション，障害のある方が
利用できる社会資源について知識も経験も乏しいことが多いでしょう。

　対象者に障害がある場合，若しくは疑われる場合，福祉職や福祉機関の
協力を仰ぐことは，弁護活動の充実につながります。

第2編　ケーススタディ　～項目別・事例別に学ぶ実務のポイント～

　もっとも，他の福祉職や福祉機関の関与について，対象者の意思確認を行う必要があります。弁護人が勝手によかれと思って，本人の意思に反して，福祉職と面会させたり，福祉機関に協力を要請したりすべきではありません。それは弁護人と対象者の信頼関係を破壊し，結局，弁護活動を阻害します。

　また，弁護人は，対象者の障害の内容や事件当時の生活状況を踏まえて，どこに連絡するかを考えることになります。弁護人としては，自己の活動する地域にどのような福祉機関があるか，常日頃から情報収集しておくべきです。ただ，そうはいっても，弁護人がどこに連絡するかも含めて知識・経験不足であることも多いのが実情です。連絡先に悩んで時間を浪費するのは愚かです。自分が知っている福祉職や福祉機関に簡単な助言を求めるなどすればそれなりの情報は入手できます。まずは迅速な連絡を最優先すべきでしょう。なお，基本的に，従前の支援者・支援機関があれば最初にそこに連絡をすべきです。そこには対象者に関する豊富な資料があるからです。

　今回の事件でも，弁護人は本人との接見の中で支援センターの関わりを聴き取り，まずは支援センターに連絡をすべきでしょう。

(3)　事件直後の精神状態を保全する

　本件のように，障害のある対象者が事件直後において激しい精神症状を呈していることがあります。しかし，時間が経過するとともに，対象者の精神症状が落ち着き，起訴・不起訴処分が決まる段階や裁判の段階では，その症状が消失してしまうことがあります。

　障害のある被疑者については，刑事裁判で責任能力が問題になることがありますから，事件直後の被疑者の精神状態を証拠として保全する必要があります。

　そのため，弁護人として，接見時にデジタルカメラやボイスレコーダーなどの録音・録画機器を準備しておくことが必要です。拘置所などが，施設管理権の名のもとに，当該機器の持ち込みを禁止する場合がありますが，対象者の防御権のために録音・録画機器の持ち込みが必要なケースもあり

第3章　事例編

ます。ただし，秘密交通権等の濫用，潜脱等の指摘がなされるような録音・録画機器の使用があれば，懲戒事由にもなりますので，細心の注意が必要です。

さらに，裁判所に対して証拠保全の申立てを行うこともあり得ます。

⑷　取調べに対する防御方法を簡潔かつ明確に助言・指示する

障害のある被疑者の場合，捜査官の取調べに対して防御する力が乏しく，捜査官に迎合しやすい障害特性を有する場合もあり，被疑者本人の本来の認識とは異なる内容の供述調書が作成される危険があります。この点，捜査官の取調べに対する有効な防御の方法としては，黙秘権の行使や供述調書への署名押印拒絶権の行使が考えられます。弁護人としては，障害のある被疑者に対しても，黙秘権の行使や署名押印拒絶権の行使を助言・指示し，これらの権利行使に対して捜査官が不当・違法な阻害行為を行わないよう，取調べの全過程の録音・録画を書面で申し入れて，取調べを可視化させる必要があります。

弁護人が，黙秘権行使や署名押印拒絶権行使を助言・指示する場合は，抽象的な権利説明ではなく，権利行使のための具体的な方法を簡潔に伝えることが必要です。複合的な助言・指示や仮定的な場合分けを伴う助言・指示は，障害のある被疑者にとって，理解することも，取調べの現場で実行することも難しくなります。助言・指示の内容を絞り，簡潔かつ明確に助言・指示を与えることが重要です。

4　捜査機関や留置施設への対応

⑴　捜査機関に対する申入れ

障害のある被疑者は，取調べ担当官に対し，自らの言い分をうまく説明することが難しい場合があります。また，障害のある被疑者は，取調べ担当官から理解できない質問，誘導的な質問，威圧的な質問をされると迎合的に回答する場合もあります。これにより，被疑者の本来の認識とは異なる供述調書が作成されるリスクがあり，これは障害のある被疑者本人にとって極めて不利益な証拠になり得ます。

そこで，弁護人は，警察官や検察官の取調べ方法について，平易な言葉

第2編　ケーススタディ　～項目別・事例別に学ぶ実務のポイント～

を用いること，単文を用いること，誘導的な質問をしないこと，同じ趣旨
の質問を繰り返さないこと，心理的な圧力を加える方法を避けることなど
を申し入れ，場合によっては，上記趣旨のもと，弁護人の取調べ立会いを
申し入れるべきです。弁護人としては，最低限，取調べ方法の適正を事後
的に検証可能にするため，取調べの全過程の録音・録画を申し入れなけれ
ばなりません。

(2)　留置施設に対する申入れ

　弁護人は，障害のある被疑者が留置施設で不当な取扱いを受けないよう，
その被疑者の処遇について，その被疑者の障害特性に応じた具体的な措置
をとるよう申し入れるべき場合があります。例えば，障害のある被疑者の
苦手なことやコミュニケーション方法の特徴などを伝え，これに応じた対
応をするよう配慮を求めるなどの申入れが考えられます。また，障害のあ
る被疑者について医療上の対応が必要な場合は，留置施設に対して直ちに
医療上の措置をとるよう書面で申し入れるべきです。

第3　ポイント解説（福祉士編）

1　現在困っていること，心配なことを聞き，必要な支援を行う

(1)　刑事司法ソーシャルワークの入口

　福祉職の立場で刑事司法ソーシャルワークに関わるのは，次の三つのよ
うな入口が考えられます。①弁護人から協力を求められる場合，②家族や
他機関等から支援を依頼される場合，③もともと関わりのあった方が被疑
者・被告人となってしまった場合です。

　本件は，このうち，③に当たるケースでした。

　私たちが，本人の逮捕を知ったのは，警察署からの身元照会の連絡が
きっかけでした。その連絡の際に，事件の概要と今後の見通しについて，
警察官から簡単な説明を受けることができました。

(2)　面会の実際

　その数日後，私は，本人が留置されている警察署に面会に行きました。

この点，弁護人以外の者が本人に面会することが禁止されている場合（接見禁止決定）もあります。また，本人が捜査の都合などで留置場から外出しているなどの場合もあります。さらに，警察署の留置管理上，一般人（弁護人以外）の被留置者に対する面会は，１日１回に制限されているので，例えば午前中にご家族の面会があれば，福祉職が午後から面会しようとしてもできません。ですから，面会前に警察署の留置管理課に事前の連絡をすることが必須です。なお，１回の面接で面会室に入室できる人数は３名までと制限されていますので，この点でも注意が必要です。

　面会受付の際は，自動車運転免許証など自己の身分を明らかにするものが必要です。面会受付では留置されている被疑者との関係や面会目的を申し出ます。そして，弁護人と異なり，福祉職の面会は一般面会扱いですから，面会時間は，現在の警察実務では15分に制限されることが多いです。ただし，法律上は，本来，国家公安委員会関係刑事収容施設及び被収容者等の処遇に関する法律施行規則25条２項５号に「面会の時間の上限を，15分を下回らないものとすること」と規定されていますから，面会の相手である被疑者の障害の内容や程度によっては事前に理由を付して面会時間をより長く確保できるよう書面などで申し入れるべきでしょう。

(3)　現在困っていること，心配なことを聞き，必要な支援を行う

　福祉職は，弁護人とは異なり，刑事処分や刑事裁判を想定した防御のために被疑者に面会するわけではありません。福祉職は，被疑者本人に面会し，現在困っていること，心配なことを尋ね，福祉利用のニーズがあるか否かを聴き取るために面会に行きます。

　もっとも，福祉職が，初回面会時に被疑者に伝えることは，ケースによっても異なってきます。本人と面識がない場合は，本人の警戒心を解くためにも，「ポイント解説（弁護士編）」で記されたように，味方であることを最初に伝えることが大切だと思います。ただ，福祉職はあくまで「生活支援の味方」というスタンスです。さらに，本人が福祉の支援を受けたことがない方であれば，福祉を利用することで何ができるか，福祉職が本人のために行えることを，わかりやすく伝えることも大切になります。

第2編　ケーススタディ　〜項目別・事例別に学ぶ実務のポイント〜

　本件は，前記③に当たる場合で，もともと福祉職が関わってきた方が被疑者になってしまった場合ですから，面会の目的は，本人の様子を確認すること，必要な支援を行うために本人の現在の気持ち（困っていることや心配なこと）を聞くことでした。

　実際に面会したところ，本人は私の顔と名前を何とか理解できるくらいの混乱した様子でした。「覚えていない」，「ワープした」，「神様が……」などの言葉を発するばかりで，会話もままならない状態で，本人の現在の気持ちを聴くことはできませんでした。本人のニーズがないのに福祉を押し付けることはできません。

(4)　**本人の権利擁護の点から考えたこと**

　なお，本件では私が面会した時点で国選弁護人が選任されていない状態でした。この点について，本著の編集者である弁護士の方から次のような指摘をいただきました。

　「このケースでは，国選弁護人の請求に関わる裁判所や警察署が，本人意思が不明だと安易に判断して，国選弁護人の請求までつながなかった可能性があり，司法手続における障害者に対する配慮を欠く対応で問題である。」

　私は，本人のニーズが明らかでなかったことから，福祉職としての介入は控えましたし，この時点で，本人の弁護人と協働して対応する必要性も感じていませんでした。しかし，編集者が指摘した「障害者に対する司法手続における配慮」の観点からすれば，このとき，福祉職が，権利擁護の観点から，警察署留置管理課の警察官に対し，本人から国選弁護人請求をするよう再度促してほしいとお願いするべきだったのかもしれません。所論あると思います。私の考えが定まっていないように，障害のある被疑者・被告人を支援するときに，福祉職が行うべきこと，期待されることはまだ明確ではないのだと思います。

2　ライフサイクルを見据えた支援を行う

(1)　その後の関わり

　初回の面会で本人の現在の気持ちを聞くことができませんでしたが，面

会の際に確認した本人の様子を，通所事業所，訪問看護ステーション，生活保護担当者，病院のSWと共有しました。本人が住むアパートの管理会社にも報告しました。

　関わりのあった方々はみな，逮捕されるその日まで従前と変わった様子はなかったと口を揃えて言いました。同情的な人，「冤罪ではないか」という人もいましたが，他方で，出所後に支援を継続することはできないという人，「詐病ではないか」と考える人もいました。事件に対する受け止め方は福祉職の価値観（心のメガネ）によっても様々です。ただ，福祉職は自己の心のメガネに自覚的でなければなりません。

　逮捕された時点で生活保護のうち生活扶助の支給は停止されました。逮捕されたその月末には翌月分の家賃が生活保護から支払われましたが，起訴されることが決まると，生活保護自体が廃止されたため，家賃の支払もされなくなりました。

　初回の面会から2週間後に2回目の面会に行きました。本人の様子は前回よりも落ち着いていました。事件当日の行動や万引きの有無については，「覚えていない」「ワープして……」などと繰り返すばかりでしたが，意味のある言葉のやりとりはできるようでした。

　生活保護からの家賃支払が停止されることを本人に説明すると，刑が確定するまではアパートを確保しておきたいとのことでした。そこで，私が，本人からの依頼で，本人が逮捕時に所持していたキャッシュカードを宅下げによって預かり，本人に代わって翌月以降の家賃支払いを行うことにしました。

　その他に，アパートのゴミや荷物を整理することを提案しましたが，固く断られました（警察の現場検証に立ち会った自治体職員の話では，室内に盗品ではないかと思われる物が散乱していたとのことでしたので，それらを見られたくなかったのかもしれません。真相は不明です。）。

　2回目の面会の後には本人から私宛てに手紙が来るようになりました。「盗んだことは全く覚えていない」「自分の身体を他の誰かが使って動いていた」「身体が東京にワープしていた」など，事件を釈明するような文言

第2編 ケーススタディ 〜項目別・事例別に学ぶ実務のポイント〜

のほかに，書籍や文具，お菓子の差入れのリクエストが延々と綴られているものでした。

そして，私が，起訴後に裁判所が付した国選弁護人に会ったのは，刑事裁判の第1回公判期日のあとでした。私が，公判期日を傍聴したあと，国選弁護人に声をかけ，私が本人を以前から支援している福祉職であることを伝えました。国選弁護人は，被疑者本人からの聴き取りにより，私の関わり自体は知っていたそうです。

(2) 福祉職が誰が弁護人であるかを知る術が乏しいこと

福祉職が本人の弁護人に速やかにアプローチしたいと思った際に，その環境は未整備です。福祉職が関わっていた方が被疑者・被告人になってしまったときに，選任された弁護士が誰であるかを速やかに知ることができるシステムはありません。

現状，私の経験から弁護人を知り得る方法は次のようなものしかありません。

①被疑者を通じて知ること。

ア　被疑者に弁護人の名前を聞いて，こちらから連絡すること。

イ　被疑者に福祉職の氏名・連絡先を伝えて弁護人からの連絡を待つこと。

②本人の家族がいる場合は家族を通じて弁護人の情報を得ること。

福祉職が，弁護士会や裁判所に問い合わせても誰が弁護人かを教えてもらえるとは限りません。福祉職が弁護人と速やかにつながれるような制度や運用が必要だと思います。

(3) ライフサイクルを見据えた支援を行う

弁護人は，本人との間で，刑事手続という「事件」中心の比較的短期間の関わりを持つのに対して，福祉職は，本人の「生活支援」の立場から本人のライフサイクルを見据えた支援を行います。その視点の違いは，福祉職と弁護人が協働する場合に，様々な場面で考えや物事の受け止め方の違いとなって現れます。

本件でも，私は，福祉職として速やかに本人の弁護人と協働する必要性

270

を感じませんでしたが，弁護人によっては違う感じ方をするかもしれません。もし，本人が被疑者段階のときに早期に国選弁護人が就いていれば，熱心な弁護人であれば，本人の事件前の精神症状の状態を確認し，あるいは，裁判後の福祉支援を調整するために，すぐに私のところに連絡をしてきたかもしれません。

しかし，福祉職は，弁護人の下請けではありません。あくまで，本人が生活の上で困っていることや心配なことがあり福祉を求めるからこそ，福祉職は支援に入るわけです。本人のニーズがあやふやな段階で福祉の支援をすることは福祉の押し付けにすぎません。

これまで，いくつかのケースで，福祉職として被疑者・被告人の支援に入ったことがありますが，そのうちの1人は，判決が執行猶予付きになるとその後は傍若無人になりました。他の1人は，わがままが過ぎ，刑期を終えて出てくるころには支援する福祉支援者は誰もいなくなってしまいました。福祉が本人に介入すべきタイミングについてはとても悩ましい問題があるように思います。

福祉職は，本人のライフサイクルを見据えて支援をする必要があります。間違ったタイミングで支援に入り，本人が勘違いするようなことがあってはいけません。本件でも，本人自身が「何とかしたい」と思った上で，弁護人に私の名前を出してほしいと思っていました。本人が何も意思表示しないうちにあれこれと福祉職が押し掛けるのはおかしいと思います。

⑷　その後のこと

私は，その後，判決が確定するまで半年ほどの間，本人と面会し，必要な差入れや家賃の支払を続けました。本人の要求，あるいはわがままにどの程度応えるかは国選弁護人とも相談しました。隔月くらいの頻度で面会し，本人の様子を見に行きましたが，精神状態が逮捕される直前の状態に戻ることはありませんでした。

第2編　ケーススタディ　〜項目別・事例別に学ぶ実務のポイント〜

第4　事件後の流れ

　判決は懲役10月の実刑でした。勾留期間の中で刑期に算入される部分を除くと残った刑期は3月ほどになります。本人は判決が出たあとも「全く記憶がない」、「他の誰かが自分の身体を使ってやった」などと、犯行を否認していましたが、控訴すればさらに勾留期間が長くなり、出所できる日が先送りになることから、控訴せずに刑が確定しました。

　本人が不動産管理会社に刑が確定した旨を伝える手紙を出しました。大家は刑余者に部屋を貸すことを嫌がって退去を求め、私宛てに連絡が来ました。それを伝えるために刑務所に面会に行き（実務上、家族以外の知人が、刑が確定した後に面会することはそれほど容易ではありません。）、本人に不動産会社の意向を伝えると、本人は私にアパートの荷物の撤去を求めてきたので、私は本人からアパートの鍵を宅下げで受け取りました。

　約1年ぶりに入るアパートは雑然としていました。大量の新品の衣類・スニーカー、飲料のペットボトル、カップラーメン、洗剤、ゴミ袋などが、オイルショック時のトイレットペーパーのように、まとめ買いされて山積みになっていました。

　退院してアパートに入居した頃はしばしば訪問して生活状況を確認していましたが、数か月経って落ち着いて生活をしている（かのように見えた）状況に安心して、生活状況の確認がなおざりになってしまっていたことを反省しました。

　本人が出所後に暮らすことができる場所は無くなってしまいました。受刑中に地域生活定着支援センターの支援対象となる特別調整に分類されるかどうかはわかりません。私は、本人の出所後も、本人を何らかの形で支援していくことになると思います。

　本人のライフサイクルを支援する福祉職にとっては、刑事事件もそのライフサイクルの中の一つの機会です。それまで何ら福祉のつながりがなかったような方に対しては、その機会に福祉職が積極的に介入すべき場合もあるでしょう。逆に、本件のように、その機会に積極介入することに躊躇する場合もあるように思います。

272

第 3 章　事例編

3　原因と対策について考えたことを公判に反映させる「高齢者による実子への連続脅迫事件（判決　実刑）」

第1　事案の概要

事件の内容

　70代男性が，別居する三女の自宅に執拗に電話をし，同人に対してお金の無心をしたが，断られたため，電話口で同人に対して「ぶっ殺す」「火をつける」等の脅迫をした事案です。

　弁護士は，本人が起訴されたあと，被告人となった段階で国選弁護人に選任されました。

身上経歴

　本人は年金生活者で，持ち家にて一人暮らしをしていました。

　妻は認知症を患い，介護施設にいました。

　子供は娘が3人いましたが，長女は海外在住で，二女と三女が近県に居住していました。本件当時，本人の金銭管理は三女が行っていました。

従前の経緯その他

　実は，本件の1年前にも，本人は二女に対して本件と同様の原因で脅迫行為をし，執行猶予付判決を受けていました（懲役6月・3年間執行猶予）。つまり，本件は執行猶予期間中の再犯でした。二女は前回の事件を機に本人と縁を切りましたが，三女は本人を見捨てることができず，前回の事件後も本人の面倒を見続けていたのです。

　しかし，本件のあと，三女は「姉に対して脅迫行為をしたけれども，本人を見捨てずに世話をしてきたのに，このような脅迫をされてもう信用できません。刑務所に入ってほしいです。」と言うようになっいました。

273

第2編　ケーススタディ　～項目別・事例別に学ぶ実務のポイント～

弁護士が押さえておきたいポイント

① 接見のときに違和感や引っかかりを感じないか
② 公判に向けて事件の原因と対策を考える
③ 原因と対策について考えたことを公判弁護に反映させる

社会福祉士が押さえておきたいポイント

① 本人から情報収集するときの視点
② 本人以外からの情報収集の進め方
③ 情報収集に基づくアセスメントとプランニング

第2　ポイント解説（弁護士編）

1　接見したときに違和感や引っかかりを感じないか

　被疑者・被告人に何らかの障害，若しくは障害の疑いがある場合であったとしても，弁護人として行う弁護活動の基本的な姿勢は変わりません。被疑者・被告人に対して，わかりやすく黙秘権等の権利の説明をした上で，身上経歴を尋ね，事件の内容について話を聞いていきます。

　ただ，このような通常の弁護活動をする際に，被疑者・被告人の話の内容や話す様子から違和感や引っかかりのようなものを時に感じることがあります。例えば，被疑者・被告人が自分の生年月日を覚えていない，単純な計算ができない，昨日食べたご飯が思い出せないなどです。

　このような場合，被疑者・被告人に何らかの障害がある可能性があります。そのため，弁護人としては被疑者・被告人から丁寧に話を聞き，その外見や様子にも気を配り，違和感や引っかかりがないか注意深くなる必要があります。

　本件において，弁護人が初めて接見をした際の本人の態度格も小柄で，とても温厚かつ紳士的であったため，このような本人が「ぶっ殺す」などの暴

言を実の娘に発したということに，まず違和感がありました。

　そこで，弁護人は，すぐに，高齢者と接した経験の豊富な社会福祉士に本人との面会をお願いしました。そうしたところ，社会福祉士と本人との面会の中で，本人がアルツハイマー型認知症であり，既に要介護2の認定を受けていたことなどがわかりました。

2　公判に向けて事件の原因と対策を考える

　高齢者が，認知症状により，自分の思いや不安をうまく言葉で表現できなかったり，伝えられなかったりすることがあります。また，認知症状により，感情の抑制が難しくなることもあります。そのため，認知症の高齢者が身近な家族に暴言や暴力に及ぶというケースはしばしば見られるところです。

　弁護人は，本人と接見を重ね，多くのことを話していくにつれ，本人は，実の娘が身近な家族だからこそ，いわば甘えるように，暴言をぶつけてしまうのではないかと感じるようになりました。本人は，一人暮らしで，近所付き合いはもちろん，実の娘たちと交流することも乏しい毎日を送っていました。本件の背景には，その寂しさや孤独感があるように思われたのです。

　そこで，弁護人は，本人にとって望ましい生活環境について社会福祉士と意見交換しました。そして，今後は，本人について，親族以外の他者と定期的に交流できる環境を確保し，その寂しさや孤独感を軽減し，日常の生活に喜びを感じられるような環境にしようと考えるに至りました。

　また，本件の直接的な原因として，本人の浪費癖があり，お金がなくなると三女に電話をし，頻繁にお金の無心をしていたということがありました。

　そこで，弁護人は，本件の直接の原因を取り除くため，本人の日常の金銭管理を，家族ではなく第三者が行うことが望ましいと考えました。この点については，社会福祉士の知識を頼り，本人の金銭管理支援のためにどのような制度を利用できるのか教えてもらいました。

3　原因と対策について考えたことを証拠を通じて公判に反映させる

(1)　本件における公判弁護の目標

　本件は執行猶予期間中の再犯です。本人は，同じようなことを繰り返してしまいました。このような執行猶予期間中の再犯について「再度の執行

第2編　ケーススタディ　〜項目別・事例別に学ぶ実務のポイント〜

猶予」を認める判決を得ることは実務上とても難しいのが現状です。しかし，前回の裁判において，本人が事件を起こした原因やその対策について十分に検討されていないことも考えられます。原因や対策の検討が不十分なまま認知症状のある本人が放置されていたのだとしたら，本人の再犯について本人を強く責めるのは酷ではないでしょうか。本件では，公判弁護の目標を「再度の執行猶予」獲得に置きました。弁護人としては，弁護側の主張立証を通じて，裁判官に「再度の執行猶予とすべきである」という心証を抱かせる必要があります。

(2)　福祉機関作成の書証の証拠調べ請求

　公判において，弁護人は，書証として，①生活困窮者自立支援事業所作成の「被告人の今後の在宅生活における提案書」と，②地域包括支援センター作成の「被告人の支援について」と題する書面を証拠として請求しました。

　まず，①については，同事業所が，在宅での福祉サービス利用や金銭管理等の支援について協力する旨が記載されていました。在宅での福祉サービス利用により，親族以外の他者と定期的な交流を続けることができますし，生活の中で新たな喜びを見つけられる機会も増えます。また，同事業所の金銭管理支援により，浪費をして家族にお金の無心をすることをなくすことができます。

　また，②については，地域包括支援センターが本人に対して本件以前から続けていた相談支援などの内容が記載されており，今後も地域包括支援センターが本人の生活を見守り，適宜支援してゆく旨が記載されていました。なるべく多くの支援機関に，重層的に本人に関わってもらうことにより，本人に対する支援が簡単に途絶えないようにしたのでした。

(3)　社会福祉士の証人尋問の証拠調べ請求

　さらに，公判においては，面会や意見交換に協力してくれた社会福祉士を情状証人として請求しました。そして，その社会福祉士に，法廷で本人に対する生活支援について，福祉職としての専門的意見を証言してもらいました。

第3章　事例編

　社会福祉士は，福祉の専門家の観点から，本人が事件を起こした背景・原因や，今後の本人に対する生活支援の在り方や具体的な支援計画などを証言してもらいました。

　尋問時間はおよそ15分程度でした。

　なお，弁護人は，本件では，社会福祉士に対して「更生支援計画書」の作成を依頼していません。ですから，「更生支援計画書」の証拠提出は考えず，最初から社会福祉士を情状証人として証拠請求しました。この点，社会福祉士が作成した「更生支援計画書」をまず書証として証拠請求し，検察官から「不同意」の証拠意見を述べられた場合に，改めて社会福祉士を情状証人として請求する手順も考えられます。ただ，書証というものは，裁判官が公判でその書証を見て，その場で気になったことや疑問点を確認する術がないという弱点があります。情状証人として出廷すれば，裁判官は更生支援計画の考え方や具体的な支援方法について気になることや疑問点を，その場で証人に確認することができ，裁判官も更生支援計画を深く理解できるのではないかと思います。

第3　ポイント解説（福祉士編）

1　本人から情報収集するときの視点

　福祉職は利用者の生活を支援します。被疑者・被告人が福祉の利用者となる場合，福祉職が被疑者・被告人と面会し，その話を聴き，その気持ちを知ることは，極めて重要です。

　被疑者・被告人との最初の面会では，信頼関係を築くことが大切です。そのために，最初の面会では，話題をこちらの自己紹介などに留め，いきなり事件の話を矢継ぎ早に尋ねることはしないほうがよいでしょう。こちらから質問を並べ立てて，被疑者・被告人から回答を求めるというやり方ではなく，何度か面会を重ね，自然な会話の中で被疑者・被告人が発する言葉に耳を傾け，アセスメントに必要な情報を聴き取っていく形が理想的です。

　被疑者・被告人は，事件のことについては，警察官や検察官から徹底的に

277

追及され，弁護人からも詳細に尋ねられてきています。福祉職が同じように事件のことを聴けば，本人は追及的に感じて心を閉じてしまうかもしれません。福祉職は，事件のことを聴こうという姿勢ではなく，事件当時の生活に焦点を当てて会話を重ねることで，被疑者・被告人が生活の中で感じていた不安や辛さ，事件の背景にある思いがけない事情などを引き出せるように思います。

　本件でも，私は，本人の事件当時の生活に焦点を当て，彼がどのような生活をしていたのか，彼は事件当時の生活の中で何を感じていたのか，彼が生活の中で欲していたことは何かという視点を持ちながら会話を重ねました。加えて，本人が認知症である可能性を考え，認知症状を窺わせるエピソードの有無にも注意しました。

　具体的には次のようなことを聴いています。

・本人の１日若しくは１週間の生活の流れ
・どのようなものを食べていたか，睡眠の状態はどうだったか
・事件以前若しくは事件当時の精神状態はどうだったか
・何を楽しみにしていたか
・事件以前の物忘れ，迷子，他者とのトラブルなどの有無・内容
・つらかったこと，悲しかったこと，腹が立ったエピソードについて
・事件当時の身体症状の有無・内容・程度について
・日常の外出先はどこか，外出する頻度はどうだったか
・本人が日常で会う他者の有無，どのような他者と会っていたか，その他者と会う頻度
・本人が日常で会う他者に対する評価・思い
・家族との関わりの有無・内容
・それぞれの家族に対する評価・思い
・本人の収入について
・本人が支出していた対象は何か，どこで金銭を使っていたか
・どのように金銭管理をしていたか
・金銭に関して被害を受けたと思っていたことはあるか

第3章　事例編

・本人が金銭管理に関して困っていたことは何か

　そして，こうした事情の聴き取りの中から，本人がアルツハイマー型認知症に罹患し，要介護2の介護認定を受け，ケアマネージャーもいることを把握しました。しかし，介護サービスについては，本人が消極的だったのか，介護サービスが合わなかったのか，事件当時は途絶えてしまっている状況でした。そして，本人がほとんど誰とも会わない毎日の中で寂しさや孤独を深め，実の娘に対して金銭の無心をする形で関わりを求めていた姿を感じることができたのでした。

2　本人以外からの情報収集の進め方

　被疑者・被告人について奥行きのある情報を集めるためには，本人ばかりでなく，その周囲から情報を集める必要もあります。

　例えば，本件のような高齢の被疑者・被告人の場合，介護保険の利用があれば，ケアマネジャーやサービスを提供している事業所（福祉用具レンタルやヘルパーの事業所等）のスタッフから，日頃の生活状況や医療機関の受診状況（病院，診療科目，主治医など）などについての情報を得ることができるでしょう（もちろん被疑者・被告人から情報収集について同意書を得ておく必要があります。）。他方，介護保険の利用がなければ，ケアマネージャーもいませんし，サービスを提供している事業所もありません。そうした場合には，地域包括支援センターに問い合わせてみる方法もあります。地域の高齢者の相談機関ですから，特に一人暮らしの高齢者に関する情報を把握している可能性があります。

　また，可能であれば，被疑者・被告人の自宅の状態を直接確認することも情報収集の上でとても有益です（もちろん被疑者・被告人本人の同意や第三者の立会いが必要です。）。例えば，郵便物や書類の外観から推測される状況（自治体など公的機関からの通知書・督促状など，医療・介護に関する書類など），自宅内の整理整頓・清掃・ごみ処理の状況，冷蔵庫内の様子，残された食品の内容・量，自宅内にある購入物の内容・量，処方薬の管理状況，家族の関わりの痕跡の有無などを自宅内の様子から情報収集すると有益でしょう。

　なお，被疑者・被告人に関する個人情報守秘の観点から，安易に近隣住民から聴き取りを行うことは避けた方がよいでしょう。近隣から情報を集めた

279

いときは，被疑者・被告人の了承のもと，守秘義務のある民生委員から話を聞くようにするとよいかもしれません。

福祉職は，このようにして被疑者・被告人の周囲から情報を集め，また弁護人が把握している情報も共有して，アセスメントにつなげます。

3　情報収集に基づくアセスメントとプランニング

本件では，本人にアルツハイマー型認知症による認知症状があることがわかりました。

認知症状には，誰にでも起きる中核症状と，周囲との関わりの中で起きる周辺症状があります。そして，周辺症状として，他者に対する攻撃的な言動が現れることがあります。

本件の本人についても，認知症状の周辺症状として実の娘に対する攻撃的な言動が出現していた可能性があります。もちろん，その判断をなし得る資格を有するのは医師ですが，福祉職もアセスメントの際に認知症状に関する知識を踏まえた検討をする必要があります。

本件では，本人の実の娘に対する攻撃的な言動に認知症の影響がある可能性を念頭に置きつつ，本人の心理状況として，実の娘に強く当たる根底に，本人の不安，寂しさ，他者に頼りたい気持ちあると理解しました。そこで，本人のケアマネージャーとも協議し，もう一度介護サービスのプランニングを検討し，導入を図っていくこととしました。ヘルパーやデイサービスなど介護サービスをうまく導入することができれば，定期的な他者との交流を確保することができ，孤立の状況を緩和することができます。私は，本人と面会を重ねる中で，本人と信頼関係を築けた実感がありましたが，本人に介護サービスの利用について説明したところ，素直に受け入れてくれたのでした。そして，仮に本人に介護サービスに対する不満が生じた場合には地域包括支援センターが随時相談を担える見守り体制を調整しました。

なお，本人は認知症状により財産管理能力の減退があると思われましたので，財産管理の面でも，社会福祉協議会の日常生活自立支援事業の利用や，後見人（判断力があれば財産管理委任契約での支援）を就けるなど，第三者に関わってもらう方法を考えました。そして，本件では，生活困窮者自立支援事

業所の金銭管理支援を受ける方法を採用しました。具体的な金銭管理支援の内容としては，支出対象のうち可能な限りで口座振替とし，財布から直接支払わなくてすむようにし，本人が自由に使用できる分は，一週間ごとなど定期的に決まった曜日に分割してお金を渡すなどの支援が考えられます。

　このようにして，本人を巡る他者の関わりを増やし，定期的になじみの他者が本人を来訪する環境を作ることにより，本人の寂しさや孤独を緩和できると思いました。

　こうした環境調整により，本人の生活も良い方向に変わってゆく可能性が増えます。そこで，福祉職は，時宜を見て，家族支援に介入することも考えられます。例えば，福祉職から，今回脅迫された三女に対して，本人の認知症状の影響や本人の根底にある不安，寂しさ，頼りたい気持ちなどを説明します。そして，今後は，三女など実の娘たちの負担が軽減されるプランニングがあることを伝え，チームで本人を支援していくので娘にも協力してほしいと伝えるような方法です。このようにして，福祉職は本人と家族の関係を修復するきっかけを作ることも可能です。

第4　事件後の流れ

　本件の判決は，残念ながら懲役6か月の実刑でした。再度の執行猶予は得られませんでした。判決文においては，弁護人の主張することも十分理解でき，再度の執行猶予も検討した旨が記載されていたので，再度の執行猶予を獲得するためにはあと一歩だったのかもしれません。

　弁護人としては二つの後悔があります。一つ目は，認知症状の事件への影響を医学的な観点から明らかにする証拠を法廷に顕出できなかったことです。社会福祉士の証人尋問において認知症状の影響による攻撃的な言動に言及したのですが，それは医師による専門的知見ではありません。認知症状が事件当時の本人の判断能力や行動制御能力に影響した可能性を医学的な知見に基づく証拠により法廷に顕出できていれば，本人に対する責任非難の程度を減ずる事情となり，量刑の結果が異なったかもしれません。弁護人としては，

281

第2編　ケーススタディ　〜項目別・事例別に学ぶ実務のポイント〜

裁判所に対して本人の精神鑑定の実施を求めるなどの対応をすべきだったのではないかという後悔があります。

　また，被害者である三女に対するアプローチをもっと工夫すべきでした。弁護人が，示談交渉の形で三女にアプローチしたのですが，三女の本人に対する処罰感情が強く，絶対に本人を許さないと一貫して述べていたため，示談できないまま刑事裁判に臨むことになりました。示談交渉というよりは，家族支援という形で福祉職に介入してもらえば，三女の事件に対する受け止め方も変わったのではないかと後悔しています。

第5　もしものケース想定

【被疑者段階で受任していた場合】

　本件では，被疑者の段階からではなく，起訴された後，被告人の段階から国選弁護人が選任されています。仮に，被疑者の段階から国選弁護人に選任されていた場合には，弁護人は不起訴処分を目指した弁護活動を行ったであろうと思います。

　そして，弁護人が被疑者段階の早期に，本人のアルツハイマー型認知症に気付いた場合，そのことを検察官に伝え，場合によっては，弁護人から検察官に対して，検察官の嘱託による起訴前の精神鑑定を実施するよう促すことも考えられます。

　検察官の嘱託による起訴前の精神鑑定には，約2時間程度の問診と事件記録を鑑定資料とした簡易な精神鑑定と，3か月など長期間を確保した上で，複数回の問診，心理検査，脳の画像検査など詳細な資料検討を行う本鑑定があります。

　簡易鑑定は簡易な精神鑑定であり，その信頼性に疑問が残るという問題がありますし，本鑑定についても，検察官が鑑定医を選別し，鑑定資料も基本的には捜査機関作成の資料になるという偏りの問題があります。この点，弁護人から，検察官が選別した鑑定医に対して，弁護人や弁護人と協働する福祉職が収集した情報を提供するか，こちらの資料は提供せずに起訴後の公判

282

第 3 章　事例編

審理で本鑑定の前提資料の問題を指摘するか，弁護人として悩ましい判断を
迫られることになります。

第２編　ケーススタディ　～項目別・事例別に学ぶ実務のポイント～

4 否認事件における弁護活動
「知的障害者による恐喝未遂事案（判決　保護観察付執行猶予）」

第1　事案の概要

事件の内容
　60代男性が，駅前の飲食店で食べた刺身定食で食中毒になったなどと述べて金銭を要求したという恐喝未遂の事案です。

身上経歴
　本人は20代で結婚し，成人した2人の子もいますが，事件時には妻子と別居しており，この事件後に離婚しています。
　本人はかつて，消防士やバスの運転手などいくつかの仕事に従事していました。また，本件以前に前科等はありません。

病歴等
　妻によれば，本人は30代半ばくらいから精神状態がおかしくなったとのことです。当時，本人には浮気相手の女性がいてほとんど自宅に戻ることはない状態だったものの，その女性と別れた頃から様子がおかしくなったようです。女性の職場に行ったり，執拗に電話をかけたりするストーカー行為を繰り返すようになったとのことです。
　また，自宅ではほぼ1日中「おかずが気に入らない」と言っておかずをぶち撒けたり，手足をばたつかせたり，泣いたり怒鳴ったりするような状態だったようです。
　そのため，妻に促され，なんとか精神科に通院したものの，主治医や病院の職員に暴言を吐くなどして何か所かの病院にかかっていますが，なかなか定着しない状態でしたが，それでも事件時までに精神科医院に2度入院をしています。直近では11か月の間，入院していました。
　本人は当初，統合失調症，神経症と診断されていたようでしたが，その後医師が変わり，同じことを繰り返して話をするが幻覚・妄想はなく，

第3章　事例編

支離滅裂な会話は混ざらないことから，軽度知的障害（中学生から高校生程度の知的能力）と診断されています。

なお，入院については本人は強い不満を持っており，妻に対して入院をさせたことに対して強い恨みを述べるような状態でした。

事件時の生活状況

事件の3か月前，入院先病院から突然退院を言い渡されました。急な退院に家族も心の準備ができていませんでしたが，やむなく自宅で同居を再開することになりました。

同居再開後も，妻に対する攻撃（直接の暴力はない）が再開しました。大声を上げたり，手足をばたつかせたりするようになりました。妻は耐えかねて，本人を再び上記医院に連れていきましたが，同院にて入院等を受けつけてもらうことができず，結局自宅に連れて帰ることになりました。

この日，本人が暴れ出したため，妻が110番通報をし，妻子が家を出ていきました。

その後の本人は，妻子がいない寂しさを紛らわすため，駅前の飲食店に頻繁に通うようになりましたが，他の客に絡むなど迷惑行為を繰り返していました。そのため，店からは出入り禁止を言い渡されたところ，本件事件が発生しました。

弁 護 士 が押さえておきたいポイント

① 刑事弁護人としてなすべきことは変わらない
② 本人の言い分を否定しない
③ 責任能力を争うことを検討する

第2編　ケーススタディ　～項目別・事例別に学ぶ実務のポイント～

社会福祉士が押さえておきたいポイント

① チームアプローチの実際

第2　ポイント解説（弁護士編）

1　刑事弁護人としてなすべきことは変わらない

　被疑者・被告人が何らかの障害があることが疑われる場合であっても，被疑者・被告人の権利・利益を擁護するための刑事弁護活動に変わりはありません。捜査機関による不当・違法な捜査・取調べに対する監視・抗議，弁護人による証拠保全請求，被疑者・被告人や時間に関する独自の調査活動，捜査機関に対する徹底的な証拠開示請求，より説得力のある主張立証の検討，家族や支援者との環境調整，被害者の方に対する対応など，障害の有無に関わりなく，なすべきことに最善を尽くします。ただし，最善の刑事弁護を行うために，被疑者・被告人の障害の特性に応じ，特に気を付けなければならない点もあると思います。

2　本人の言い分を否定しない

　障害の特性によっては，本人の言い分が支離滅裂で理解しがたいということもあると思います。しかし，このような場合であっても，頭ごなしに否定するべきではありません。本人と信頼関係を築くためには，理解できる部分，共感できる部分を汲み取ってゆくことも大切です。本人と信頼関係を築き，その話を粘り強く聴き取り，一見して理解しがたい言い分の中から，公判での弁護人の主張を検討してゆくことになります。

　もちろん，それは本人の言い分をただそのまま刑事裁判で主張すればよいということではありません。より本人に利益な判決を得るために，本人の言い分と証拠を徹底的に検討し，でき得る限り説得力のある主張を考えます。

3　責任能力を争うことを検討する

　何らかの障害に気が付いた場合，常に責任能力が問題となり得ることを視野に入れる必要があります。事件直後の本人の言動を証拠として保全したり，

第 3 章 事例編

捜査官の取調べの全過程の可視化を申し入れるのはもちろんのこと，本人の医療・福祉に関わっていた方々からの情報収集，医療・福祉機関で作成される記録（診療録など）などの入手といった調査活動を急がなければなりません。その上で，検察官が実施する精神鑑定の信用性を検討し，弾劾することを検討したり，弁護人から刑事裁判開始後に裁判所に対して精神鑑定の実施を請求してゆくことなどを検討すべきです。

第3 ポイント解説（福祉士編）

1 本件における面会・情報収集

(1) 福祉職は限られた面会時間を有効に活用するために，弁護士から事前に被疑者・被告人に関する情報を得ておくことが重要です。もちろん，面会回数を増やすなどの工夫も必要となります。

(2) 普段，初回面会は，弁護人の紹介や依頼により初対面で1対1の場合であったり，弁護人と同行面会が主でした。ただ，この事例では，弁護士，障害者支援課より情報を得て以前から関わりのあった障害者支援課のケースワーカーと同行面会に至りました。本人が，事件以前から地域に繋がっていた方であると，初対面同士より断然，緊張は薄れ，安心感のある様子で表情穏やかな面会となりました。

(3) 医療機関における診断書やカルテ，自治体が把握している障害者手帳の所持状況や福祉サービス利用状況，被疑者・被告人が普段よく通っている店（レストラン，コンビニ）など，本人の障害特性を把握するための情報は重要です。

(4) この事例では，事件が発生する1か月前に，私が別件で市の障害者支援課を訪れた時に，初めて本人と出会ったという偶然がありました。障害者支援課職員を大きな声で罵倒し，これはただ事ではないと感じました。本人が帰った後，障害者支援課職員に対して，ケア会議の必要性を提案していました。その結果，実は，本件発生の数日前に本人に関するケア会議を開いていたのでした。

287

第2編　ケーススタディ　〜項目別・事例別に学ぶ実務のポイント〜

(5)　ケア会議での本人の近況情報では，離婚調停の書類がそろそろ本人に届くこと，自治体職員に対して暴言，暴行があり何度も警察へ通報している状況を確認することができました。その上，近隣高校の敷地内に入り生徒に声をかけたり，高齢者施設や障害者施設に訪れては，なぜ利用できないのかと暴言を吐くなどしていたようです。本人なりに地域へ馴染もうとするもののうまくいかず，周囲からは誤解され迷惑行為となっている状況でした。

2　本件のアセスメント

(1)　家族・親族関係・居住地・生育歴・病歴・服薬の状況・収入・金銭管理・福祉サービスの利用状況・趣味・ストレス解消法等，福祉職は，被疑者・被告人の置かれている状況や意思を確認する必要があります。その上で，今後地域生活を送る上でどんな社会資源を活用していけばよいかなど，本人を中心として関係機関と話し合っていくことが大切です。そしてそれが結果的に再犯防止につながるのであれば本人の人生にとっても有益だと思います。

　　　この事例では次のことが確認できました。

① 妻に暴力もあり，離婚調停中で関係が悪い。

② 親族にも嫌がらせ行為（しつこい電話，相手にしないと庭を荒らす等）があり，本人への対応に昔から困っていた。

③ 高校受験で公立高校を受験しても合格できない成績であると当時の担任に言われ，私立高校へ入学した（親族より話を伺う）。

④ 精神科への通院・入院歴では，ドクターとうまくいかなかったことや他の患者とのトラブルが原因で転院を繰り返している。

⑤ 服薬の管理についても他者の声かけが必要な状態である。

⑥ 収入においては，障害厚生年金2級を受給している。

⑦ 金銭管理は，本人だと計画性なく使ってしまうため，妻が管理していた。

⑧ 居宅介護を利用していたが，ヘルパーに対し常に横柄な態度であった。

288

第3章　事例編

⑨　自治体職員に暴言，暴行がある。

⑩　あらゆる場所でトラブルのエピソードがある。

　アセスメントを進めていくと，言葉の使い方・理解力，気持ちの伝え方などが不得手で，本人自身，人との関わりを求めているものの，コミュニケーションがうまくとれず，自分の思い通りにならないとイライラしてしまい，威圧的な行動になりトラブルへと至っていると感じました。元々知的障害か発達障害がベースにあり，地域生活を送る中で，沢山の生活しづらさの中で過ごしてきたのではないかと考えました。

　精神科通院当初，統合失調症・神経症という診断でしたが，当時の主治医は軽度知的障害という診断をしていました。釈放前のケア会議では，現在は精神保健福祉手帳を所持していますが，将来的には，療育手帳の取得も検討していくことで，本人が出会う人々からも両面から配慮され，過ごしやすくなるであろうと考えをまとめました。

　また，釈放前のケア会議では，弁護人と社会福祉士，被疑者・被告人の福祉・医療的支援関係者，障害福祉課で話し合い，釈放後の支援方針（障害者相談支援専門員からのサービス利用計画書）や具体的な支援内容（チームアプローチ）について確認をしました。

　釈放後には，その支援チームのケア会議には，本人と保護司がチームに加わりました。釈放後にもかかわらず引き続き弁護士も関与し，アドバイスをくれたことで心強いチームとなりました。

3　チームアプローチの実際

(1)　チームアプローチとは，他職種や各機関によるチームが，相談者本人のエンパワメントの視点に立った共通のコミュニケーション手段や方法をすり合わせ，本人を中心とした支援を行うものです。他職種や各機関の役割や機能をお互い尊重，理解しつつ，本人の生活ニーズに対して支援できる役割の確認しながら進めていきます。

　このチームには，医師や看護師，社会福祉士，精神保健福祉士などの国家資格として位置づけられるメンバーだけでなく，障害者・生活保護・こども各課のケースワーカーや民生委員，保護司など様々な専門分

第2編　ケーススタディ　～項目別・事例別に学ぶ実務のポイント～

野に関わる職種も含まれています。

　本事例でもこれらの専門職のチームで本人の釈放前から釈放後にかけて複数回にわたりケア会議が開かれています。

(2)　釈放前のケア会議は，今後の地域生活に向けて，望ましい支援方法や支援体制を確認することが目的でした。具体的には，釈放前の接見で確認した本人の意思・希望を基に，療育手帳の取得や，デイサービス，居宅介護，訪問看護の利用などについて，検討，情報共有がされました。

　釈放後のケア会議は，本人の生活状況の確認と必要な協力体制の確認を目的と設定しました。本人の服薬の状況や居宅介護におけるヘルパーへの態度や，デイサービスでの利用者とのトラブルなど，情報共有がされました。

　ケア会議の中でも，本人の離婚の問題や財産管理の問題についても話題となりました。法律的な問題について専門家である弁護士がケア会議に参加し，アドバイスがされることは本人の支援にとっては効果的であったと考えます。今後の課題として被疑者・被告人への支援で釈放後の弁護士の関わりや社会福祉士の活動費用を確保する仕組みが求められます。

第4　事件後の流れ

1　受任時

　弁護人の初回接見時，本人はかなり興奮しており，事実関係を把握することは難しい状況でした。また，留置施設で暴れていたようであり，保護室に入れられたこともあったようであり，弁護人に対して留置施設の不満を述べることもありました。また，同じ話を繰り返すような状態でした。

　本件の場合，初回接見の段階で，本人に何らかの障害があることに気付くことは容易であったと思います。弁護人としては，まずは，本人の言い分をじっくり聴くことに徹し，その中で，今後の弁護活動のヒントがないかを探ることにしました。

第3章　事例編

2　弁護方針

　本件では，本人が事実関係を完全に否定していたので，否認事件としての対応を弁護活動の中心に据えました。

　ただ，悩ましいのは，本人は完全に否認をしているものの，証拠関係を見た場合，刑事裁判で争うことが難しいような事案であったことです。また，本人は，繰り返し，「早く出たい」と訴えていたところ，前科前歴もなく，有罪でも執行猶予が見込める事案でした。そのため，公訴事実を否認し，かつ，被害者の証人尋問などが実施された場合，勾留期間が長期化してしまうという点が悩ましい問題でした。

　もっとも，本人が公訴事実を否認している以上，中核的な証拠である飲食店店主の供述の信用性を争うことを弁護方針の基本に据えました。具体的には，本人が「金銭を要求したことなどない」と主張していましたので，弁護人は，「金銭を要求された」と供述する飲食店店主の供述の信用性を争ってゆくことにしました。まず，弁護人は，検察官が証拠請求した飲食店店主の供述調書について「不同意」の証拠意見を述べました。そして，検察官がさらに証拠請求した飲食店店主の証人尋問において，「以前から被告人のことを疎ましく思っていた飲食店店主が事件について誇張した供述をしている可能性があるのではないか」という視点から反対尋問を行い，飲食店店主の証言の弾劾を目指したのです。

　このような刑事弁護活動を進める一方で，本人の釈放後の生活を考えると，弁護人としても，福祉など社会資源とのつながりを無視することはできません。そこで，福祉職に協力をお願いしたのですが，無罪主張のため，こうした福祉支援の事情を被告人に有利な事情として主張できなかったのでした。もし日本の刑事司法制度が，有罪無罪を決める段階と有罪を前提に量刑を決める段階を区分していれば，無罪を争った後に，被告人の釈放後の生活の環境調整を明らかにすることができます。この点は日本の刑事司法の課題だと思います。

3　社会資源との連携

　本件は否認事件であったため，無罪になるようなケースセオリーの構築，

291

第2編　ケーススタディ　～項目別・事例別に学ぶ実務のポイント～

それに沿う証拠の収集が主たる活動となりました。そのため，社会資源につなぐということがやや遅れてしまい，公判期日の途中から市の障害福祉課の担当者と連携を取り始めました。社会資源へつなぐ活動については，もっと早期に連携ができていればというのが反省点です。

　本件の場合，無罪という見通しは立ちませんでしたが，執行猶予になることは予想されておりました。そのため，判決後にどのように福祉につなぐのかが重要であると認識していたところ，行政を中心に動いていたケア会議の存在を知るに至りました。

　そのため，判決期日前に，弁護人も親族，支援者などが参加したケア会議に参加することができました。このケア会議において，弁護人から判決の見通しを示した後，自宅に帰った後の見守り態勢などが話し合われました。

　判決は，懲役1年，執行猶予3年，保護観察付となり，判決後は弁護人の車で自宅まで送り届けました。その後，国選弁護人の立場ではなくなりましたが，定期的にケア会議には参加し続けました。

4　執行猶予，保護観察

ア　執行猶予とは，有罪判決に基づく刑の執行を一定期間猶予して，その間に罪を犯さないことを条件として刑罰権を消滅させる制度です。対象となる被告人は，「前に禁錮以上の刑に処せられたことがない者」又は，「前に禁錮以上の刑に処せられたことがあっても，その執行を終わった日又はその執行の免除を得た日から5年以内に禁錮以上の刑に処せられたことがない者」です（刑法25条1項）。

　　　また，「前に禁錮以上の刑に処せられたことがあってもその刑の全部の執行を猶予された者が1年以下の懲役又は禁錮の言渡しを受け，情状に特に酌量すべきものがあるときも執行猶予判決を受けることができます（再度の執行猶予，同条2項）。保護観察が付された場合には再度の執行猶予を受けることはできません（同項ただし書き）。

イ　保護観察

　　　保護観察は，犯罪を犯した人の再犯を防ぎ，非行をなくし，その改善更生を図ることを目的に指導監督や補導援護を行うものです（更生

292

保護法49条）。保護観察付き執行猶予判決を受けた場合，本人は保護観察所に出頭し，保護観察官と面接を行います。その際，本人は，保護観察官から一般遵守事項と特別遵守事項（裁判所の意見に基づく）の説示を受けます。一般遵守事項は定期的に保護観察官や保護司との面接を行うこと等が定められています。

5　判決後の活動

判決は，懲役１年，執行猶予３年，保護観察付となり，判決後は弁護人の車で自宅まで送り届けました。その後，国選弁護人の立場ではなくなりましたが，定期的にケア会議には参加し続けました。この事案では，判決後，本人をどのように支援していくかが難問でした。

(1)　支援方法，支援体制の構築

判決後のケア会議では，本人の意思を基に今後の支援方法・支援体制の構築に関するケア会議が開催されました。

判決に先立ち，社会福祉士が本人と面会し，本人の意向を確認した上で，デイサービスの利用，居宅介護，訪問看護の利用，さらに療育手帳の判定について検討がされていました。そのため，判決後にはスムーズに福祉サービスにつなげることができたと思います。

もっとも，デイサービスや居宅介護など利用に際しても，本人が様々なトラブルを起こす状況であったため，判決後のケア会議ではトラブルの内容など各支援者の間で情報交換を行いました。

(2)　離婚の問題

本件は，これまで本人の支援をしていた妻が家を出て行ったしまったことがきっかけで事件が発生しました。事件後，本人に対して離婚調停が申し立てられました。

本人が調停期日に出席し，調停離婚が成立しましたが，財産分与（不動産の引き渡し）なども定められたため，弁護士としてサポートをする必要がありました。そのため，妻側の代理人弁護士と不動産の引き渡しなどの調整をするなどのサポートを実施しました。

第2編　ケーススタディ　～項目別・事例別に学ぶ実務のポイント～

(3)　財産管理の問題

　本人は，家族がいなくなってしまった寂しさから，飲食店や風俗店，結婚相談所などで浪費をしていることがうかがわれました。今後，本人の収入や財産のみでは生活が困難になるおそれがありました。そこで，社会福祉協議会の日常生活自立支援制度や成年後見，補佐，補助の申立てなども検討することとなりました。

　ただ，財産管理に対する本人の拒否感が強く，財産管理の必要性を本人に理解してもらいながら，説得を続けるような状況でした。

6　対応の難しさ

　執行猶予判決後，本人は地域生活に戻ったわけですが，地域住民や施設職員などとのトラブルが絶えない状態でした。また，支援者の対応によっては，支援を拒絶することもあり，支援をする側としても対応に苦慮することが多い状況でした。

　ただ，上記のとおり，離婚の問題や財産管理の問題など，法律に関わる問題を多くはらんでおり，弁護士が関与する必要性を感じる事案でした。

第5　もしものケース想定

【犯罪事実を認めている事件であった場合】

　起訴前段階から，福祉につなぐ活動が求められると思います。仮に，既に福祉との関わりがあった方の場合であれば，当該福祉関係者に連絡をし，今後の環境調整の相談などを行うことが必要となります。

　福祉との関わりがない場合は，社会福祉士などの専門家と相談をし，利用可能な社会資源を探すことになると思われます。

　社会資源へつなぐ活動はできる限り早期に行うべきです。福祉との早期の連携は，身体拘束からの早期の解放につながり得るし，執行猶予などの判決を得られる可能性が高まると考えられます。

294

第3章　事例編

Column

地域共生社会

1　国は，厚生労働省の「我が事・丸ごと」地域共生社会実現本部の決定に基づき，「地域共生社会」の実現に向けた取組を行っております。

　「地域共生社会」とは，制度・分野ごとの「縦割り」や「支え手」「受け手」という関係を超えて，地域住民や地域の多様な主体が「我が事」として参画し，人と人，人と資源が世代や分野を超えて「丸ごと」つながることで，住民一人ひとりの暮らしと生きがい，地域を共に創っていく社会とされております。

　この「地域共生社会」実現に向けて，①地域課題の解決力の強化，②地域丸ごとのつながりの強化，③地域を基盤とする包括的支援の強化，④専門人材の機能強化・最大活用についてそれぞれ改革を行うとされております（詳細については，厚生労働省のホームページをご参照下さい。）。

2　本事例では，従前から医療・福祉制度を活用し，本人にとって今より良き出会いがあり，経験・体験を積み重ね，本人自身，得意な面や苦手な面を理解しコミュニケーションの方法を学ぶことで，犯罪にまで辿りつかなかったのではないでしょうか。

　支援の入り口が罪を犯してから始まるという現実があります。社会保障のあらゆる制度は，申請主義が基本となっていますが，その制度に繋げる機能，役割が求められていると思われます。

　障害者手帳を取得する機会やそれをサポートする支援者との出会いがなかった人たちが，本人も周囲も障害に気が付かないまま生活のしづらさを抱えているのが現状です。

　地域で生活していくためには，あらゆる生活スキルが必要とされており，ホームレスやひきこもりの方など地域に参加できていない課題や，暴力被害など地域では声を上げにくい課題，コミュニケーションの問題から地域トラブルへ至る課題などがあります。様々な角度から捉えれば，生活しづらさのサインを出している人たちを支援できるはずです。各種相談機関は，そのサインをしっかり拾い，本人のエンパワメントを軸に，地域で過ごしやすい方法を本人に寄り添って一緒に考えていくような地域共生社会になることを願いたいです。

295

第2編　ケーススタディ　～項目別・事例別に学ぶ実務のポイント～

5 弁護戦略と支援計画 「発達障害者による傷害事件（判決　実刑）」

第1　事案の概要

事件の内容

30代男性が，通っていたNPO施設内で暴れた上，カウンセリングを受けていた女性職員や施設長らにケガをさせてしまった事案です。

身上経歴

本人は，両親と長く一緒に生活をしていました。幼少期のエピソードははっきりしないものの，かつては友達も多く明るいタイプだったようです。

ただ，小学校の頃からじっとしていないところがあり，中学校の後半頃から徐々に学校にも行かなくなり，警察に補導されたこともありました。

こうしたこともあって，1度は実家から遠く離れた親戚の所に住み込みで働いていましたが，過去の悪い友達が寄りつくようになったことから地元に戻ってきました。その後は自動車盗や車上荒らしで少年審判を経験する等しました。

10代後半には，自宅で大麻を栽培して摂取したことがあり，その頃からさらに言動がおかしくなりました。薬物使用の関係で精神科医院への通院を始め，その後は病院を転々としていました。これらの病院では，大麻による精神病，統合失調症，発達障害（アスペルガー障害・注意欠陥多動障害）等の様々な診断がなされていました。

事件時の生活状況

事件の数年前までは家族と同居していましたが，家族との関係が急速に悪化する出来事が起こり，家族が避難するように離れていったことから，事件当時は1人で実家にて生活していました。

事件時に本人を支援していたのは，被害者の女性をはじめとする，本

296

第3章　事例編

人の通うNPO施設の職員らでした。この女性は本人のことを心配し，親身に思うあまり支援者の枠を超えるような関係や支援を行うようになっていきました。

　事件前には，施設内で本人につきまとっている女性がいるなどしてストレスが高まっていた中で，さらに被害者の女性も施設内で本人の支援から外れることが決まり，距離を取られたことによって本人はさらに不安定になりました。

　その結果，施設の中で暴れて，職員らを傷つけるに至ってしまいました。

弁 護 士 が押さえておきたいポイント

　本件は，障害ゆえに主に意思疎通の困難な本人の，公判における情状弁護戦略がテーマとなっています。以下が，活動の際のポイントです。
① 　意思確認の困難な依頼者の情報やニーズの把握，支援方針の決定
② 　精神鑑定への対応
③ 　福祉的支援をいかにして弁論に反映させるか

社 会 福 祉 士 が押さえておきたいポイント

　経緯や関係者の話などから人物像の把握に努めるとともに，裁判後の本人の生活や家族との関わり方を広い視点で考えます。無罪・執行猶予の場合だけでなく実刑判決となった場合も含めて以下を検討します。
① 　成育歴等から本人の強み・弱みを見立てる
② 　本人，弁護士それぞれの裁判後の生活に対する希望・不安等を聴取する
③ 　①，②を踏まえ，支援者として強制的でなく自主的な関係を本人といかに構築するかを検討する

297

第2編　ケーススタディ　～項目別・事例別に学ぶ実務のポイント～

第2　ポイント解説（弁護士編）

1　意思確認の困難な本人の情報やニーズの把握，支援方針の決定

(1)　本人からの情報収集が困難な場合の初期対応

　福祉職に支援を打診するためには，まずは本人との面会の中での違和感に気付くと共に，可能な限り本人の生育歴や通院歴等の本人情報を得て，できるだけ本人を知ることが必要です。その上で，そうした福祉職への情報提供を行い，協力を打診することについて本人の承諾を得ることが必要になります。

　しかし，本人が抱える障害や疾患ゆえに，自分のことを十分に語れなかったり，あえて語らなかったりすることがあります。また，本人に病識や障害受容がなく，支援の打診や情報提供自体を拒むこともあり得ます。

　こうした場合には，本人以外の関係者や関係機関から情報を得ることを検討します。例えば，本人の家族，若年者であれば学校等，本人の生育歴や日常の生活状況を知る者にアプローチすることが考えられます。また，病名がわからない場合でも，本人の通院歴が確認できれば，病院に聴取やカルテの開示請求等を行うこともできます。この際には，本人に病院等からの情報開示について承諾を得ることが重要です。とりわけ病院は，本人の承諾がなければ，本人の医療情報を開示してくれることはほとんどありません。

(2)　本件での情報収集

　本件では，逮捕当初は本人の混乱も極めて強く，弁護人が接見しても支離滅裂な会話に終始することがほとんどでした。時には，面会を途中で切り上げる，面会自体を拒絶するといった対応もあり，なかなか本人の情報やニーズを把握することが困難な状況が続いていました。

　本人は，周辺の人や機関から話を聞くことについては拒まなかったため，説明して過去の通院先や相談していたという行政に対する自己情報開示に関する承諾書を取得し，照会を行いました。複数の病院から回答がありましたが，その中では，事案の概要に記載のとおり，複数の病名や障害が上

げられており，いずれに該当するかはっきりしませんでした。ですが，行政に照会を行った際，行政職員から，過去に本人の就労支援の相談に乗っていた福祉の支援者を紹介されました。この支援者は，生活困窮者自立支援法上の相談支援を行う相談員で，主に障害を抱えた人の就労支援等を行政の委託のもと行っていました。その支援者から話を聞く中で，「本人には，発達障害を抱える当事者の典型的な特性が当時から見られていた」といった情報を得ました。それと共に，本人の支援打診も行うに至りました。

　他方，家族からも聴取を行うと共に，幼少期のエピソードや学生時代の通知表等を確認させてもらうことで，本人の生育歴の把握に努めました。

(3)　本人の支援方針の検討

　ある程度，情報の収集ができた上で，本人に対して支援を受けないか打診したり，その後の支援に関する計画や役割分担を定めていく必要があります。

　そもそも，本人自身が福祉的支援を希望しなければ，勝手に支援者に依頼を行って支援を進めていくこともできません。そのため，まずは本人の希望を確認し，必要に応じてはその必要性等を弁護人から説明する必要があります。このときには，本人がイメージを持っていない場合もありますので，一般的な福祉制度に関するパンフレットを差し入れたり，実際に支援が可能と述べている福祉職の方に一緒に会ってもらい，話を聞いてもらうことも考えられます。

　本件では，その後に本人は徐々に落ち着き，意思疎通も可能になっていきました。本人は，社会に戻った際には就労したいとの意向を有していましたので，弁護人から就労支援や今後の生活支援の相談を受けないかと打診をしました。それを希望する旨の発言が見られるようになったことから，支援者へも接見への同行を打診し，支援者と本人との面会が実現しました。この際には，就労支援を過去に行っていた支援者に加え，中核地域生活支援センター（以下，「中核センター」といいます。）の相談員（千葉県独自の機関であり，高齢者・障害者等の種別を問わない相談支援を行う機関）に同行してもらいました。

第2編　ケーススタディ　～項目別・事例別に学ぶ実務のポイント～

　面会の中で，本人は家族と再び生活したいこと，無理のない仕事からで
も良いので，再度働いて行きたいという希望を話すようになりました。そ
のため，こうした本人のニーズを，如何にして実現していくのかというこ
とが，その後の支援検討の方向性として定まっていきました。

⑷　関係者間での役割分担や情報共有

　ある程度，支援に関する方針が見えてきた段階で，関係者にて情報共有
を行い，方針を検討・確認し，それぞれの役割を決めていくことも有用で
す。

　本件では，公判の直前に，弁護人，両親，中核センター相談員，生活困
窮相談員，行政職員が集まり，ケース会議を実施しました。この中では，
本人が執行猶予になった場合と実刑になった場合のそれぞれの支援の方向
性と役割分担を決めました。具体的には，①家族が住居を提供し，共に生
活していくこと，②生活困窮者相談員が主に福祉就労等の調整を行うこと，
③中核センター相談員が本人や家族の生活支援，仮に本人が自宅での生活
が困難になった際の居住支援，さらに発達障害に専門性を有する病院の紹
介等を担うこと，④弁護人が本人の福祉サービスや社会保障の受給（主に
障害年金の受給）に関する援助を行うこと等の役割分担を行いました。

2　精神鑑定への対応

⑴　精神鑑定とは

　障害を抱えた被疑者被告人の事件では，鑑定（精神科医が依頼を受けて，精
神障害に関する鑑別診断を行い，その障害が事件に与えた影響を検討する手続）が実
施されることが少なくありません。

　鑑定には，いくつかの場面・方法があります。起訴をする前の段階では，
検察官からの依頼に基づいて，1時間程度の比較的短時間で，簡単な聴取
を本人から行うことで，より詳細な鑑定等を行うべきかを判断する簡易鑑
定と，既に何らかの障害等が疑われる場合に，裁判所の決定のもとで，
2か月から3か月程度の長期間を確保して，本人の傷害の有無やそれが事
件にどのような影響を与えたのかを判断する鑑定（簡易鑑定との比較で，本鑑
定と呼ばれます）があります。

300

また，起訴された後についても，裁判が始まってから，本人の障害の存在やそれが事件に何らかの影響を与えているのではないかといったことが疑われた場合には，裁判所の決定のもとで鑑定を行うことがあります。こちらの鑑定については，起訴前のように簡易の鑑定ではなく，必ず本鑑定がなされることになります。

(2) 精神鑑定で検討すべき事項

こうした鑑定がなされたとき，弁護人の立場では，主に本人の責任能力の有無に関する判断内容を検討することになります。鑑定医も，責任能力判断に関わる事情を中心として鑑定を行うよう依頼をされています。そのため，必然的に，責任能力判断に関わらない部分に関しては，鑑定書でも記載が乏しくなりがちです。

他方で，仮に責任能力に強い影響が見られない事案でも，障害に関わる鑑定内容に問題点がないか，本人に対して予定している福祉的支援の計画との関係で齟齬がないかといったことをチェックする必要があります。また，責任能力判断以外の本人の障害に関する医師の鑑定所見を得ることも，本人の障害把握に役立ちます。

(3) 批判的な視点での検討

さらに，鑑定医が作成した鑑定書の内容自体，必ずしも間違いがないとは言い切れません。鑑定の中では，本人をよく知る関係者からの聴取がなされず十分に情報が得られていない，捜査機関から提供された情報に偏りがある等の理由から，鑑定の基礎となる前提事実の把握を誤っている場合があります。そうすると，鑑定医の判断過程が正しくても，前提が異なるために判断を誤ってしまうことがあり得ます。その他にも，本人の精神症状が事件後に改善され，それによって事件当時の本人の状態を取り違えてしまう，専門分野ではない障害の把握を誤るといったことも考えられます。

そのため，鑑定書の記載内容をそのまま受け取るのではなく，批判的な視点で検討することが必要になります。弁護人の立場では，鑑定書を確認した後，問題となっている障害について専門的な文献等に当たり，鑑定医にも公判の前に会って話を聞くことがあります。そこで医師に疑問を投げ

第2編　ケーススタディ　～項目別・事例別に学ぶ実務のポイント～

かけ，鑑定書の内容について説明を受けることで，問題点がより浮き彫り
になったり，本人にとって有利な情報が新たに出てきたりすることがある
からです。

　なお，弁護人は精神障害や精神科医療の点では専門性を持っていません。
そこで，こうした鑑定書の把握や本人の障害理解の点では，福祉や医療の
専門家の助力が必要になる場合があり，ここでも連携が必要になります。

(4)　本件での鑑定の経緯・着眼点

　本件では，起訴前に本鑑定が実施され，2か月間の鑑定留置期間を経ま
した。鑑定医からは，本人の有する障害は大麻使用によるもの（大麻精神
病）との診断がなされました。一方で，過去に通院していた病院の医師や，
上記の支援者らからは，発達障害である旨の意見が述べられていました。
それに，本人は既に大麻依存症からは脱しており，長期間大麻の使用自体
がみられない状況でもありました。

　そのため，弁護人からは大麻精神病や発達障害に関する診断基準，典型
的な障害特性等を調査した上で，鑑定医に面談を行いました。その際には，
どうして大麻精神病と判断したのか，発達障害を排除した理由は何か，事
件発生に至った背景にはどういったことがあるのか，といったことを確認
しました。

　鑑定医からは，本人が何らかの障害により精神的に不安定であり，スト
レス耐性が低いこと，ストレスがたまった時に衝動的な行動に出てしまう
場合もあることが述べられました。また，発達障害を積極的に排除する理
由はなく，幼少期の特徴的なエピソードが乏しいことから，消去法的に排
除したことなどが語られました。さらに，本件の背景としては，こうした
本人の障害特性を理解せず，専門性をもたない施設職員らが支援を行った
ことが，かえって本人の精神的負担を増やし，ストレスを募らせる原因に
もなっていたこと等，あまり鑑定書上は記載されていない事実についても
語られました。

(5)　本人の抱える障害や背景をいかにして裁判立証に活かすか

　これらの事情を裁判でも反映させるために，弁護人は，上記の事情を盛

り込んだ鑑定内容の聞き取り書面を証拠化し，過去に発達障がいと診断を行った医師の意見書等を取り調べてもらう等しました。

さらに，父親や支援者（生活困窮相談員）にも情状証人として公判に出廷してもらいました。その中で，本人の幼少期のエピソードや発達障害の障害特性と考えられる行動等を語ってもらうことで，本人の本件の根底には発達障害に基づく精神的な不安定さやストレス耐性の低さがあることを立証することを目指しました。加えて，当時の施設でのトラブルの内容や，支援者の枠を超えるようないきすぎた支援の内容等を立証するため，施設関係者からの聞き取りの調書を証拠請求しました。これにより，障害の専門性を有さない施設職員の支援が，本人のストレスをさらに強めた面があるという立証にも努めました。

3　福祉的支援をいかにして弁論に反映させるか

(1)　福祉職の方に実際に更生支援計画を立ててもらったり，法廷で支援の内容を証言してもらったりした場合に，弁護人としては，それを弁論にどのように反映させるかが重要になります。ここで，支援の存在を裁判所に示すだけでは，弁護として十分ではありません。一歩進んで，事件の背景や経緯といったことに本人の障害が影響していること，今後期待される福祉的支援を通して，本人の障害故の問題が改善され，同じような事件を繰り返すことはなくなるということを，弁論の中で具体的に述べる必要があります。このことを通して，福祉的支援の存在が判決（弁護人の立場では，科される刑の重さ）に良い影響を与えるよう意識しなければならないのです。

(2)　本件の場合には，本人の父親に証人として立ってもらった上で，今後は再度本人と共に生活する意向を持っていることや，本人を監督する意向を持っている旨を述べてもらいました。その上で，支援者からは，本人の障害に配慮した無理のない就労の方向性が存在すること，家族も含めた支援を中核センターで行うことが可能であること等を述べてもらいました。そして，上述のケース会議の内容を語ってもらい，今後も本人の支援を各人が分担・協力して行っていくこと，本人には福祉サービス

第2編　ケーススタディ　〜項目別・事例別に学ぶ実務のポイント〜

を利用してもらうとともに，福祉専門職による専門的な支援が必要な人であること等を述べてもらいました。

(3)　以上を踏まえて，弁論では，本人が発達障害を抱えており，それによって生来的な生きづらさとそれによるストレス等を抱えていたことを述べました。そして，専門的な支援を要する状態にあったにもかかわらず，これまでは支援が行われていなかったこと，それが本人のストレスを強め事件に向かわせる原因の一つであったことを指摘しました。このことは，本人が事件に及んだ経緯として，本人だけの責任とすることができないという，刑の重さを決める上で重視すべき事情であることを説明しています。

　　そして，今後は福祉専門職による適切な支援が行われることから，ストレスを募らせることもなく，同じトラブルを繰り返すこともないという形で，本人の問題への改善の方法や立ち直りの課程を語りました。これらの支援を本人に提供するためにも，社会でのやり直しを認めるべきとして，執行猶予を求める意見を述べました。

第3　ポイント解説（福祉士編）

1　成育歴等から本人の強み弱みを見立て

(1)　福祉職としては本人を全人的に把握していくため，成育歴を聞き取ったり，これまでの人間関係や現在の生活状況まで幅広く情報を収集します。その中で，障害が疑われるようなエピソードなどから本人の生きづらさや苦手とするものをイメージしていきます。同時に，本人が自力でできることにも注視します。福祉支援を考えるとき，本人の問題点ばかりに目が行きがちですが，これからの本人の自立を考える上では，本人の強みが重要になってきます。これらを踏まえ，本人の強み弱みの根源を想像しながら本人への聞き取りや関わりを行うことで，想像と現状をすり合わせる作業を繰り返します。見立てがずれているように感じれば，再度別の根源を想像し，その考えを元に本人へのアセスメントを進めま

304

第3章　事例編

す。

(2)　本事例では，本人だけでなく親，支援者への聞き取りを行うことで，幼少期より人を求める一方，関係がうまく築けないことや就労について支援者と相談を続け，就職も決まっていたという強みなどを把握することができました。施設関係者やカウンセラーの女性は，人を求める本人の思いを受け止め，関わり強めていく一方，人間関係をうまく築けない本人の弱みから，距離が近いだけに関係性をこじらせてしまったのではないかと想像されます。

(3)　本人への聞き取りですが，もし地域にいる方であれば福祉職として時間をかけて面談をしたり，アセスメントを取ることで関係構築を行える可能性がありますが，拘留中という多くの制限のある特殊な環境下では思うような支援ができません。本事例では，弁護士からの話を聞き，福祉職として聞き取り方や関わり方について具体的な提案を弁護士に行う形を取りました。

2　本人，弁護士それぞれの裁判後の生活に対する希望・不安

(1)　福祉職は「本人が自分の力で生きていけること」を目指して支援をします。事件や裁判もその目標のための通過点として捉えます。その人の人生はその人が決めて生きていくものです。ですから，本人が事件のことをどう捉え，裁判で何を望み，その後の生活にどんな希望や不安を抱いているのかが支援にあたって重要になってきます。

　この点は，弁護士と連携する際に特に注意しておく必要があります。刑の軽減を訴えるとき，社会復帰後に福祉の支援を受けることを挙げることがありますが，やはり本人が本当に望んでいるのかどうかが重要です。本人の望む今後の生活と，弁護士が考える望ましい生活と，福祉職はそれぞれを把握しながら連携を図る必要があります。そして福祉職として関わる意味も合わせて弁護士とよく話し合っておく必要があります。

(2)　本事例では，社会復帰後の生活再建のための支援として関わりました。精神障害の疑いから支援方法の幅を広げることも検討しましたが，主治医の見立てだけでなく，本人の意識としても障害という視点はほぼない

305

第2編　ケーススタディ　〜項目別・事例別に学ぶ実務のポイント〜

状態だったため，障害福祉での支援は難しいと思われました。その一方，本人の希望は就労でした。今回の経緯も考えると，すぐ一般就労することは難しいと思われますが，生活困窮者自立支援という就労と生活の相談に対応する窓口と連携することで本人の希望を受け止めることとしました。

　また弁護士から，本人と親の関係に対する不安が聞かれました。本人の自立に向けて親が姿勢をぶらさずに対応することや本人からの訴えに困った時の相談先の構築について，中核地域生活支援センターにて対応することとしました。本人への相談支援とあわせて，家族への相談支援も行うことで，支援者のネットワークが構築されることと，家族全体への支援となることで支援の幅が広がると思われます。

3　1，2を踏まえ，支援者として強制的でなく自主的な関係を本人といかに構築するか

(1)　弁護士と異なり，福祉職は基本的には本人の要望があってはじめて関わることができます。本人が何かに困り，誰かに相談したいと思うことが一つのステップになります。

　しかし，この「相談したいと思うこと」はなかなか簡単なことではありません。「他人に相談する」ということはそれなりのスキルや覚悟が必要なのです。特にコミュニケーションの苦手な方や障害の疑われる方にとっては難しい作業です。

　そのため，弁護士が福祉職につなごうとする場合，「相談したい」と本人が思う動機を見つけていくことから始まるでしょう。相談するということはどういうことなのか，相談することでどのようなメリットがあるのか，丁寧な説明が必要な方も多いと思われます。これらの過程を踏まえると，本人の希望で支援することになりますので，お互いの関係構築がスムーズに行える可能性が高いです。

(2)　本事例では，当初は障害の認定を視野に弁護士が中心に動いていましたが，主治医の見立てや本人の意向などから，明確な認定を受けることや障害福祉サービスにつなげることは難しいことがわかってきました。

第3章　事例編

もしそのまま障害福祉につなげることを目指していくと，本人にとっては障害を認めることを強制されたという意識が残ってしまうおそれがあります。勾留中という特殊な環境下ですので，もしかしたら受け入れるかもしれませんが，本心で望んでいない場合，多くは社会復帰後に関係が途切れてしまいます。本事例では，本人の希望である就労という点での支援を提案したため，本人と生活困窮者自立支援の相談員との関係はスムーズに構築できたと思われます。

⑶　本事例では実刑判決となりましたが，福祉職としての関わりは続く可能性があります。本人が収監中の刑務所から手紙を書くなど，何かしらの相談の希望があれば対応をする用意があります。また，家族からの連絡や相談を受けることもできます。ただ，福祉職から強制的に本人の出所後の生活を決めることはできません。本人や家族からの希望があった際にどのように対応するのか，どんな提案をするのか，このあたりを視野に入れつつ，待つという段階だと思っています。

第4　事件後の流れ

1　弁論では執行猶予の意見を述べましたが，結果として，懲役5年（求刑8年）の実刑判決となりました。判決では，本人の精神状態が不安定であり，ストレス耐性が低いこと，専門性を持たない支援者の関与によってさらに精神状態を悪化させ，事件を引き起こした側面があると認定されましたが，具体的に本人の抱えている障害の内容については言及されませんでした。

仮に，大麻精神病等の薬物に起因する精神障害の場合，ある種自業自得的な側面があることから量刑上は有利に考慮されないことが少なくありません。このことからすれば，本件では，この点を考慮する判決の書きぶりからして，本人自身には責任を負わせがたい生来的な障害を抱えていることを認めている内容と考えられました。

その上で，本人の家族や福祉の支援者の証言等を根拠として，今後は本

307

第2編　ケーススタディ　〜項目別・事例別に学ぶ実務のポイント〜

人に家族・医療・福祉の支援が期待されることを有利な情状として考慮して，上記のような判決が下されました。

2　本件は，比較的長い期間の実刑判決を受けることとなりました。ある程度関係者間でも覚悟をしていた内容でしたので，判決を踏まえ，実際に会議で検討した課題を各々が実現していくことを確認しました。

　　現在も，本人は刑務所に収監中ですが，支援者は，今後，被告人が刑務所から支援者等に対して手紙を書いてくれれば継続的に支援を行う旨を述べてくれています。また，弁護人としても，本人の出所が近づいた段階で，障害年金の取得等についての援助を再開する予定です。今後は，さらに両親も高齢になっていく中で，出所した段階での本人をいかにして支えていくのかという点が課題になっていくものと思われます。

3　なお，本件では，本人の意向を把握することに相当の時間を要したため，中々福祉職への支援打診等の話へと進むことができませんでした。もう少し早期の段階で信頼関係が構築できていれば，さらに支援者にも面会を重ねてもらうなどして，より具体的な支援の計画を語ってもらうことが可能になった可能性があります。加えて，年金や手帳取得等，福祉制度や社会保障の利用のための活動が進むことにもつながったかもしれません。

　　また，障害の内容が明確に判決で言及されなかったこととの関係では，別の精神科医に本人の障害に関する意見をもらう等，医療の分野からのアプローチをさらに検討しても良かったかもしれません。

308

第3章　事例編

Column

縦割りではない総合相談窓口・中核地域生活支援センターの可能性

　本事例で支援を行ってくれた中核地域生活支援センター（以下，「中核センター」といいます。）は，千葉県独自の事業です。通常，行政等で相談を行おうとすれば，障害者は障害福祉課，高齢者は高齢福祉課というような形で部署が縦割りで定められています。ですが，中核センターについては，相談者の属性を一切問わない，総合相談窓口となっています。24時間365日体制で，包括的な相談支援・関係機関のコーディネートや市町村等のバックアップ等を実施しています。

　そのため，明確に障害の有無が判明していない方，外国人の方等，援助を必要としながらも，今まで明確な支援の対象となりづらかった制度の狭間に位置しているような方に関しても，非常に多くの場面で支援や協力を得ることができています。実際に，本事例でも，本人は大麻精神病等の診断を受けており，純粋に障害福祉の分野に協力を求めることも難しいところがありました。そのため，中核センターの存在は非常に大きいものでした。

　なお，千葉県外では中核センターは存在しないものの，中核センター同様に種別を問わない総合相談に対応できうる相談機関として，生活困窮者自立支援法に基づく自立相談支援機関との連携が期待されます。生活困窮者自立支援法は，生活保護受給に至る前に，生活支援を行い立て直すことを目的としています。この法律での「生活困窮」には，明確な資力等による要件が定められている訳ではありませんので，本人が困窮状態にあると考え，支援を希望するのであれば対象になるものと言えます。

　この点で，自立相談支援機関では，上記の中核センター同様，制度の狭間に位置するような困窮者の方たちが，数多く支援を受けているのが現状です。そして，刑事司法における連携についても，本件での証人出廷をはじめとして，複数のケースでの連携の実績が存在します。

　このように，総合相談を行う相談支援機関との連携を通して，本人の生活環境や福祉サービスの活用といったことに関するコーディネートがさらに進んでいくことが期待されます。

（野原郭利）

309

第2編　ケーススタディ　～項目別・事例別に学ぶ実務のポイント～

6 更生支援計画書の実践・計画内容の変更 「妄想性障害者による殺人未遂事件（結果　医療観察法に基づく不処遇）」

第1　事案の概要

事件の内容

　50代後半の男性が，夜，自宅アパートにおいて，「変な輩」が同居の妻を狙いに来たと妄想から思い込んで，小刀を持って自宅を出て，自宅そばの路地にいた近隣住民に対し「殺すぞ」などと言って小刀を頸部に押し当てるなどの暴行を加えたという殺人未遂の事案です。

身上経歴

　本人は，中学校卒業後，水道工事業などの仕事を経て，40歳頃から生活保護を受給して生活をしていました。詳細不明でしたが，暴力団加入歴があり，事件当時は警察の記録では退会済みとされていました。

　50代半ばに4人目の妻と結婚し，事件当時はその妻とアパートで2人暮らしでした。

病歴

　本人は，40代半ばにうつ症状を理由に精神科に入通院するようになり，事件当時は大量の薬（内服薬17種類，頓服薬11種類）を処方されている状況でした。大量の内服薬に加えて頓服を重ねて服用することも多く，処方薬依存の問題があったようです。また，飲酒の問題があり，事件当時は断酒に取り組んでいました。

　なお，本人の妻も飲酒の問題があり，かつパニック障害を患っていました。

事件の経緯

　本人の事件当時の精神症状は，「変な輩」が妻を狙って自宅に出入りするという妄想でした。実は，事件の直前に「変な輩」から逃れたいと，新しくアパートに引っ越してきたばかりだったのでした。

310

本人は事件のあった日，いつものように大量の内服薬を服用し，頓服薬も重ねて服用し，それまで断っていた飲酒にも手を出していました。

本人はその状態の中，飼い犬の鳴き声に異変を感じ，「変な輩」が妻を狙いに来たと思い込みました。そして小刀を持って自宅を出ました。自宅そばのあまり人が立ち寄らない路地にいた男性（近隣住民）を「変な輩」だと思い込み，近付いていきました。そして，小刀をその男性の首に押し当て，「殺すぞ」と叫びながら，右手でその男性の後頭部を押して，その顔面を路地の電信柱にぶつけたのです。その結果，その男性は顔面挫傷などの傷害を負ってしまいました。

▌その後の刑事手続

本人はこの事件により殺人未遂の被疑事実で逮捕・勾留されました。その後，検察官によって不起訴処分とされましたが，検察官から医療観察法による医療を受けさせる必要があるとして同法に基づく審判（当初審判）を申し立てられました。

本人は，鑑定入院命令を受けて精神鑑定を受け，鑑定医により妄想性障害と診断されました。当初審判においては，鑑定医，裁判官，精神保健審判員，精神保健参与員，付添人弁護士，検察官が事前カンファレンスで議論し，本人が医療観察法による医療がなくても再び同様の事件を起こすことなく生活できるか否かが検討されました。

このとき，社会福祉士作成の更生支援計画書も付添人弁護士を通じて裁判所に提出され，上記議論の材料となっています。

鑑定医が「再び同様の事件を起こさないためには，飲酒をやめさせ，向精神医薬を適切に使用させる必要がある」と指摘したのに対し，社会福祉士の更生支援計画では，精神科医の指示による週３回の訪問看護導入の計画が示されていました。裁判官は，当初審判の決定書の中で，「退院後はA医療センターに通院し，福祉サービスや訪問看護を利用する予定である。対象者が自発的に通院し，医療を受ける環境は整っているといえる。」と判断し，本人は，医療観察法による医療を行わない旨の決定（不処遇決定）を受けることができました。

第2編　ケーススタディ　～項目別・事例別に学ぶ実務のポイント～

弁護士 が押さえておきたいポイント

① 司法と福祉の連携における弁護士の刑事手続終了後の法的援助

社会福祉士 が押さえておきたいポイント

① 倫理的ジレンマ（本人の利益と家族の利益）
② 更生支援計画はあくまで暫定的なものであること

第2 ポイント解説（弁護士編）

1 弁護士が更生支援計画の実践に関わる意義

　更生支援計画は，作って終わりというものではなく，計画を実践に移し，利用者のよりよい生活を実現し得るからこそ意味のあるものです。

　この点，弁護人は，刑事裁判において，更生支援計画に基づく計画書の提出や福祉職の証人尋問を，被疑者・被告人に有利な事情を主張するための証拠と位置付けています。そのため，証拠提出までは力を注ぎ，計画の具体性や実現可能性にもこだわるものの，刑事手続後の計画の実践に関与する意識は，実は乏しいように思います。

　しかし，刑事手続に関与した弁護士は，刑事手続終了直後の時点において，被疑者・被告人の「人となり」や事件に至る背景・経緯を最もよく知る一人であり，弁護士が計画の実践に側面的でも関与することは，計画の実践の円滑な移行や実践中に生じた課題の解決に役立ちます。

　確かに，刑事手続終了後の弁護士の活動について，活動費用や報酬の確保に困難な問題はあります。それでも，弁護士は刑事手続終了後の更生支援計画の実践に配慮し，例えば計画実践における関係者間のコミュニケーション

312

第3章　事例編

や課題の解決などに力を注ぐべきでしょう。そうした弁護士の刑事手続終了後の姿勢は，共に連携した福祉職にとっても心強いものですし，弁護人と福祉職の次の連携の機会にもつながってゆくものだと思います。また，刑事手続終了後の被疑者・被告人には債務整理，離婚事件など解決すべき民事・家事の法律問題が存在することも多々あります。これは，弁護士本来の業務として対応できるものです。

2　本件における刑事手続後の弁護士の活動

本件では，社会福祉士が，医療観察法に基づく当初審判申立て後に，更生支援計画を立てました。その更生支援計画のうち，短期の中心的な目標は服薬管理でした。本人の服薬管理に問題があることは一目瞭然でしたし，医療観察法の当初審判において精神鑑定を行った鑑定医も，本人の大量服薬の影響による衝動制御能力の低下を事件の原因として問題視していたからです。

社会福祉士は，本人が不処遇決定を得て社会復帰し，自宅アパートでの生活を再開した後，服薬管理のために，早速，訪問看護の導入を調整しました。そうしたところ，本人を担当する生活保護のケースワーカーが，医療扶助適正化の観点から，本人に対する訪問看護の導入に難色を示しました。そして，ケースワーカーは，直接，訪問看護ステーションに「訪問看護の導入を認めがたい」旨の連絡までしてしまいました。

弁護士（本件では元弁護人かつ元付添人です。）は，社会福祉士の相談を受け，直ちに問題の解決に乗り出しました。弁護士は，社会援護課に連絡して同課の見解を確認した上で，同課に対し，当初審判の決定書を示し，不処遇決定の理由として訪問看護の導入が挙げられていることを訴えました。

そして辛くも，刑事手続終了後につまづきかけた訪問看護の導入が実現しました。その後，本人を担当した訪問看護師から受けた報告によれば，本人の服薬管理は劇的に改善し，深刻な妄想の症状を呈することはなくなったということでした。

このように，弁護士が，刑事手続終了後も，可能な範囲で側面的な関与を維持することが更生支援計画の実現を助けることがあります。取り分け，刑事手続終了直後の，事態が流動的な時期に，弁護士が関与を維持することは

313

第2編　ケーススタディ　〜項目別・事例別に学ぶ実務のポイント〜

とても有益です。福祉職も，更生支援計画の実践をより円滑にするためにも，弁護士に対し，刑事手続終了後も引き続き関与を求めてゆくべきだと思います。

第3　ポイント解説（福祉士編）

1　更生支援計画作成の経過

(1)　本件における情報収集

　本件において，刑事司法SWは，弁護人からの情報提供に加え，被疑者本人と警察署で面会したり，自宅にいる被疑者の妻を訪問して事情を聴いたりして情報を収集しました。

　まず，本人から話を聞いても，妻から話を聞いても，本人自ら多剤処方を望んできたようでした。大量の内服薬では足りずに頓服として処方された睡眠薬を重ねて飲んだり，妻に処方された睡眠薬を勝手に服用したり，服薬が適切になされていない現状は明らかでした。さらに，本人は，事件のあった日に，しばらく断っていた飲酒に手を出したようで，大量服薬にアルコール依存症が絡むという困難な状況でした。

　そして，本人には，事件当時，「妻が『変な輩』に狙われている」という妄想が確かにあったようでした（妻は「狙われた事実は全くない」と否定しています。）。本人と面会したとき，本人はカッと目を見開いて，しきりに妻の状態を心配し，その様子から確かに尋常ではない感じを受けました。また，自宅アパートの玄関にはカメラ付きのインターホンが独自に設置され，盗聴器のようなものまで取り付けられていました。さらに，妻によれば，本人は，妄想のためか，自分の布団の下に包丁や小刀などを常に隠していたようで，それが今回の事件の凶器になったようでした。なお，妻に対しても暴言を吐くことが多く，「外に男がいるだろう。」，「役に立たない奴だ。出て行け。」などと大きな声で怒鳴ることがあったそうでした。妻は，「今まで他人に怒鳴られた経験がなく，夫に怒鳴られるのが嫌でびくびくしている。」と言っていました。

314

第3章 事例編

(2) 更生支援計画の検討・作成

　更生支援計画を検討するに当たって考えたことは，本人の生活課題が重要であるとともに，パニック障害を有し，夫の暴言に怯えて暮らしている妻の生活も同時に検討しなければ，よりよい家庭生活を実現できないということでした。

　まず，本人の生活課題として，アルコール依存症と処方薬依存の問題があることは明らかだと思いました。そこで，本人については，断酒の継続や処方薬の適切な服用のために，医療的な観点から観察を継続できる訪問看護をなるべく頻回に導入することを考えました。

　次に，妻のことですが，妻は，刑事司法SWとの面会では，夫の言動に対する不安を漏らしながらも「夫の帰りを待つ。」という意思で一貫していました。ですので，妻の意思を尊重し，一旦は夫婦揃っての同居生活を再開させ，上記訪問看護の導入で夫婦関係がどう変化してゆくのかを観察してゆくべきだと考えました。もっとも，刑事司法SWとしては，妻を本人と同居させたままでよいのか，夫婦の同居生活の継続が新たな問題を生じさせないか，などとても悩ましいところでした。

　そこで，訪問看護ステーションにも夫婦間の問題がある旨を伝えて，妻にも目配りした訪問看護を行ってもらうようにし，また，夫婦2人でアルコール依存症の治療することなども更生支援計画に取り入れました。

　そして，その更生支援計画書が，当初審判において，付添人弁護士を通じて裁判所に提出されました。

(3) 更生支援計画の実践

　刑事司法SWは，更生支援計画に沿って，当初審判の決定が下る前から訪問看護の導入に着手しました。付添人弁護士によれば，裁判所にアピールするためには，計画の存在だけではなく，計画に沿った現実の環境調整が進んでいることが重要だということでした。

　そこで，刑事司法SWは，医師と連絡を取り合い，本人の社会復帰後に，医師として訪問看護の指示を出せるか否か，事前に検討をお願いしました。なお，その際，多剤処方を漫然と繰り返していた従前の主治医ではなく，

315

第2編　ケーススタディ　〜項目別・事例別に学ぶ実務のポイント〜

本人が鑑定入院中に信頼を寄せた鑑定医と連絡を取り合うことにしました。結果，その鑑定医は本人の社会復帰後に本人の主治医となり，本人について訪問看護の指示も出せる旨を回答してくれました。

また，訪問看護ステーションについては，本人の地域を活動範囲とする訪問看護ステーションに事前に引受け可能か否かを打診し，引受け可能の回答を得ました。

こうして，本人の社会復帰後は，本人に対して直ちに週3回の訪問看護を実施できるよう環境の調整を行ったのでした。

2　社会福祉士のジレンマ

本件は，刑事司法SWとして，妻を本人と同居させたままでよいのか，夫婦の同居生活の継続が新たな問題を生じさせないか，とても悩ましい問題がありました。

本人の妻と面会し，夫婦間の実情，例えば本人の妻に対する過剰な猜疑心や暴言のエピソードを聴くと，夫婦同居を前提として生活の支援をすることには躊躇も感じました。

情報収集の過程で，生活保護のケースワーカーから事情を聴いたときには，その躊躇はさらに強まりました。生活保護のケースワーカーは，本人が現在も暴力団員ではないかと疑っており，本人の妻のことを，本人から経済的に搾取されている被害者だと疑っているようでした。そして，本人の妻を本人から切り離して別居させることを検討しているということでした。

この点，刑事司法SWは，利用者の利益を最優先に考えるべき存在です（日本社会福祉士会「倫理綱領と行動規範」倫理基準I・2を参照）。本件においては，利用者たる本人が妻との同居の再開を望んでいましたし，妻もそれを（少なくとも表面上は）望んでいましたから，当初，夫婦同居を前提として更生支援計画を立てたことは誤りだったとはいえないと思います。

しかし，結果として歪んだ夫婦関係を温存することになれば，妻にとってはもちろん不利益であり，本人にとっても正当な利益とはいえません。弁護人（その後は付添人に移行。）は，本人の社会復帰にとっては，本人の妻と同居する方が独居よりも望ましいと考えているようでしたが，刑事司法SWの更

316

第3章　事例編

生支援計画がその弁護人の考えに引きずられて，妻に対する配慮が不十分になっていないかと悩みが生じました。

　今振り返ると，刑事司法SWとしては，もっと本人からも，本人の妻からも事情を繰り返し聴き，また，弁護士，刑事司法SW，生活保護のケースワーカーなど，多職種でケース会議を開くなどして十分に議論すれば，悩まずにもっと自信をもって更生支援計画書を提出できたのではないかと思います。刑事司法SWは，弁護士と連携し，自ら主体的に情報収集を行い，ケース会議を開いて議論を喚起し，専門職として責任をもって更生支援計画の内容を判断してゆく姿勢が必要だと感じました。

第4　事件後の流れ

　実は，本件では，当初審判において本人に対して不処遇決定が下る前に，本人の妻が精神不安定により急きょ精神科病棟に入院することになったという事情がありました。

　そのため，本人は，不処遇決定を得た後，妻のいない自宅アパートにて独居で生活することになりました。もっとも，本人の支援として必要性の高かった訪問看護は予定どおり導入しました。既に述べたとおり，導入の最初に手続面のつまずきがありましたが，弁護士の助力も得て訪問看護を導入した後は，適切な服薬がなされるようになり，本人の妄想の症状はかなり落ち着きました。

　その後，本人は，妻の入院している精神科病棟に妻との面会希望を出していましたが，面会を許されませんでした。そこで，刑事司法SWが，本人の代わりに精神科病棟で本人の妻と面会しました。そうしたところ，本人の妻が本人と面会をしなかったのは，「しばらく静かに暮らしたい」という本人の妻の意思に基づくものだということがわかりました。このことは，本人の妻の了解を得て，本人にも伝えました。

　このような事後の経過に鑑みると，夫婦同居を前提とした当初の更生支援計画は，十分な計画内容とはいえなかったかもしれません。

317

第2編　ケーススタディ　～項目別・事例別に学ぶ実務のポイント～

　しかし，刑事手続中の更生支援計画は短期間に不十分な情報の中で作成されるものであり，最初から完全なものでなければならないと考える必要はありません。それよりも，更生支援計画の中にあるリスク（本件でいえば「歪んだ夫婦関係の温存」のリスク）を隠さずに記載して可視化し，実践を担う支援者らが更生支援計画の実践の過程でそのリスクに対応しやすいようにしておくことこそが大切だと思いました。

第3章 事例編

被疑事実　殺人未遂　銃刀法違反
被疑者　　○○　○○

更生支援計画書

平成○年○月○日作成

作成者　○○　○○
（社会福祉士・精神保健福祉士）
所属　千葉県社会福祉士会

1.　本人情報
氏　　名　○○　○○　男性
生年月日　昭和○○年○月○日（○歳）
精神保険福祉手帳2級所持

2.　更生支援計画作成までの経過
・　平成○年10月16日
　　　　○○○○弁護士より連絡があり、本人の福祉的支援が必要ということで受諾。
・　同年10月19日
　　　　弁護士からこれまでの接見記録などを送ってもらい、内容を確認。本人は、接見では、
同居する妻の状態をしきりに心配している。
　　　　○○弁護士より連絡があり、20日に本人の妻と子（本人の前妻の子である。）に夕方
ころ面会し、その際に福祉介入について説明するということであった。
・　同年10月20日
　　　　本人と妻が生活保護を受けていることから、A市の担当ケースワーカーに連絡して福
祉職として支援したい旨を伝え、協力要請。
　　　　○○弁護士による妻と子との面会報告を確認。実際に妻の心身の状態も、最近退院し
たばかりで、万全ではないようだ。
　　　　本人と面会したい旨を○○弁護士に伝え、21日に本人と面会することになる。
・　同年10月21日
　　　　○○弁護士同行のもと、本人に初めて面会した。
　　　　本人はやや緊張しているが，顔色も良く外見上に異常はない。
　　　　社会福祉士としてこれから支援に関わることを話して本人の了解を得た。
　　　　本人は多弁ではあるが、自分が事件を起こしたときは酒を飲んでいたこと、侵入者に
妻が襲われると思っていたこと，それ以外はほとんど覚えていないような口ぶりであった。
　　　　本人には，当時多量の処方薬を飲み，飲酒した上で事件を起こしたという認識はない
ようだ。なお，本人は精神科に通院していること、処方薬を飲むと気分がすっきりすること

1

319

第2編　ケーススタディ　～項目別・事例別に学ぶ実務のポイント～

などを話していた。

　また，本人は，弁護士や私に対し，妻は歩くことが困難なので、リハビリをするように伝えてほしいと話していた。

　本人と面会した印象としては，「妻が襲われる」という妄想が強く，他方で病識は乏しい印象。多剤大量処方の上，服薬のコントロールもできていないために事件当時は相当量の薬を飲んだようだ。薬依存の傾向があるように思われる。またアルコール依存もあり，事件時までは断酒していたという。

　本人は生活保護を受給しているが，障害福祉の支援を受けたことはない。妻も心身の状態がよくないようで家事もままならないようだが福祉支援は受けていない。

　面会終了後，警察署の玄関付近で、丁度面会に来ていた子の○○○○氏に会ったので、私が27日に自宅の妻を訪問する予定を調整した。

3.　更生支援計画

1．今後の支援	短　期 　服薬のコントロールがまず必要である。 　医師と連携し，保健所・障害福祉課等の協力も得て，本人と妻に何が必要な支援であるか調整をする。そして，本人には，第三者の支援の必要性を理解してもらい，福祉職の介入ができるようにする。 　早急には服薬管理及び断酒継続のための訪問看護若しくはヘルパーによる在宅援助が妥当と思える。
	中　期 　本人の理解と同意を得ながら，夫妻共にデイケア等を利用して服薬のコントロールと同時に生活の状態を安定させることが目標。 　個別に効果があるとすると，本人にはデイケアを進め，妻には健康になった場合は就労支援も必要かと考える
	長　期 　生活の状態を安定させて、減薬する。 　夫婦で地域で穏やかな生活をする。

2

第3章　事例編

7 ケア会議における再犯防止策と本人の権利擁護「成年被後見人による累犯窃盗事件（結果　医療保護入院を経由し老人ホームへ）」

第1 事案の概要

> **事件の内容**
>
> 　聴覚障害を抱え，認知症高齢者である70代後半の男性が，近隣のパチンコ店駐輪場にあった自転車を，前かごに入った荷物ごと持ち去ってしまった事案です。
>
> **身上経歴**
>
> 　本人は，高齢なこともあって仕事はしておらず，内縁の妻と2人で生活保護を受けながら生活をしていました。
>
> 　本人は，アルツハイマー型認知症に加え，軽度な知的障害の疑いがあることを医師から指摘されており，物事の理解力等が十分ではありませんでした。加えて，聴覚障害を抱えており，ほとんど耳が聞こえません。そのため，やりとりをするときには，大きな文字で書いて伝えるか，難聴者用の伝声機を用いて大声で話すことによって，意思疎通を図る必要があります。
>
> 　これらの障害に加え，思い込みの強い性格も相まって，地域ではトラブルを繰り返していました。
>
> 　そして，窃盗等の比較的軽微な犯罪で警察に捕まったことも複数回ありました。一番最近では，1年ほど前に同様にパチンコ店で人が落とした財布を持ち去って裁判となり，執行猶予判決を受けていました。本件は，執行猶予期間中の事件となります。
>
> **事件時の生活状況等**
>
> 　前回の窃盗事件が契機となり，本人には地域の支援者が就くとともに，成年後見人が選任され，福祉サービスの利用を徐々に始めていたところ

321

第2編　ケーススタディ　〜項目別・事例別に学ぶ実務のポイント〜

でした。また，近隣や県内にきょうだいが住んでおり，本人を気にかけてもくれていました。

　事件当日は，内妻とともにパチンコ店に行きました。その後，帰り際にそのまま駐輪してある自転車に乗って，家まで帰ってきてしまいました。

このことが，後になって判明し，逮捕されたものでした。

弁護士が押さえておきたいポイント

　本件は，捜査段階の限られた時間の中で弁護人と刑事司法SW（後見人）が連携し，一応の支援体制の構築と事件の解決を見たケースとなっています。以下が，活動のポイントです。
① 捜査段階での活動期間と活動の工夫
② 関係者の情報共有と役割分担
③ 弁護人の事件後の協力

社会福祉士が押さえておきたいポイント

　本件では，社会福祉士が，福祉の専門職後見人として，トラブルを繰り返していた高齢者の後見人となっていました。活動の中で，本人が刑事事件を起こしてしまったとき，後見人として，また福祉専門職としてどのようなことができるのか，考えさせられる事例となりました。
① トラブルを繰り返す本人に対する身上監護
② 後見人のトラブル防止に向けた視点
③ トラブル発生時の後見人の対応

第3章　事例編

第2　ポイント解説（弁護士編）

1　捜査段階での活動期間と活動の工夫

(1)　本人が逮捕された場合，その後勾留期間を経て，最終的に起訴するかどうかの判断に至ります。本人が身体拘束を受けてから，起訴・不起訴の最終的な処分が決まるまでの期間（いわゆる「捜査弁護」と呼ばれる期間）は，最長でもわずか23日間しかありません。

　本人に福祉的な支援が必要であり，それを行うことで本人の問題が改善されることから，裁判にかけることなく釈放してほしいと考えたケースがあるとします。その場合，上記の期間中に，その後に予定されている支援内容やそのための関係機関を調整し，処分を決める検察官に対して支援の必要性等について説得を行う必要が生じます。

(2)　起訴がなされて裁判に至ったケースと異なり，準備期間が極めて短いことから，裁判の場合に提出が想定される更生支援計画の作成や，具体的な施設入所等の調整が難しい場合がほとんどだと思われます。他方で，検察官を説得するためには，ある程度は支援の具体的な方向性を形にして提供する必要があります。

　そのため，支援の内容に関しては，支援者間で協議した内容を弁護人が報告書としてまとめる等，より簡易な方法でも良いので，早期に検察官を説得するための材料として形にすることが必要になります。

　また，施設の調整についても，最終的な入所のための施設等を確保することは難しい場合が多いものと思われますので，中間的な施設（シェルターや自立準備ホーム等）を経由したり，一時的に入院する等の方法をとることもあり得ます。

(3)　本件では，本人が執行猶予中の事件のため，仮に裁判になってしまった場合には，原則として執行猶予は付されません。それだけでなく，前回猶予された刑も科されることになり，長期間刑務所に収監される可能性が極めて高い状況にありました。年齢や体調のこともあり，このまま収監された場合には，そのまま刑務所で亡くなってしまいかねないため，

323

第2編　ケーススタディ　～項目別・事例別に学ぶ実務のポイント～

弁護人としては，何とか裁判を回避したいという考えがありました。

　そこで，上記に記載されている支援者らとの協議内容を弁護人が書面化し，協議に参加した機関の方の名刺を添付する等して，「環境調整に関する報告書」という形で検察庁に提供しました。さらに，その報告書に沿って支援が進んだ点を，逐一検事に報告しました。

　また，本人の帰住先としては，高齢者施設への入所を目指していたものですが，すぐの入所は困難な状況にありました。そのため，一旦は精神科病院への入院を経由し，その後に施設入所を目指す方向を関係者の間で決めました。

2　関係者の情報共有と役割分担

(1)　障害を抱えた被疑者被告人に対して，事件の前から既に多数の支援者が関わっている，あるいは社会資源となり得る要素が複数存在するといった場合があります。それでも，支援者を相互に把握していなかったり，問題意識を共有していなかったりすることで，支援がうまくいっていないことがあります。このような場合には，以前から関わっていた支援関係者が集まって情報を共有し，役割分担を行うことで，支援体制を構築し直していくことが有用です。

(2)　本件では，上で述べた通り，本人には後見人，地域包括支援センター，中核地域生活支援センター（以下「中核センター」といいます。），生活保護課，ケアマネージャーといった多数の支援者が関わりを持っていました。加えて，親類との関係も途切れておらず，定期的に顔は合わせていたようです。

　それにも関わらず，今回，本人が逮捕された際には，これらの支援者が情報を速やかに入手したり，一同に集まって共有できる状態になっていませんでした。そのため，本人にどのような人が関わっているかについても，お互い十分には把握していませんでした。

　そこで，まずは，弁護人と中核センターの職員とで協力し，関係者全員で集まって今後の方針を検討することにしました。この中では，可能な限り現在の環境を変えず，可能な限り本人の見守りの機会を増やす方

法等を検討しましたが，最終的には，本人が今後も自宅で生活をしていくことは困難であるという結論に至りました。そこで，施設入所等によって，一度環境を変えてはどうかという話になりました。これは，本人が同居している内妻にも暴力的であることや，内妻と一緒にいる時に頻繁にトラブルを起こしていることから，一度離さざるを得ないという判断に至ったものでした。

そして，一旦は病院への入院を経由し，高齢者施設に入所して生活を立て直すこと，補聴器を作るなどして難聴の改善を図り，周囲との意思疎通を容易にする等を決めました。

(3) こうした方針を定めた際に，協議の参加者は，それぞれ以下のような役割分担も行いました。①弁護人は，被害者との示談を行うとともに検察官との折衝を行うこと，②家族は，示談金の捻出や本人の入院時の同行や同意について，③後見人及びケアマネージャーは，施設や入院先を探すといったものです。また，今後も定期的に集まり，情報共有を行っていった方がよいことも確認されました。

その後，弁護人と後見人とで，警察署に留置されている本人へと面会を行いました。後見人が就いているものの，最終的に本人がこういった支援等を受けるか否かについては，本人の了解を得る必要があると考えられたためです。本人も，悩みを見せたものの，最終的には一度入院した上で施設で生活するという方針について，了承しました。

3　弁護人の事件後の協力

(1) 公判まで進んだケースでももちろんですが，捜査段階で終了したような事件の場合，本人と関わる期間が短いこともあって，本人が釈放された段階では支援の体制が十分ではなかったり，本人の意向が十分に定まっていなかったりすることもあり得ます。このような場合に，刑事事件の終結後に関しても，一定の範囲で弁護人が協力を継続することが有用です。ここで，本人のことを支援者に丸投げするのではなく，弁護士の職責として対応可能なことについては協力してほしいということを，支援者の方から事前に求めておくことが適切な場合もあり得ます。

325

第2編　ケーススタディ　～項目別・事例別に学ぶ実務のポイント～

(2)　本件の場合，本人は当初は病院への入院を経由して施設へと入所することについて了承していたものの，実際に釈放されて入院した後になって，自宅に帰りたいとの意向を示すようになりました。そのため，後見人から，弁護人も本人と話をしてほしい旨の要請がありました。

　そこで，実際に弁護人が後見人とともに病院へと赴き，本人との面談を実施しました。弁護人からは，本人が今回行ってしまったことを再度確認し，その上で本人が治療や生活環境を安定させることを理由として，今回に限って釈放されたことを説明しました。また，本人が自宅へと戻りたいと思った理由を聞いたところ，自宅に残された内妻が債務を抱えていて，そのことが心配であるという話が出てきました。そのため，債務の問題が生じているようであれば，弁護士が専門家として相談に乗ることができる旨を説明したところ，本人は納得して施設へと移行することになりました（なお，債務の関係については，その後に確認したところ，実際には問題にならない内容のものでした。）。

(3)　本件以外のケースでも，本人の釈放後の生活保護申請の同行援助や本人の抱えた債務の整理等，弁護人が事件後も援助可能であり，また援助を行うことが適切な事案は少なくありません。刑事事件限りで手を離してしまうのではなく，協力しながら本人の援助を模索していくことが必要と思われます。

第3　ポイント解説（福祉士編）

1　トラブルを繰り返す本人に対する身上監護

(1)　後見人による身上監護は，本人が刑事事件に発展するようなトラブルを繰り返していても，権利擁護の視点で活動することが基本です。本人のトラブル防止に終始するのではなく，本人の今までをたどってアセスメントを行い，本人がどのようなことで悩んでいるのか，どうすれば本人がより良く生活していけるのかを検討していくことを意識しなければならないのです。

326

第 3 章　事例編

⑵　本人は，地域でも有名な進学校を卒業し，都内で長年勤務し，結婚も
していました。その後，仕事を転々とし，40代で故郷に帰り，そのうち
に窃盗を繰り返すようになり，矯正施設への入所も経験しています。そ
して，60代から生活保護を受給し始めましたが，収入に関する虚偽申告
があり，一度生活保護が廃止になりました。その後，再申請をして生活
保護受給に至っています。その後，難聴により耳鼻科で検査を受けまし
た（老化によるものと診断）。またこの頃，ＤＶにより妻（知的障害の疑いあ
り）とも離婚していますが，その後も，同居の上で内縁関係が継続して
います。そして，70代後半には，パチンコ店の入口に落ちていた財布を
持ち去って現行犯逮捕され，刑事裁判の末に執行猶予判決を受けました。
このことがきっかけで，中核センターが本人の支援を担うようになりま
した。

⑶　このような経緯から，千葉県社会福祉士会では，成年後見人の候補者
として，刑事事件等のトラブルを抱える人の支援が担当できる福祉職を，
家庭裁判所に推薦しました。後見人が本人に会ったのは，不起訴が決定
し釈放されてから半年後のことでした。本人は生活保護を受給しつつ，
在宅生活をしていました。

　　後見人が行った主な支援は，日常生活費の管理，介護予防支援サービ
ス利用によるデイサービスの利用（週1回），もしもしホン（聴覚障害のあ
る方が音を拾うことができるメガホンのようなもの）の購入，元妻との同居に
よる本人の生活費の管理，耳鼻科等通院同行者の手配，生活保護課や高
齢者福祉課等との情報共有，本人の日常的な悩みについて傾聴すること
でした。こうした形で，まずは本人の日常生活の権利を守ることを意識
して，活動を行ってきていました。

⑷　ただ，本人は難聴ということもあって，自宅の固定電話が鳴っている
ことに気が付かないことがほとんどでした。また，本人は日中に外出し
ていることが多かったため，連絡が取りにくい状況になり，その点が懸
念となっていました。

327

第2編　ケーススタディ　～項目別・事例別に学ぶ実務のポイント～

2　後見人のトラブル防止に向けた視点

(1)　上記のような活動とともに，トラブルを防止するための視点も必要になってきます。基本的には，本人の支援者やその関係性，それぞれの担う役割等を見極めるとともに，定期的に情報共有を行うことが必要になります。

(2)　トラブルを繰り返す本人に対して，その家族や親族がどこまで関わっていけるかという点は，非常に重要なことですので，把握や調整の必要があります。これまでの本人との葛藤が影響し，家族が関わりを拒否したり，扶養義務を怠ったりするケースもあります。逆に，家族が親身になって本人を援助しようとするケースもあります。

　本件では，姉妹等も本人と同じく高齢者であり，十分な支援ができる立場とは言えませんでした。ただ，お互いが穏やかに過ごしていくことを願っている様子がうかがえました。

　そのことを前提に，本件の前から，支援者の情報交換等の場として，中核センターを中心に，4か月毎にケア会議を開催していました。メンバーは，本人，元妻，姉妹，ケアマネージャー，生活保護課職員，高齢者福祉課職員，地域包括支援センター，民生委員，成年後見人，中核センターでした。話し合われた内容は以下のことでした。

①　内科や耳鼻科の病院に通院し，健康状態を把握する必要がある。

②　過度のパチンコ好きが高じて，金銭トラブルを生じないか。パチンコ台を見ているだけでも，トラブルになり得るためパチンコ店への出入りをやめさせられないか。

③　元妻とは離れて暮らした方が，本人は落ち着いた生活ができるのではないか。

④　以前より，元妻が本人の姉妹に対して食べ物やお金の無心をすることがあった。生活保護等との関係で，姉妹から本人らに金品等を渡さないようにしてほしい。

⑤　定期的にケア会議を開催して情報を共有し，本人が再犯しないように注意し見守っていく必要がある。

⑶　こうした会議も踏まえ，支援者の間では，パチンコ店への出入りだけ
はしないよう本人に言い聞かせ，再犯防止を意識しつつ本人と関わって
いました。それでもなお，本件が起きてしまいました。

3　トラブル発生時の後見人の対応

⑴　実際に，自身が後見人を担当している本人にトラブルが発生した際に
は，後見人の立場から本人のためにできることについて早急に行ってい
く必要があります。この時には，本人の置かれた状況等を速やかに把握
するとともに，本人の代弁者の立場として本人の意向を確認し，その意
思に配慮した形で対応を行うことが必要になります。

　また，本件のように，従前から支援体制が一定程度構築されていた
ケースでは，そうしたチームに再度集まってもらい，それまでの方法で
はどこが足りなかったのか，どういった方向での支援を行っていくのか
ということを振り返る必要があります。

⑵　本件では，後見人としては，執行猶予中の本人が裁判となった場合に
は実刑が見込まれ，矯正施設での生活は本人の身に堪えると思われまし
た。勾留中の本人に弁護人と共に面談したところ，本人は「取り返しの
つかないことをした。何とかしてくれ。」と言って泣いていました。こ
れについて後見人は，本人が自分を見つめ直すきっかけにもなるものと
考え，本人の話を傾聴し，今後のことについて話し合いました。また，
検事より，後見人にも話を聞きたい旨要請を受けたため，本人の身体状
況や日常生活の状況，認知症により判断能力が不十分な状態等について
説明しました。

　本件をきっかけに開催されたケース会議では，本人が釈放された時に
どのような生活をするか，今後の支援方法を検討しました。自宅に戻り，
同じような生活をすることでは，同じようなトラブルに至るリスクが高
いものと思われました。そのため，一旦は環境を変え，その際には手厚
い見守りが必要になるものと考え，救護施設か老人ホームのいずれかを
本人の居場所と決めることにしました。勾留中から釈放後までの役割分
担を決め，それに沿って各自が動きました。

第2編　ケーススタディ　～項目別・事例別に学ぶ実務のポイント～

(3)　こうした関係者の献身的な対応や支援体制の再構築が認められたこともあり，本人の認知症が進行していたことも考慮されたのか，一時的な入院を事実上の条件として起訴猶予処分となりました。その後，実際に支援を実施していく上では，以下のような難しい課題に直面することになりました。

第4　事件後の流れ

1　この事例では，後見人としての本人意思尊重と本人の権利擁護の視点の衝突が，事件後に大きな問題となりました。

　本人は釈放後，そのまま精神科の認知症病棟に医療保護入院となりました。入院の当日，病院の窓口で本人が入院を拒否しました。入院手続（入院の同意）をするために来ていた姉妹も，「このようなところに入院するのはかわいそうだ。自宅に戻っても良いのでは…。」と話したため，手続が進まない状況になってしまいました。急きょ，生活保護課職員が来院して，本人と姉妹を説得し，入院手続を済ませました。

2　それから，3か月の入院期間の中で，本人の住居先を決めなければなりません。執行猶予期間の満了にはまだ1年以上残っていましたが，その間に生活を安定させなければ，再犯による実刑の恐れがありえます。そのため，せめてパチンコ店等へ安易に訪れることがないような生活をしていくことが必要と思われました。

　そこで，本人の居住先を救護施設か有料老人ホームのいずれかに決めることになりました。最初，本人は救護施設（人里離れた場所にある）を見学しましたが，やはり自宅に戻りたいと言いました。そこで，自宅に近い有料老人ホームであれば，本人も入所に同意するのではとの意見が出て，有料老人ホームへの入所を勧める方向で検討することにしました。

　施設入所の意向確認の際には，弁護人にも同行してもらい，説得を行いました。その場では納得しましたが，次の日になると，やはり自宅に帰りたいと言うのでした。親身になって手続等を行ってくれる生活保護課の職

330

第3章　事例編

員，高齢者支援課の職員，中核センターの職員等が説得しても，本人は自宅に戻りたいと言いました。本人は気ままな在宅生活を望んでおり，施設に入所することを最後まで拒み続けました。

3　しかし，自宅に戻ることは，また同じ環境に戻ることを意味し，本人の再犯のリスクが非常に高くなることは否定できません。後見人として，本人の在宅生活を希望する意思を尊重する必要性は感じつつ，他方，そのままでは最終的に刑務所での生活が見込まれ，それもまた本人が望まず，多大な権利制約が生じることが危惧されました。そのため，後見人の中でも立場が衝突し，方針を決めることには非常に困難が伴いました。本人自身が入所の必要性を理解し，受け入れてくれることが望まれました。

　すでに，入院してから3か月近く過ぎていて，医療保護入院期間が切れてしまいます。これまでの経緯からしても，最終的には，本人の一応の納得を得て何とか入所に至ることが重要と考えました。そこで，市の職員に同席してもらい，後見人から，有料老人ホームに入所することに決定した旨を告げました。すると，本人は，「決定では仕方ないな。老人ホームに行くよ。」と述べました。

　有料老人ホームに入所後，生活保護を再開しました。本人の身体状況を考えると，トラブルの末，刑務所で余生を過ごすことだけは避けたいということが，この方針決定の中で一番の要因でした。そのため，少なくとも執行猶予期間が明けるまでは，施設を生活の場として利用したいと考えています。その後のことについては，可能な限り本人の意向を聞きながら，考えていくほかないと考えています。

4　本人の意思を尊重することは後見制度の理念ともされており，後見人として本人の意思決定の尊重・意思決定の支援は重要な職責となります。しかし，本件のようにトラブルを繰り返してしまう本人の場合に，本人意思を尊重することが，かえって本人の長期的な権利を多大に制約することにつながり得ることがあります。こうした時，後見人の意思決定尊重の立場と権利擁護の立場との間で衝突が生じ得るものといえます。

　こうした場合でも，長期的な本人の権利擁護に資する方向で，可能な限

331

第2編　ケーススタディ　～項目別・事例別に学ぶ実務のポイント～

り本人の意思決定を支援していくことが必要になります。ですが，それでもなお本人が拒んだときにどうすべきなのでしょうか。このことは，正解のない難しい課題であると思われます。

第 **3** 編

更生支援の現場から
～当事者・関係者の声～

第3編　更生支援の現場から　〜当事者・関係者の声〜

ガンバの会と自立準備ホーム

（認定）特定非営利活動法人

生活困窮・ホームレス自立支援ガンバの会

理事長　副田　一朗

1　はじめに

　1990年代，いわゆる「バブル経済」の崩壊後，千葉県のここかしこで見られるようになった「路上生活者」の支援を行うために，1997年に市民運動として「ガンバの会」を立ち上げ，21年の月日が経ちました。この市川市でも2002年頃の最大時には，路上生活者数は250人を超え，その中には矯正施設から出所後に帰所する場所がなく，路上生活をされている方もおられました。一旦，路上生活に入ると，その生活の過酷さの中で，徐々に自尊感情を失い自暴自棄に陥っていく人も少なくありませんし，中にはそうしたことから，再犯を犯す人もいるのが現実です。

　こうした現実に向き合いながら，「路上」から「畳」へという支援を続けていた折，2011年2月に「ホームレス支援全国ネットワーク」の理事会に，法務省保護局更生保護振興課の専門官が出席され，更生保護施設の不足の現状，同年4月から更生緊急保護制度の中で「サテライト型の更生緊急保護施設（自立準備ホーム）」の登録実施が始まる旨の説明がなされ，さらに「ホームレスの支援団体」への期待と協力が述べられました。

　私は，この申し出を受け止め，法人に戻って職員とともに協議，理事会の承認のもと，管轄の千葉保護観察所に自立準備ホームの登録の申し出を行いました。この決定の流れの根底にあるのは，刑余者の受け手がなければ，今まで支援の現場で見てきたように，彼らは路上生活以外，選択することができないということです。そして，「路上」から「畳」へという支援の理念は，言葉では簡単なイメージを与えてしまうかも知れません。しかし，「路上」に出てしまうと，「居所」を確保すること，また先に述べたような「自尊感

334

情」を取り戻すにも，支援の中で時間と労力をかなり費やさなければならないことから，「路上生活」への入り口防止の視点からも積極的に登録申請を行った次第です。

2 「自立準備ホーム」の実際

ガンバの会が，これだけ早期に自立準備ホームの登録申請ができた背景には，以前から「シェルター事業」を行っていたことがあります。「シェルター事業」は，2008年秋のリーマンショック後にネットカフェ利用者や派遣切りに遭い，行き場所を失った人たちからの相談が増えたことに対応するため，民間アパートを借り上げ，2009年4月から開設していたもので，ここを「自立準備ホーム」として申請し，2か月後の4月には認可と同時に千葉保護観察所から利用者が来所するようになりました。

「自立準備ホーム」としての宿所の場所は，その後，建物の取り壊しもあり移転をしてきましたが，規則等，現状は次の通りになっています。

- ・定員：男性12名，女性3名
- ・食事：朝と夕は食事供与。昼は500円支給。
- ・利用時間：週日は午後5時より午前10時までの利用。土日，祭日は終日利用。
- ・規則：午後8時以降外出禁止。室内禁煙。利用期間は禁酒。

ガンバの会のシェルターは，職員常駐ではなく，午前10時と午後5時に職員が訪問し，主に生活面の相談・指導を行います。また，今後の生活基盤の立て直しについては，ガンバの会の事務所に来ていただき，事務所の職員と今後の方向性を一緒に考えていきます。ガンバの会の「シェルター」利用者については，2016年度の実績では通年で61名が利用し，このうち31名（前年よりの継続利用者を含む。）が「自立準備ホーム」での利用者でした。

3 利用者について

2011年4月以来の利用状況は次の通りです。

第3編　更生支援の現場から　〜当事者・関係者の声〜

【自立準備ホーム利用者数】

年　　　度	2011	2012	2013	2014	2015	2016	2017	2018	合　　計
利用人数	22	28	17	30	27	26	23	11	184名

利用者のうち，女性は11名。2018年度は2018年9月末現在。

　ガンバの会の「自立準備ホーム利用者」は年間（平均）25名程で，女性は非常に少なく，利用者総数の6％程度です。

【自立準備ホーム利用者年齢】

年　　齢	10代	20代	30代	40代	50代	60代	70代	80代	合計
人　　数	1	14	17	40	34	56	19	3	184名

　利用者の年齢については，60代が圧倒的に多く，いわゆる「高齢者」と言われる65歳以上に限って言えば，全体の3分の1に及んでいます。また，若年齢の利用者も年々増加傾向にあります。

【利用開始事由の刑等の種別】

種　　別	刑期満了	仮釈放	執行猶予	罰金科料	起訴猶予	合　　計
人　　数	34	6	54	13	77	184名

【利用者の犯罪行為】

窃盗 （含常習累犯）	建造物侵入 （邸宅侵入）	傷害 （含恐喝傷害）	殺人 （含強盗致死）
110	21	8	8
詐欺	占有離脱物横領	覚醒剤取締法違反	現住建造物放火
8	7	4	3
婦女暴行・強姦等	強盗	暴行	廃棄物処理法違反
3	2	2	2
殺人未遂	器物損壊	その他 （道交法・軽犯罪法違反・銃刀法違反）	
1	1	4	

複数の罪名の場合，刑法上の重罪を選択しています。

「起訴猶予」から利用に至る人が最も多いのが現状で，そのほとんどが居所もない中での「窃盗」です。

ガンバの会では，原則として利用希望者を断わることをしません。ただ職員常駐ではないため，これまで「認知症」があり，近隣の施設や住宅地に侵入してしまった人，勝手に新聞販売店と新聞契約を行い，景品のアルコール飲料を飲み上げては繰り返し問題を起こした人について，千葉保護観察所に相談後，新たな受入先を探してもらったことがある程度です。

また2015年の10月から始まった千葉県弁護士会の「社会復帰支援制度」に協力登録の結果，受入要請が増え，2018年9月まで51名を受け入れています。当然のことながら，実刑の判決で受け入れることができなかった人もいるわけで，弁護士会からの受入要請については，「起訴猶予若しくは執行猶予」の人ということになり，比較的軽微な犯罪の人が多いということが言えます。

また弁護士会からの要請の場合は，千葉保護観察所からの直接委託・依頼と違って，留置・勾留中に本人と接見することを条件にさせていただいており，これにより事前に当法人の事業のこと，シェルターでのルール，シェルターからの支援の流れなどを説明し了解をもらうことはもちろん，本人の課題を含めて本人のことを知ることができ，その後の支援が考えやすくなることは非常にありがたく，こうした弁護士との連携が全国でも展開されることを望んでいます。

4 自立に向かっての支援

「自立準備ホーム」制度利用で，シェルターでの生活から，次を目指すことになりますが，「住居なし」「生活費なし」の状況から自立を目指す方法は多くはありません。シェルターの管理の上で門限等の規則があるため，シェルター利用中の「就労」は難しいこともあり，「住居」「生活費」の両方を得るために，「住込み就労」「総合福祉貸付金制度利用」「生活保護制度利用」の中からの選択となります。しかし，「総合福祉貸付金制度利用」は本人が多重債務を負っていたり，身分を証するものがないなどの理由からハードルが高いのが現状です。また60歳を超した利用者も多く，住込み就労も厳しく，必然的に「生活保護制度利用」が多くなり，63％の人がこの制度で次のス

第3編　更生支援の現場から　〜当事者・関係者の声〜

【自立準備ホーム利用後の状況】

生活保護制度利用	住込み就労	自費入居（報奨金，年金積立）
115（アパート105，施設　10）	10	5
貸付入居（社協，当法人独自）	友人宅・帰郷	利用辞退（含未来所ケース）
5	13	18
利用中失踪	その他（保護観察所戻し，契約解除等）	
9	7	

（2018. 9末現在，利用中2）

テップを踏んでいます。さらにアパート移行時には，ほぼ100％住宅契約時の「保証人提供」を行っています。

　もっとも，ここで手放しに喜んではおられず，「地域生活」への「移行」から「定着」という課題が立ちはだかります。独居生活であることはもちろん，ギャンブル・アルコール依存，多重債務，非識字，諸障害など，自立を阻害する要因を持つ人が多いため，アパート移行後の支援は不可欠であり，「自立準備ホーム」委託終了後からがむしろ支援の本番となります。訪問をはじめ，通院の同行に始まって，高齢者であれば必要な人には介護制度へのつなぎ，障害者であれば手帳の取得のための行政手続なども行い，365日の服薬支援，金銭管理支援など，まさに「何でも屋」よろしく，毎日職員が走り廻っています。法人で事業化した「訪問介護事業所（がんばさぽーとほーむ絆）」のヘルパー利用や「障害福祉事業所（がんば夢工房）」に通ってくる人も少なくありません。

　また利用者の多くは，社会的孤立状態にある人ばかりですから，アパート移行後は「孤立させない」ことを目標に，食事会・ピクニック・スポーツ大会などの交流会，いつでも来れるスペースとしての「サロン」運営，年1回の貸切バスでの一泊旅行，さらに市の施設を借りて作品展なども開催しています。そして，出会いから生まれた関係（ホーム）を大切にしながら，この地域で終焉の時までの関係となることを願って葬儀を行い，無縁にしないというメッセージを込め，墓所を建立，まさに伴走型の支援，人生のトータルサポートを目指しています。

【ガンバの会の支援の流れ】

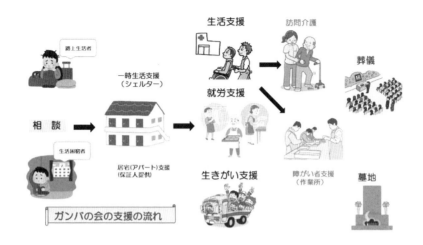

5　Nさんのこと

「自立準備ホーム」事業を続けていく中で出会った，Nさんを紹介したいと思います。

　Nさんはガンバの会がこの事業を始めた2011年の5月に委託を受けた，3人目の利用者です。20代の終わりに殺人を犯し，無期懲役で服役，40年の服役後，仮釈放という処遇で出所されてきた人です。聞くところによると，故郷の弟さん，また，他の更生保護施設では受入れが難しいとのことでした。そうした彼が何故ガンバの会を利用することになったのかは知る由もありませんが，もしかすると，Nさんの入所施設が千葉であったからかも知れません。

　受け入れるに当たって，関東地方更生保護委員会の職員，千葉保護観察所の職員の方々とともに，数度面会を行いました。施設内での刑務官の同席もあるからでしょうか，礼儀正しい挨拶，会話も模範的な回答ばかりでした。ただ数度会う中で，人生の半分以上を施設で過ごしてこられたことを思う時，Nさんは犯罪の結果としての服役とはいえ，何のために生まれ，何のために生きているのかという思いが私を襲ってきました。もっとも，被害者がおら

第3編　更生支援の現場から　～当事者・関係者の声～

れるわけで，その関係者の心情も考えなければならないのは分かっているのですが，今を生きているNさんにもう一度チャンスがあるのならという思いで，仮釈放後の受入れを決めたのです。仮出所時に迎えに行き，途中コンビニに寄り，コンビニの存在にビックリするNさんに40年という月日の長さがいかばかりのものかを考えさせられた次第です。

　ただNさんは，息子を思う母ということでしょうか，亡くなった母親が服役中も国民年金保険料を払い続けておられ，出所時には報奨金と年金でおよそ400万円の預貯金があり，シェルター利用後，ひと月半で，地域のアパート生活に移行することができました。移行時には住宅契約時の保証人提供を行うとともに，生活に必要な家電や備品を揃える支援等を行いました。さらに，その後の生活においては，ATMの操作ができないことから家賃の代理納付や金銭管理支援，また，服役中に向精神薬を服薬していたこともあり，通院支援，毎日の服薬支援も行い，地域生活に早く定着するように願ってきました。この他，生きがい支援として農園提供を行い，農作業に精を出すNさんがいました。時に「食べて下さい」と嬉しそうに収穫した野菜を事務所に持参したり，ガンバの会が基礎的事業として行っている路上生活者の支援としての夜間パトロールにもボランティアとして毎回参加するようにもなっていました。

　しかし，アパート生活を始めてから3年，彼は事件を起こしました。精神状況が少し変だなと思い，医療機関にも相談したり，再三話をしていた矢先に，女性宅に侵入したのです。本当に大きなショックを受けました。ガンバの会では年に一度，一泊で温泉旅行に行きますが，過去二度参加した旅行を満喫し，この事件の一週間後に予定されていた旅行を楽しみにしていただけに信じられない思いにもなりました。

　結局，この事件によって実刑となり，仮釈放も結果的に取消しとなり，現在再び服役中です。残念な結果となってしまいましたが，私はNさんの事件は精神の病がかなり影響しているのではないかと思っています。勾留後，すぐに接見しましたが，その折にも「何故あのようなことをしたのか分からない，ごめんなさい」と繰り返すNさんがいましたし，ガンバの会の墓地にも

340

納骨を申し込んでおり，生涯をこの市川市で過ごす決意もあったのです。

そして今，年に数回，手紙がNさんから届きます。時候の挨拶，詫び，作業の様子などが書かれています。そして，これに加えて，次の機会の再度の受入れのお願いが語られます。知的レベルが高くはない，彼は，そういう意味では今も，希望をもっているのです。叶えられない希望かも知れませんが，私は犯罪は憎むけれども，今のNさんの姿に，無駄ではなかった，受け入れて良かったのだという思いで，Nさんに返信しています。

6　おわりに

Nさんに限らず，ガンバの会の「自立準備ホーム」を利用する人たちは，住む家がない，帰る場所がないということは当然ながら，これに加えて「社会的孤立者」であるという点において共通しています。住居や生活費をどうしていくのか，これはこれでとても大切なことですが，しかし一方で「社会的孤立」が解消されなければ「ホームレス」状態となり，再犯を防ぐことはできないとガンバの会では考えています。言わば，困った時，困難な状況に陥った時，相談したり，背中を押してもらえるような人間関係の重要性を思うのです。間違いなく，私たちのもとを訪れる人たちは，こうした関係性を喪失している人たちとも言えます。

かつて某宗教団体が「サリン事件」を起こした折，「出家信者」等々，聞き慣れぬ言葉が横行しました。その時，気になったのは「出家の若者」が犯罪集団を離れ，故郷（ホーム）に戻ろうとした時，出身地域はもちろん行政機関も受け入れず，結局，某宗教団体に戻るしかなかったという事実があります。本人がサリン犯罪に手を出したわけではないにも関わらずに，です。こうした傾向は私たち日本社会には強くあります。一度なにがしかの失敗をした者が再出発しづらい世の中が広がり，帰る場所を失った「ホームレス」がたくさん生み出されているという現実です。こうした現状の中で，与えられた人間の「いのち」に区別はなく，誰でも「暮らしの再創造」ができる，そういう社会の創造こそが重要なのではないでしょうか。

と言いつつも，次表にあるように，私たちが受け入れて来た人たちが100％，地域に定着できたわけではありません。

341

第3編　更生支援の現場から　～当事者・関係者の声～

【アパート居宅後の現状（アパート移行者125名）】

地域定着	83名	66%	市川市内での地域定着者 全体の75%
施設入所・アパート解約	6名	5%	
逝去・アパート解約	7名	6%	
失踪・アパート解約	11名	9%	その後の動向は不明。
再犯・アパート解約	9名	7%	起訴された人数
転居・アパート解約	9名	7%	就労等により転居。その後は不明。

　失踪者，再犯者が２割近くに上りますが，その多くは，あのＮさんのようにアパート生活移行後，３～５年の人たちです。私からすれば，「これでひと安心」と思える時期でもあり，限られた職員数での対応で，次々に訪れる新規の相談者や，利用を開始してからの日が浅いアパート移行者の方に目が移っていく頃でもあります。「孤立の解消」「ホームの回復」は容易ではなく，また一定期間を経れば終わるというものでもありません。長らく「社会的孤立」の道を歩んできた人であればあるほど，人間関係・信頼関係を築くまでに時間が必要です。こうしたところからすれば，今後も再犯者が出るかも知れない中で，地域への定着は，終わりのない支援が必要ということなのかも知れません。

　「自立準備ホーム」の委託期間は，私どもの場合，多くは60日間です。この間は，相談や指導に対する人件費が供与されますが，60日を過ぎたところで，委託の費用はゼロとなります。再犯防止という視点から始まった「更生緊急保護制度」ですが，地域定着を目指すことこそが肝要なことであり，このためにはむしろ委託終了後からが非常に重要であり，私どもからすれば，そこにも制度化され財政的支援を受けることができるようになれば，支援はもっと実り豊かなものになっていくに違いないと思います。

矯正施設社会福祉士の活動

保護司（元千葉刑務所社会福祉士）

犬伏　謙介

　矯正施設（ここでは主に「刑務所及び少年院」を指します。）の社会福祉士（以下「矯正施設社会福祉士」といいます。）の配置は，平成19年度から一部の矯正施設で始まり，平成21年度には全国の矯正施設へ拡充されるようになりました。当初は，非常勤国家公務員の勤務形態しかありませんでしたが，今では常勤の福祉専門官として活躍されている方も多く在籍するようになりました。

　矯正施設社会福祉士の主業務は，釈放時の帰住調整です。大きく分けると2種類の支援システムへ関与します。

　一つは，「特別調整」という地域生活定着支援センター（以下「定着センター」といいます。）と協働して，社会復帰に向けた支援を構築するシステムです（「一般調整」を含みます。）。もう一つは，何らかの理由によって特別調整の対象者に選定されなかったことで，定着センターの協力を得られず，矯正施設社会福祉士が独自に帰住調整を行う「独自調整」又は「自庁調整」（以下「独自調整」といいます。）と呼ばれる支援システムです。どちらも，刑期満了に伴う，いわゆる満期釈放が予定され，釈放後の生活モデルについて福祉支援が必要であると思わる者を対象としています（例外として，医療モデルが必要なケースもあります。）。

　釈放時保護調整に矯正施設社会福祉士が関与することは，再犯防止という視点と同時に，権利擁護という視点も重要となり，特に各種社会保障制度の利用は，法の狭間である矯正施設入所者について想定されていないことが多く，自力での制度利用が困難となるので，矯正施設と地域社会との接点に介入することとなります。

　また，矯正施設社会福祉士が，受刑中から福祉の手続をコーディネートすることで，釈放後，直ちに福祉施設等を利用する場合など，関係する福祉機

第３編　更生支援の現場から　〜当事者・関係者の声〜

関等のサービス利用へスムーズにつながり，対象者の社会的な孤立を防ぐことにもなります。

　以下，矯正施設社会福祉士が関与する支援過程及び矯正施設入所中に手続が可能である主な福祉制度等を説明します。なお，市区町村等の地方公共団体（以下「市区町村等」といいます。）の裁量によって，多少手続に相違があることをご容赦ください。

１　特別調整について

　特別調整対象者として選定されるには，次の(1)から(6)の要件を全て満たす必要があります（平成21年４月17日付法務省保観第244号矯正局長・保護局長通知「高齢又は障害により特に自立が困難な矯正施設収容中の者の社会復帰に向けた保護，生活環境の調整等について」実施要領第２「特別調整の対象」原文）。

(1)　高齢（おおむね65歳以上をいう。以下同じ。）であり，又は身体障害，知的障害若しくは精神障害があると認められること。

(2)　釈放後に住居がないこと。

(3)　高齢又は身体障害，知的障害若しくは精神障害により，釈放された後に健全な生活態度を保持し自立した生活を営む上で，公共の衛生福祉に関する機関その他の機関による福祉サービス等を受けることが必要であると認められること。

(4)　円滑な社会復帰のために，特別調整の対象とすることが相当であると認められること。

(5)　特別調整の対象者となることを希望していること。

(6)　特別調整を実施するために必要な範囲内で，公共の衛生福祉に関する機関その他の機関に，保護観察所の長が個人情報を提供することについて同意していること。

　矯正施設社会福祉士は，矯正施設内からこれらの要件に該当していると思われる対象者を書類等で調査し，インテーク面接をすることとなります。特に前述した(5)の「特別調整の対象者となることを希望していること。」については，その対象者の支援を受ける旨の同意を得る必要がありますが，判断力が低下した者や地域で福祉支援を受けられなかったことで市区町村等に不

344

矯正施設社会福祉士の活動

信感がある者など，福祉介入の必要性はあるものの，頑なに支援を拒否する場合があり，面接時に苦慮することもあります。それでも社会福祉士の相談援助技術を駆使したり，刑務官や心理技官等の矯正施設職員の協力を得たりして，何度も面接を重ね，対象者とラポール（信頼関係）を構築していくこととなります。

そして対象者を選定後，矯正施設所在地にある保護観察所へ資料を提出し，担当保護観察官の面接を経て，保護観察所長によって対象者となることの許否が決定されます。許可された後は，改めて矯正施設所在地にある定着センターの職員が対象者と面接を行い，対象者が希望する帰住予定地が他の都道府県内であれば，該当する都道府県にある定着センターへ情報を送り，支援を要請することとなります。そして，その帰住を希望する都道府県内の定着

【特別調整の概念図】

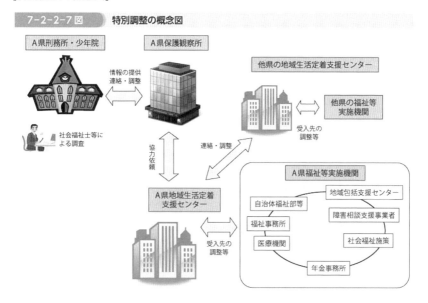

注　法務省保護局の資料による。
出典：「犯罪白書（平成24年版）」より一部改変

センターが，社会資源の開発や面接を実施するなど，釈放に向けた調整を行います。この間矯正施設社会福祉士は，定着センターと協力して福祉手続を行ったり，面接を補完的に行ったりするなど，関係者をサポートすることとなります（前記図表を参照）。

　対象者が釈放されてからは，矯正施設社会福祉士は関与せず，定着センターが，対象者や地域の福祉関係者に対して，フォローアップ業務等を行います。

　また，特別調整の一形態として，「一般調整」と呼ばれる福祉支援があります。特別調整は，引受人や帰住地がない障害者や高齢者を対象としていましたが，釈放後に住居があっても，心身の状況や福祉サービス等を受ける必要性があり，かつ対象者が福祉支援を希望する場合は，帰住地を管轄する保護観察所の判断によって，定着センターと協働して，特別調整とほぼ同様の釈放時の調整を行うことができるとされています。

2　独自調整について

　釈放後の福祉支援の必要性がある対象者であっても，特別調整の選定要件に該当しなかったり，刑期が短く特別調整の手続に要する時間を確保できなかったりする場合は，矯正施設入所中からの定着センターの協力を得られないため，矯正施設社会福祉士が，独自に地域への帰住調整を行うこととなります。

　特別調整の選定要件に該当せず，福祉支援の必要性がある者とは，例えば，他者への問題行動が多い場合や犯罪内容によって円滑な社会復帰が望めない等のケースがあります。

　矯正施設社会福祉士だけの調整では，個人情報の関係やケースの困難度合いからも，地域連携が大変難しくなるため，本来，このようなケースも，保護観察所や定着センターの協力がほしいところですが，マンパワーや予算の問題があるものと推測されます。

　なお，更生保護法には，更生緊急保護制度があるものの，釈放後に場当たり的な対応となることがあるため，できる限り矯正施設入所中から事前の帰住調整をアプローチします。

矯正施設社会福祉士の活動

3 矯正施設入所中に利用できる福祉手続について

　矯正施設社会福祉士の支援によって，矯正施設入所中に福祉制度を利用するための手続を開始することは，釈放後直ちに福祉サービスを利用する上で必須となります。例えば，介護度認定がなければ，受入施設や事業所は介護報酬を請求できないなどの支障を来すこととなりますので，特別調整対象者であっても，特別調整手続の進捗状況によっては，早々に福祉手続を開始することが望ましいとされます。

　矯正施設入所中から釈放後の福祉制度開始のための手続を行う上で，平成28年12月に成立・施行された「再犯の防止等の推進に関する法律」によって，随分と市区町村等の理解が進んだものの，各制度上の運営においては前例が少ないため，手続が円滑に進まないことがあります。

　また，コミュニケーションに難があり，字が書けなかったり，説明がうまくできなかったりする障害者や高齢者が，一人で釈放後に市区町村等の窓口に出向き福祉手続をしても，複雑な制度が絡み合っているため，お互いに理解ができず，必要な支援に結びつかないことで再犯をしてしまうこともあります。

　少なくとも，刑期満了を迎える釈放者は，社会福祉士の倫理綱領に照らし合わせても，ソーシャル・インクルージョンとして誰でも福祉制度を利用できるという権利擁護をする必要があり，目の前にいる受刑者は，福祉のニーズが必要な一人のクライエントにすぎません。釈放後に福祉制度を利用することで，社会の一員として生活が安定し，その人らしい暮らしができるようになれば，結果的に再犯を防止し，新たな被害者を生み出さないということにつながります。

　また万が一，釈放後に障害や認知症などによって再犯をした場合でも，地域の関係機関が関与することで，社会的な孤立を防ぎ，また次の支援につながり，犯罪回数を少なくすることも期待できます。

　次に，矯正施設入所中に手続ができる主な福祉制度の例を挙げてみたいと思います。ただし，各矯正施設や市区町村等の裁量によって異なることがありますのでご理解ください。

347

第3編　更生支援の現場から　～当事者・関係者の声～

　なお，矯正施設の医務部門は，都道府県，特別区，政令都市などに診療所登録がされていますので，前提として医務部門に勤務する医師による各種診断書や意見書の書類作成が可能です。

(1)　住民登録の届出（住民票の復活）

　我が国の社会保障制度の多くは，原則として住民基本台帳に住所の登録がなければ利用できません。しかし受刑者等の中には，路上生活と刑務所を行き来していたり，長い受刑生活で住民票が行政によって職権消除されていたりするなど，何らかの理由で住民票がない場合があります。

　このような住民票がない者は，刑務所所在地に住民登録の届出を申し出ることができます（昭和36年7月6日矯正甲610号矯正局通知）。

(2)　障害者手帳の発行

　矯正施設医務担当部門に，各種障害者手帳発行に係る診断書作成が可能な医師（身体障害者福祉法第15条指定医や精神保健指定医等）が勤務していれば，必要な市区町村等の手続を経て，各種障害者手帳交付申請は可能です。

　新規の療育手帳については，対象者の年齢が中年期であっても，おおむね18歳未満時に知的障害を有する証明を取得できれば，手帳の交付申請を検討できます。

(3)　障害支援区分認定

　支給決定等及び給付の実施主体については，居住地特例が適用となり，矯正施設収容前の居住地が明らかである場合は，その居住地の市区町村等が実施主体となります。一方で，矯正施設収容前に居住地を有しないか又は明らかでない者（路上生活や居候等）については，収容前の逮捕地の市区町村等が実施主体とされています。

　なお，障害福祉サービスを利用するに当たり，精神障害，知的障害がある者は，障害者手帳がなくても「障害者の日常生活及び社会生活を総合的に支援するための法律」の特例介護給付費又は特例訓練等給付費の支給ができる場合がありますので，市区町村等に事前に相談が必要です。

(4)　介護度認定

　矯正施設収容中における介護度認定の取扱いについては，矯正施設自体

348

が，介護保険適用除外施設（介護保険法施行法11条，介護保険法施行規則170条1項・2項）として定められた施設ではなく，法の狭間の施設であるため，原則として市区町村等の裁量によることにご留意ください。

65歳以上（第1号被保険者）に係る介護度認定は，住民票住所がある市区町村が実施主体となって，矯正施設内で介護度の認定を行うことができます。なお，地域包括支援センターに相談する場合は，住民票住所を管轄するところが窓口となります。

65歳未満のいわゆる第2号被保険者の取扱いには注意が必要となります。65歳未満で介護保険サービスを利用するためには，16特定疾病に該当していることと，医療保険に加入（又は生活保護受給）していることが条件となります。医療保険については，矯正施設収容後であっても被保険者の資格を喪失していなければ，第2号被保険者として介護保険サービスを利用できますが，住民票が職権消除されているなど，何らかの理由により医療保険に加入していない場合は，介護度認定は受けられないこととなります。ただし，市区町村等の裁量によりますので，担当窓口と相談が必要です。

なお，初老期における認知症については，精神障害者保健福祉手帳の取得が可能なため，障害福祉サービス利用における帰住調整の検討ができます。

⑸　公的年金

老齢年金，障害年金及び遺族年金については，受給要件に該当していれば矯正施設入所中であっても年金受給ができます。

しかし，20歳前の傷病による障害基礎年金については，刑事施設や労役場，少年院その他これらに準じる施設に拘禁されている時は支給停止となります（国民年金法36条の2第1項2号・3号）。

まれに，年金を調査すると，親族や第三者による年金搾取の問題も発覚することがあります。

4　その他

最後に生活保護制度については，生活保護を受給していた者が，留置所や拘置所に収監されると，生活保護は一旦停止となり，市区町村等によっては，

349

第3編　更生支援の現場から　〜当事者・関係者の声〜

起訴されたり，刑が確定したりすると生活保護が廃止となります。

　矯正施設入所中は，生活が保障されているため，市区町村等では生活保護申請は受理されないので，釈放後に現在地保護として，対象者が出向いた福祉事務所で申請することとなります。

罪を犯した障害者の相談支援

社会福祉士 相談支援専門員

丸　晶

1　はじめに

　私は千葉県市原市の社会福祉法人で障害者の相談支援業務を行っています。相談支援を行う中で，いくつかの触法障害者支援を行ってまいりましたので，それらを通じ感じたことや課題を取りまとめ，支援のポイントを考察してみたいと思いますので，ご覧になった方のご参考になれば幸いです。

　本題に入る前に，いくつか説明させていただきます。

　まず，私の行っている相談支援事業についてです。

これは，介護保険の後を追う形で，平成24年度から，全ての障害福祉サービスを利用される方に対しケアプラン（サービス等利用計画書）の作成が義務付けられ，その作成を担うものが相談支援事業所ということになります。

　細かく言えば，ケアプランの作成以外にも担うべき業務や事業形態についてもいくつかの種類があるのですが，ここではその点について触れないこととします。

　特徴としては障害者の相談支援は対象者がとても幅広いことが挙げられます。まず年齢についてですが，原則として，65歳を超えた際には介護保険が優先になりますが，それまでの期間は極端な話，出生時から65歳に至るまでが対応すべき期間ということになります（なお，介護保険に規定されていない（類似のサービスがない）サービスを利用される方については65歳を過ぎても障害分野で支援することになります。）。

　更に障害の範囲についてですが，基本的に障害とは社会との接点において支障が生じている状態を指しますので，支援対象は身体・知的・精神の障害者手帳を取得した方に限られません。平成25年からは難病の方も障害福祉サービスを利用できることとなり支援対象者に含まれるようになりました。

351

また，近年は発達障害の概念が確立されつつあり，今までは見すごされてきたような方の多くも支援対象となっております。

非常に雑駁ですが，以上が相談支援事業になり，それらを遂行するためにケアマネジメントを行うこととなるため，ソーシャルワーカーのスキルが問われる仕事と言っても過言ではないと思っています。

次に私の事業所についても簡単に紹介させていただきます。

活動拠点ですが，千葉県の市原市に事務所を構えております。業務範囲は千葉県全域としておりますが，実際は適切な相談支援を行うため，市原市とその隣接市町村あたりが主たる活動範囲になっています。

相談員は専従で３名を配置しております。その上で，ケアプランを作成している利用者は現状300名を超えており，未だに増え続けている状況です（なお，これまでは対応件数の上限は設けられていませんでしたが，平成30年度から標準対応件数という形で上限設定がなされました。また，介護保険のように毎月モニタリングが実施されるわけではありませんので，標準対応件数イコール担当利用者数にはなりません。ちなみに，私どもで対応している300名以上の方についても，月ごとの対応件数にすると70から100件程度で推移します。）。

以上の体制で日々業務遂行を行っていますが，ほとんどの場合，複合的な課題が複雑に絡み合っており，簡単に解決することのできないケースとなっております。

そんな中で，触法障害者の相談対応も行ってまいりましたので，事例を通じ，触法障害者の相談支援の実態や課題などを検証してみようと思います。

2 事 例

知的障害をかかえ，療育手帳所持（B‐1），40代男性のケース。

グループホームに入居し，日中は働いていました。異性や年少者に対する興味が強く，未成年者略取未遂により逮捕（本人は車の運転ができたため，自宅から父親の所有していた車を持出し犯行に至っている）となりました。

起訴の段階で，担当弁護士から司法福祉に精通した独立型社会福祉士に支援要請が入り，そこを経由し私に支援依頼が入りました。

知的障害により適切な判断ができず行為に至ったと見られるため，刑事罰

罪を犯した障害者の相談支援

ではなく福祉的支援により更生を図ることができないかとのことでした。

　支援要請を受け，本人が地域の中で生活していくための支援の検討を始めました。具体的には，本人の意向や家族状況の確認，犯行前の生活状況の把握，利用できそうな社会資源の情報収集，関係機関への協力要請等を行うこととしました。

　最初の段階でまず難しさを感じた点として，本人が留置されているということでした。

　通常の相談支援であれば，本人と面談を行い，意向を確認した上で，意向に合った社会資源へとつなぐことになります。

　まず，意向確認を行うに当たっては，互いの信頼関係が重要になりますので，時間をかけ，互いに胸襟を開いて話しができる関係になる必要があります。

次に社会資源につなぐという段階においては，まずは実際に本人と直接会っていただくことで，つながれる側と本人双方のマッチングを行う必要があります。更に体験利用などを行い，意向に合うのかを丁寧に検証しなければなりません。

　以上が一連の流れになりますが，このケースでは勾留中であり，本人との面談を頻繁に行うことは不可能であり，面談できたとしても，話しのできる時間は数十分に限られてしまいます。

　加えて，裁判所より公判日程が決められてしまいますので，常に時間的な制約も伴うこととなります。

　そんな状況の中で本人と面会し確認できたこととして，触法行為については十分な反省が見られ，やり直したいとの気持ちがあることが分かりました。また犯罪行為については，あまり深いことを考えず短絡的に行動してしまったと話していました。本人は今まで通り支援を受け，働きながら地域の中での生活を続けていきたいとのことで，支援を行っていくことについても同意を得ることができました。

　なお，本人と面談した印象としては，非常に素直で礼儀もしっかりとしており，重大な犯罪行為を起こす人物とは思えないものでした。

353

第3編　更生支援の現場から　～当事者・関係者の声～

　また，知的障害があるということで，複雑な話については理解できていない様子がありました。ただし，そのような場合に，「分からない」と伝えることはせず，ただ曖昧に肯定的な返事をしているように感じられました。

　このような傾向のある方は，物事の善悪（道理）よりもその場の空気に流され，よく分からなくても気持ちの向くままに流されてしまうように思います。

　そのため，知的障害だから犯行に及ぶのではなく，知的障害により適切な判断が行えないため，衝動的に思いつくままの行動を起こしてしまう。それが今回は未成年者略取という，あってはならない犯罪行為につながっているのではないかと推察しました。

　さて，数少ない面会の中で本人の想いなどを聴き取ることはできましたが，本人から確認できたのは漠然とした「地域の中で生活を続けていきたい」というものだけでした。

　実際にはこれだけ少ない本人情報で先に進めることはあまりありません。

　しかし，先程記した通り，公判日は刻一刻と近付いてきますので，情報が不十分であろうが支援方針を固めなければなりません。

　その中で，次に，関係者からの情報収集や支援可否の確認を行いました。まず，逮捕以前に利用していたグループホームは，積極的に情報提供してくださり，協力的な姿勢ではありましたが，継続的にサービス提供していくことはできないとのことでした。働いていた会社についても，本人に同情する気持ちもあったようですが解雇になってしまいました。

　そのため地域での生活を考えるためには一から始めなければならない状況でした。

　この段階で公判日のタイムリミットまで2週間程度しか残っていなかったと思います。そのため，一相談支援事業所のみで対応が難しいと思われましたので，行政や千葉県独自の総合相談機関中核地域生活支援センターにも協力を要請し，多角的な視点を用いて，どのような生活が考えられるかの検討を行うこととしました。

　その中で，関係者間で協議し，生活場所として第一に考えたのが自宅に

354

戻って生活できないかということでした。

　これを受け，両親と面談させていただき，自宅に戻すことができるかの検討を行いましたが，結論として両親共に高齢であり，母親は認知症を疑われるような症状もでていることから，本人を監護する十分な能力はないと判断せざるを得ない状況でした。

　その後，関係機関で協議を重ねましたが，障害福祉分野において全般に居住サービスが不足している状況で，本人の意向に合わせた生活を行える場所を見つけることはできませんでした。

　そういったところで最終的には，私の所属している法人で運営している障害者支援施設において短期入所という形で一時的に受入れを行い，そこから次の展開を考えていこうということとなりました。

　私どもの法人で触法者の受入れを行った経験がありませんでしたので，不安の声も多く聞こえましたが，社会福祉法人としての役割を説明した上で，何とか受入れを行うことの承諾をいただけました。ただし，万が一事業所で対応できないことや問題が生じ，対処方法等を検討する時には事業所のみに任せっきりになるのではなく，行政機関も必ず協力することをお願いし，承諾していただきました。

　また，日中の過ごし方についても，ひとまず短期入所先の私どもの事業所において日中活動に参加いただき，様子を見ることとしました。

　ここまでの対応については，結論とするのではなく，時間的制約の中で，緊急避難的対応という位置付けとし，受入れ後に改めて，どのような生活が望ましいか考えていくこととしました。

　この結論を持って，更生支援計画書を作成していただき裁判に臨むこととしました。
私どもとしては，限られた時間の中で，連日各所との調整を図り，何とか更生支援計画作成に結び付けられたという感じでした。

　さて，裁判についてですが，我々の努力も虚しく3年の懲役刑という判決に至りました。犯行に当たり，事前に睡眠薬やガムテープ，ロープなどを購入していたことから計画性があったと認定されたことが大きな要因であった

第3編　更生支援の現場から　～当事者・関係者の声～

ようです。

判決を聞いた時には，この数週間費やした労力は何だったのかという無力感にも苛まれましたが，被害者やその保護者の感情を察すれば，確定した刑期ですら軽いものと感じたかもしれない，やってしまった行為を償うことは必要であると自分自身を納得させることにしました。

3　最後に

とりとめもなく対応してきた経緯などを書き記してきましたが，対応していく中で，感じたこととしては，まず最も大切なことは罪を見るのではなく，人を見るということです。未成年者略取などという大層な罪名を聞くととんでもない悪人を想像してしまいますが，実際に本人にお会いしてみると，そんな印象は全く受けませんでした。話をしたり，今までの生活歴を見ても環境さえ整え，しっかりとした支援が行われるのであれば，犯罪行為に至ることは無かったのではとも感じました。

触法者ではなく，社会との接点で支障の生じている方という視点に立ち，支障の解消に向けてサポートするという意識が必要だと思います。

ただし，触法行為には被害者もおり，その方たちのわだかまりまで相談支援事業所（福祉事業所）において解消することはできません。また，事例で記載したように時間的制約もあるので，多くの機関が当事者を中心に集まり，協力・役割分担することで対応していくことが大切です。その為には地域に支援者と顔の見える関係を作り上げ，一声かければ多くの機関や人が助けてくれるような関係作りを日頃から行っておく必要もあります。

そして，対応してみて最も感じていることが，実際に触法障害者支援を経験してみなければ得られないことが多いということです。対応することで課題も明らかになり，自身のスキル向上にもつながっていきます。恐れずに一歩踏み出す勇気を持つということが何よりも必要になってくると思います。

最後に余談ですが，事例に挙げた方は，昨年仮出所となりました。

出所後には，地域生活定着支援センターの協力も仰ぎながら，障害者支援施設に入所することが出来ました。

今ではその施設で，毎日規則正しい生活を送っており，日中はその施設で

提供している畑仕事などに真面目に取り組んでおり，作業能力の高さから支援職員からも頼りにされているようです。

　裁判段階から受刑中，何度か面会させていただきましたが，いつも暗い顔をしていました。ところが，現在は入所施設に訪問すると笑顔で出迎えを行ってくれます。きっと彼が望んでいる生活には程遠いかもしれませんが，自由を感じながら充実した日々を送ることができているのではないかと思います。

NPO法人 館山DARCの活動

NPO法人 館山DARC

十枝　晃太郎

1　はじめに

館山DARCは2011年5月から活動を開始いたしました。DARCとは（Drug Addiction Rehabilitation Center）の頭文字を並べ，「ダルク」と呼ばれています。全国各所で，約70か所ある薬物依存症から回復するための民間リハビリ施設です。ダルクの目的は，いまだ苦しんでいる依存症者の手助けをすることです。依存症とは病気でありWHO（世界保健機関）での定義では，「慢性的で完治せず，やめていても再発があり，進行性で最悪は死に至る。ただし回復が可能な病気」とされています。

2　ダルク入所の経緯

ダルクに入所をする方々の経緯は様々なのですが，自ら名乗りを上げて入所を希望する方は非常に少ないのが現状です。薬物やアルコールを初めて使用する年齢はおおよそ10代，20代となっておりますが，問題となるのはそれからしばらく経った，30代後半から40代が多い傾向にあります。依存症者は，家族の中でまず問題となり，勤務先でもやはり問題が生じ，職や信頼を失い，刑務所や一時保護施設，精神病院，更生施設，老人ホームなどを経てダルクに至る。そんな方々が少なくありません。つまり依存症の最たる問題とは，薬物やアルコールを使用することで，他人に迷惑をかけ続け，和を乱すこととなり，その場にいられなくなってしまうことと言えます。こういった依存症の当事者は，最終的にどこにも行く当てがなくなってしまい，ダルクへたどり着く。ダルク入所の経緯で最も多いパターンです。

次に多い例は，家族からのご相談です。

家族からのご相談で当事者をダルクにつなげるのは一筋縄ではいきません。この場合，私たちを含め，家族にも長期にわたる相当な労力と忍耐力が必要

となります。当事者である本人に依存症の自覚がないことが多いからです。本人は「まだ自分はダルクに入るような落ちぶれ方はしていない」といった強い思い込みがあるため，まず入所まで望めません。何とか本人を説得し，もし入所にこぎつけたとしても，ひと月と持たずに退所してしまうケースが多いのも実情です。家族は「（本人には）ダルクでプログラム終了まで頑張ってもらいたい！」と願っておられるでしょう。もちろんダルクの職員も同じ気持ちでおります。ですが大体の当事者側からすれば「なぜこんな所に自分がいなければならないのか分からないし，自助グループ？ミーティング？冗談じゃない」と言ったところでしょう。ほとんどのケースで，家族と本人の望みが全くかみ合いません。このようなかみ合わない状態のまま，いつ終わるともわからないやり取りが繰り返されます。こういったやり取りを繰返し行うことでご本人の気持ちが変わることもありますが，相当な時間と労力がかかります。

　刑務所あるいは拘置所の中から手紙でリハビリを申し込んでこられる方々もいます。こういった方々の裁判には，本人からの希望を受け，ダルクの職員が情状証人に立つ場合や，身元引受人になることがあります。ただし，裁判で単に刑を軽くしたいという思いだけで依頼されても，私たちでは力になれません。司法のプロにはそれを見抜く力があるのです。

　地域定着支援センターからの相談もあります。その多くは，刑務所に入所中で，身体や精神の状態が思わしくなく，出所後の行く先が決まらずに困っている方々についての相談です。私たちは相談の依頼があれば，刑務所を訪ね，本人と面談します。この話合いにおいて，本人が館山DARCへの入所を希望する場合には，私たちと共に活動ができるかどうか，そして私たちのできるサポートの許容範囲を越えてしまわないかなどを判断します。過去の罪状は問わず，この先地域に迷惑をかける恐れはないか，私たちと話し合うことができるか，心が通じ合うか，などを考慮します。私たちはダルク創設者である近藤恒夫氏の「どんなに悪化していようとも引き受ける」という姿勢を引き継いでいきたいと考え，できるかぎりのサポートを基準に活動をしています。

第3編　更生支援の現場から　～当事者・関係者の声～

3　保護観察所との連携

　保護観察所との連携も申し上げておきたいと思います。館山DARCは，保護観察所が定めている，自立準備ホームの登録をしています。近年では，裁判の中で一部執行猶予といった判決があり，今後一層，保護観察所との連携も深まると考えています。（一部執行猶予の受刑者に限りませんが，）まず，薬物事犯で刑務所に収容されている受刑者には，保護観察所から，館山DARCのような入所施設に入所を希望するかどうか，入所した場合にルールを守れるか，断薬の意志は固いか，などを問うアンケートが送付されます。その後，入所希望と答えのあったアンケートが保護監察官のもとに届けられ，それを基にダルクにつなぐかどうかの判断が（保護観察官によって）下されます。入所の方向で決定した場合，保護観察所から，その方のアンケートと過去の情報が館山DARCに送られてきます。しかし，そのまま，入所とはなりません。私たちは過去に重大犯罪をしてしまった方や，他者との会話が成立しなさそうな方には面談をお願いして，その後受け入れ可否を決めさせていただいています（一部執行猶予制度が施行されてから間もないため，対象者の実際の受入れは2018年8月1日以降，わずかに留まっています。）。

　特に千葉県保護観察所とは密に連絡を取り合い，3か月に一度は関係機関の方々との連絡会議を設けていただいております。連絡会議では千葉県内の精神科の医師や薬務課，社会福祉課，精神保健福祉センターなどの関係する方々が参加をしてくださり，ダルクで困っていることや問題などを聞いていただいたり，提言をいただいたりしています。

4　実施プログラムの概要

　全国のダルクで行われているプログラムの要はグループセラピーで，ミーティングと私たちは称しています。

　入所している方々の年齢や過去の職業，家庭環境や性別などは様々なのですが，薬物で苦しんだ過去をそれぞれの人たちがミーティングで「分かち合い」をします。

　1時間から1時間半，車座になり，（使用していた薬物の種類は多様で，自分とは必ずしも同じではないかもしれませんが，）薬物依存で苦しんだ人たちの話を聞

360

き，自分の番が来たら自分が発言をします。

ルールは三つです。

・正直に話す

・ミーティングで話されたことはその場にとどめる

・他人の発言に意見や批判，質問などをせず，話をさえぎるようなことは
しない

それ以外にもコツがあります。他人との違い探しをせず，共通点を探すこと。他人の話をしないこと。どうやって薬をやめ続けているかを話すことなどです。このグループセラピーは奥が深く，ただ薬物の話をするわけではありません。生き方についても学びます。過去，自分がどういった人間だったのかを話し，他の人たちの話も聞き入れます。意味の分からない話をする人もいれば，自分の知らない，ためになる話もあります。これを来る日も来る日も行います。1日2回から3回，日曜日以外は行っています。

行動療法（ミーティングなど）の場合，私たちダルク職員がサポートをさせていただくのですが，私たちが立ち入ることのできない医療は精神科医の医師にお願いをしています。長年にわたる薬物やアルコール使用を繰り返した方々の中には，精神が崩壊してしまい，支離滅裂になっている方もおり，睡眠障害など多岐にわたる疾患を抱えているケースも多くの方に見られます。覚醒剤の使用者に限っては，おおよそ半数の方々が医療の受診無しでは生きていくことが困難になっておりますので，ダルクの活動に医療は不可欠な存在となっております。

その他でも，身体に影響を及ぼす物質使用の場合，どうしても身体が悲鳴を上げていることが多く，やはり内科や外科に通うことが多いのも現状です。

このように，精神的にも肉体的にもつらい依存症者の単調なプログラムによるドロップアウト（途中退所）を防止したいと考え，館山DARCでは行動療法（ミーティングなど）以外に様々なアクティビティを用意しました。酸素カプセル，赤外線治療器，マッサージチェア，水上ジェット……等々。私たちは入所者の方々の選択に対する権限も，退所を引き留める力もありません。様々なアクティビティは，1日でも長くご本人の意思でプログラムを続けて

第3編　更生支援の現場から　～当事者・関係者の声～

いけるための重要な設備と考え，かつ，実施しています。

　入所期間は本人，家族の方と話し合い，目安を決めていきます。ただし，行動療法（ミーティングなど）の定着を目指すプログラムには1年以上の期間が必要になることをお伝えし，入所期間も1年以上を提案しています。この1年をクリアできるかどうかでその後の，本人の人生が大きく変わると考えているからです。

5　さいごに

　今後，科学や医療が進み，依存症の治療薬や短期での完全治癒などが施される日もくることと思います。ただし，今現在ではこの地道な行動療法以外は存在しておらず，依存症者本人は回復するために毎日たいへんな思いをしている側面があります。依存症者たちは「自分の好きでそうなったのだから当たり前」ということを重々承知の上でリハビリに励んでおりますが，荷の重さがのしかかり，つぶれる方が多いのも事実です。そんな時に私たちが思うことは，「身体や精神に異常を来す前に，早期発見，早期治療が一番良いのではないか」といった考え方をします。ただし，もしかつて，依存症者であった自分に語りかけることができたとしても，治療に専念することに対し首を縦に振ることは無いだろうと思ってしまいます。それほどまでにこの依存症は厄介な病気だと常々思わされているのです。

　だからと言って，生きることを諦めることはできません。私たちは，これからダルクに助けを求めてくる新しい仲間たちに愛着を持ち，サポートをしていくために生かされていることを知っているからです。

362

お わ り に

　当会では，60を超える委員会が設置され，基本的人権の擁護と社会正義の実現のためにさまざまな活動を行っています。特に最近は官民を問わず，外部の組織・団体との連携の重要性が強く認識されるようになり，対外連携に積極的に取り組む委員会も増えています。例えば社会福祉の関係では，社会福祉委員会を中心にして福祉分野との連携が強化されており，貧困問題に関わりのある団体が集まって情報交換・意見交換を行う「貧困問題に関する懇談会」の定期的な開催や，その発展型とも言える「福祉と司法の千葉県連絡協議会」の設置，そして同協議会による勉強会・シンポジウム等の活動が行われてきました。

　刑事司法の分野では，刑事弁護センター，子どもの権利委員会，社会復帰支援活動援助制度運営委員会などを中心に，法律実務家としての立場から，再犯防止・更生支援のための取組みを推進してきました。もっとも本書のメインテーマである刑事司法ソーシャルワークへの取組みはまだまだ道半ばであり，委員会によるさらなる取組みや会員の意識向上が必要ではないかと思っているところです。おそらく刑事司法ソーシャルワークについては，全国的に見ても，まだ緒に就いたばかりというところが多いのではないかと思います。

　他方で，我が国における刑法犯の現状に目を転じると，検挙数自体は減少しているものの，再犯者率は増加しつづけており，とりわけ，刑務所出所後も犯罪を繰り返す高齢者・障害者への対応がクローズアップされるようになってきました。中には刑期を終了して社会復帰しても，社会内で生活することが出来ず，刑務所に入ることを意図して再び犯罪に手を染める人もいる，という状況になっているのです。こうした状況のもとで，再犯防止の方策としても，「刑罰による矯正」という考え方から，「福祉的ケアによる再犯防止，生活再建」という発想の切り替えが求められる時代になっているのだと思います。

363

おわりに

　こうした時代的背景の中にあって，本書は，罪を犯した人の再犯防止・更生支援のために司法や福祉が果たしてきた役割や現状の制度等を確認しつつ，今後，司法と福祉とが，相互の関係をより強固にしながら，さらに効果的な再犯防止・更生支援に取り組んでいくことを目的として執筆されたものです。この意味で本書は誠に時宜を得た先進的な書であると言えますし，特に，弁護士の業務等，司法に関する部分は福祉関係者にとってわかりやすく，逆に福祉の業務に関する部分は司法関係者にとってわかりやすく執筆されており，相互理解を深めるための工夫が随所に盛り込まれた良書でもあります。また執筆者は，司法・福祉の実務家としての立場から刑事司法ソーシャルワークに精力的に関わってきた弁護士・社会福祉士ばかりですので，本書は，弁護士・検察官・裁判官も含めた法律実務家，社会福祉士をはじめとする福祉関係者，さらには保護観察所等更生施設関係者にとっても，極めて実践的で有益な手引書になろうかと思います。

　是非本書を通じて司法と福祉との相互理解を深め，両者の緊密な連携の下で，罪を犯した人の再犯防止・更生支援のための実践をさらに積み上げていって頂くことを心から祈念し，巻末の挨拶とさせて頂きます。

　平成30年11月

千葉県弁護士会

会長　拝　師　徳　彦

執筆・協力者紹介

執筆者 （五十音順）

青木　達也（弁護士，第2編担当）

足立　和枝（社会福祉士，第2編担当）

犬伏　謙介（社会福祉士，第3編担当）

越後谷恒春（社会福祉士，第2編担当）

遠藤　直也（弁護士，第2編担当）

大浦　明美（社会福祉士，第1編・第2編担当）

鎌倉鈴之助（弁護士，第2編担当）

上谷　豪（社会福祉士，第2編担当）

鴨下　智法（弁護士，第2編担当）

川上　鉄夫（社会福祉士，第1編担当）

斎藤　和子（社会福祉士，第2編担当）

渋沢　茂（社会福祉士，第2編担当）

島田　将太（社会福祉士，第2編担当）

須藤　博文（第2編担当）

副田　一朗（第3編担当）

多田　博子（社会福祉士，第2編担当）

土屋　孝伸（弁護士，第2編担当）

出口　紀子（社会福祉士，第2編担当）

十枝晃一郎（第3編担当）

土佐　一仁（弁護士，第2編担当）

野原　郭利（弁護士，第2編担当）

鳩貝　滋（弁護士，第2編担当）

丸　晶（社会福祉士，第3編担当）

南川　学（弁護士，第1編・第2編担当）

村山　直（弁護士，第1編担当）

安井　飛鳥（弁護士・社会福祉士，第2編担当）

山根　薫（早稲田大学大学院法務研究科教授・検事，第1編担当）

吉田　愛子（社会福祉士，第2編担当）

刑事司法ソーシャルワークの実務
本人の更生支援に向けた福祉と司法の協働

平成30年12月17日　初版発行

編　　者　　千葉県社会福祉士会
　　　　　　千葉県弁護士会

発 行 者　　和　田　　　裕

発行所　日 本 加 除 出 版 株 式 会 社

本　　　社　　郵便番号 171-8516
　　　　　　　東京都豊島区南長崎3丁目16番6号
　　　　　　　Ｔ Ｅ Ｌ　(03)3953-5757(代表)
　　　　　　　　　　　　(03)3952-5759(編集)
　　　　　　　Ｆ Ａ Ｘ　(03)3953-5772
　　　　　　　Ｕ Ｒ Ｌ　www.kajo.co.jp
営　業　部　　郵便番号 171-8516
　　　　　　　東京都豊島区南長崎3丁目16番6号
　　　　　　　Ｔ Ｅ Ｌ　(03)3953-5642
　　　　　　　Ｆ Ａ Ｘ　(03)3953-2061

組版・印刷　㈱郁文　／　製本　牧製本印刷㈱

落丁本・乱丁本は本社でお取替えいたします。
★定価はカバー等に表示してあります。
© 2018
Printed in Japan
ISBN978-4-8178-4526-9

JCOPY 〈出版者著作権管理機構　委託出版物〉

　本書を無断で複写複製（電子化を含む）することは，著作権法上の例外を除き，禁じられています。複写される場合は，そのつど事前に出版者著作権管理機構（JCOPY）の許諾を得てください。
　また本書を代行業者等の第三者に依頼してスキャンやデジタル化することは，たとえ個人や家庭内での利用であっても一切認められておりません。

〈JCOPY〉　ＨＰ：https://www.jcopy.or.jp，e-mail：info@jcopy.or.jp
　　　　　　電話：03-5244-5088，ＦＡＸ：03-5244-5089

Q&A 実務家が知っておくべき社会保障
障害のある人のために

佐々木育子 編著
板野陽一・小久保哲郎・藤井渉・藤岡夕里子 著
2017年10月刊 A5判 484頁 本体4,600円+税 978-4-8178-4431-6

商品番号：40695
略　　号：Q社障

● 各分野の実務に習熟した執筆陣が、「法律実務家であれば押さえておきたい」制度と手続について解説した、今までにない、体系的な障害者支援のための実務書。支援をめぐって生じる様々な法的問題を全56問のQ&Aで網羅的に収録。理解を助ける図表、受給金額の算出式も多数収録。

Q&A 実務家が知っておくべき社会保障
働く人・離婚する人・高齢者のために

佐々木育子 編著
赤石千衣子・天野高志・大矢さよ子・小久保哲郎・山本宏子 著
2014年5月刊 A5判 432頁 本体4,400円+税 978-4-8178-4157-5

商品番号：40549
略　　号：Q社

● 保険や年金、生活保護、児童扶養手当などの各分野の実務に習熟した執筆陣が、「法律実務家であれば押さえておきたい」制度と手続について、78問のQ&Aで解説。
● 労働、離婚、高齢者に関する「相談を受けるであろう事例」を収録。

Q&A 刑事弁護の理論と実践
実務における基本的思想

山内久光 著
2012年10月刊 A5判 404頁 本体3,500円+税 978-4-8178-4029-5

商品番号：40480
略　　号：刑事弁護

● 刑事弁護人の悩みを踏まえ「どのような弁護活動をすべきか」を考察。
● 刑事弁護の各実践において「常に念頭におくべき」理論を解説。
● 捜査段階から控訴審・上告審に至るまで、「実務に即した具体的手法」を62問のQ&Aで詳細に解説。

家庭の法と裁判
FAMILY COURT JOURNAL

家庭の法と裁判研究会 編
年6回（4・6・8・10・12・2月）刊 B5判 本体1,800円+税 ISSN2189-1702

● 「家事事件」「少年事件」の最新裁判例を発信する家裁実務及び支援の現場のための専門情報誌。
● 収録の家事裁判例・少年裁判例には、実務上参考となる、その判断の意義や位置づけ等を示す「解説（コメント）」を裁判例毎に掲載。

日本加除出版

〒171-8516　東京都豊島区南長崎3丁目16番6号
TEL（03）3953-5642　FAX（03）3953-2061（営業部）
www.kajo.co.jp